XIV Jornadas Iberoamericanas de Ingenieria de Software e Ingenieria del Conocimiento (JIISIC 2019)

Guanacaste, Costa Rica
27 - 28 June 2019

ISBN: 978-1-5108-8753-4

Printed from e-media with permission by:

Curran Associates, Inc.
57 Morehouse Lane
Red Hook, NY 12571

Some format issues inherent in the e-media version may also appear in this print version.

Printed by Curran Associates, Inc. (2019)

For permission requests, please contact Escuela Superior Politecnica de Chimborazo, ESPOCH at the address below.

Escuela Superior Politecnica de Chimborazo, ESPOCH
Panamericana Sur km 1 1/2
Riobamba - Ecuador
Postal Code: EC060155

Phone: 593 (03) 2 998-200
Fax: (03) 2 317-001

http://www.espoch.edu.ec/

Additional copies of this publication are available from:

Curran Associates, Inc.
57 Morehouse Lane
Red Hook, NY 12571 USA
Phone: 845-758-0400
Fax: 845-758-2633
Email: curran@proceedings.com
Web: www.proceedings.com

Preface

The Ibero-American Conference on Software Engineering and Knowledge Engineering, known as JIISIC, represents a forum for the international meeting of scientists and professionals dedicated to the study and research of Software Engineering and Knowledge Engineering. Its fundamental purpose is to foster scientific and professional cooperation, as well as the transfer of technology in the Ibero-American context.

Since the first one in 2001, held in Buenos Aires, Argentina, an increasing number of attendees have convened at JIISIC. Previous conferences have been held in Salvador de Bahía (Brazil), Valdivia (Chile), Madrid (Spain), Puebla (Mexico), Lima (Peru), Guayaquil (Ecuador), Merida (Mexico), Lima (Peru), Medellin (Colombia), Riobamba (Ecuador), Latacunga (Ecuador), Copiapo (Chile). In this 2019 edition, JIISIC is held in Guanacaste, Costa Rica.

In this edition, 24 manuscripts were received, and based on the reviews made by the members of the program committee and the successful registration, 15 manuscripts have been accepted; thus, having an acceptance rate of 63%.

The editors of this book of proceedings wish to thank those who chose JIISIC 2019 for their participation and the dissemination of their research work. We would also like to thank the members of the program committee for their valuable collaboration in the reviewing process. We are sure that their recommendations were positively valued by the authors of the accepted papers, as well as being positively valued by those authors whose works were not selected for this edition.

June 2019, Guanacaste, Costa Rica

Yenori Rojas
Universidad Invenio (Costa Rica)

César Pardo
Universidad del Cauca (Colombia)

Omar S. Gómez
Escuela Superior Politécnica de Chimborazo (Ecuador)

Steering Committee

Silvia Teresita Acuña. *Universidad Autónoma de Madrid* (Spain)
José Antonio Pow-Sang. *Pontificia Universidad Católica del Perú* (Peru)
Raúl Antonio Aguilar Vera. *Universidad Autónoma de Yucatán* (Mexico)
Mónica Villavicencio. *Escuela Superior Politécnica del Litoral* (Ecuador)
Omar S. Gómez. *Escuela Superior Politécnica de Chimborazo* (Ecuador)

Local Committee

Yenori Rojas. *Universidad Invenio* (Costa Rica)

Co-organizers

César Pardo. *Universidad del Cauca* (Colombia)
Omar S. Gómez. *Escuela Superior Politécnica de Chimborazo* (Ecuador)
Colegio de Profesionales en Informática y Computación (Costa Rica)

Program Committee

Adrián Santos. *University of Oulu* (Finland)
Alicia Mon. *Universidad Nacional de la Matanza* (Argentina)
Andrea Delgado. *Universidad de la República* (Uruguay)
Ania Cravero. *Universidad de la Frontera* (Chile)
Beatriz Marín. *Universidad Diego Portales* (Chile)
Carlos Alberto Cobos-Lozada. *Universidad del Cauca* (Colombia)
Claudia Zapata. *Pontificia Universidad Católica del Perú* (Peru)
Claudio Meneses. *Universidad Católica del Norte* (Chile)
Dante Carrizo. *Universidad de Atacama* (Chile)
Efraín R. Fonseca C. *Universidad de las Fuerzas Armadas ESPE* (Ecuador)
Elizabeth Suescun. *Universidad EAFIT* (Colombia)
Enrique Chavarriaga. *B2T Concept I+D+i S.L.* (Spain)
Francisco José García Peñalvo. *Universidad de Salamanca* (Spain)
Francy Rodríguez. *IMDEA Software Institute* (Spain)
Freddy Paz. *Pontificia Universidad Católica del Perú* (Peru)
Gloria Gasca. *Universidad de Medellín* (Colombia)
Isidro Ramos. *Universidad Politécnica de Valencia* (Spain)
Javier Gonzalez-Sanchez. *Arizona State University* (USA)
Jorge Triñanes. *Universidad de la República* (Uruguay)
José Antonio Macias Iglesias. *Universidad Autónoma de Madrid* (Spain)
José Antonio Pow-Sang. *Pontificia Universidad Católica del Perú* (Peru)
José Gallardo. *Universidad Católica del Norte* (Chile)
José Ignacio Panach Navarrete. *Universidad Politécnica de Valencia* (Spain)

Juan Carlos Vidal. *Universidad Autónoma de Chile* (Chile)
Juan M. Ferreira. *Cámara de Senadores, Poder Legislativo de Paraguay* (Paraguay)
Juan Manuel Vara. *Universidad Rey Juan Carlos* (Spain)
Juan Pablo Ucán Pech. *Universidad Autónoma de Yucatán* (Mexico)
Luis Flores. *Pontificia Universidad Católica del Perú* (Peru)
Luis Rojas. *Universidad Andrés Bello* (Chile)
Karen Cortes. *Universidad Veracruzana* (Mexico)
Karina Carvajal. *Universidad de Atacama* (Chile)
Manuel Tupia. *Pontificia Universidad Católica del Perú* (Peru)
María V. De Castro Martínez. *Universidad Rey Juan Carlos* (Spain)
Marianella Aveledo. *Universidad Simón Bolivar* (Venezuela)
Martin Solari. *Universidad ORT Uruguay* (Uruguay)
Mauricio Toro Bermúdez. *Universidad EAFIT* (Colombia)
Miguel Ángel Niño. *Universidad del Cauca* (Colombia)
Mirna Muñoz. *Centro de Investigación en Matemáticas – Unidad Zacatecas* (Mexico)
Mónica Villavicencio. *Escuela Superior Politécnica del Litoral* (Ecuador)
Nelly Condori-Fernández. *Vrije Universiteit Amsterdam* (Netherlands)
Oscar Dieste. *Universidad Politécnica de Madrid* (Spain)
Paula María Angeleri. *Universidad de Belgrano* (Argentina)
Pedro O. Rossel. *Universidad Católica de la Santísima Concepción* (Chile)
Raúl Antonio Aguilar Vera. *Universidad Autónoma de Yucatán* (Mexico)
Raúl Hernán Rosero. *Escuela Superior Politécnica de Chimborazo* (Ecuador)
Raúl Mazo Peña. *Université Paris 1 Panthéon – Sorbonne* (France)
Reyes Juárez Ramírez. *Universidad de Baja California* (Mexico)
Rodolfo Villarroel Acevedo. *Pontificia Universidad Católica de Valparaiso* (Chile)
Romina Torres. *Universidad Andres Bello* (Chile)
Silvana Moreno. *Universidad de la República* (Uruguay)
Vianca Vega. *Universidad Católica del Norte* (Chile)
Vladimir Riffo. *Universidad de Atacama* (Chile)
Wilson A. Castillo R. *Universidad de Atacama* (Chile)

Table of Contents

Sponsors

- Universidad Invenio, Costa Rica
- Colegio de Profesionales en Informática y Computación (CPIC), Costa Rica
- Universidad del Cauca, Colombia
- Escuela Superior Politécnica de Chimborazo, Ecuador
- ROLOSA, Costa Rica
- Information Tecnology Quest Solutions S.A. (ITQS), Costa Rica

The Challenge of ICT in Regular Basic Education in Peru: Perception Study Based on a Sample of 135 Nationwide Engineering Teachers

Milton Gonzales-Macavilca[1], Lizeth Nolberto-Quispe[2]

[1] Universidad de Ciencias y Humanidades,
Centre for Interdisciplinary Science and Society Studies, Lima, Perú
mgonzalesm@uch.edu.de
orcid.org/0000-0001-6959-0596
[2] Universidad de Ciencias y Humanidades,
Centre for Interdisciplinary Science and Society Studies, Lima, Perú
lizeth.nolberto@gmail.com

Abstract. This paper describes the way in which the engineers who dedicate themselves to teaching at the regular basic level in Peru perceive the use of ICT. For this, we used a sample of 135 teachers engineers from different regions of the country, who have participated in the National Survey of Teachers (ENDO) conducted by the Ministry of Education (Minedu) in 2016, but whose results were published in 2018. After the analysis of the data, we conclude that there is a contradiction between the relatively favorable perception of ICT in the teaching-learning process and the limited technological environments with which they have to carry out their teaching.

Keywords: Engineers, Teachers, Perception, ICT, Education, Technology

1 Introducción

El presente estudio se desarrolló bajo el enfoque cuantitativo-descriptivo, y la muestra de 135 ingenieros docentes a nivel nacional la obtuvimos del Ministerio de Educación (Minedu) de la República del Perú, que mediante la página web de Escale (Estadística de la calidad educativa) [1] hizo de acceso público, en abril de 2018, la data correspondiente a la Encuesta Nacional de Docentes de Instituciones Educativas Públicas y Privadas (ENDO) 2016.

La muestra global de la ENDO 2016 está conformada por 3297 instituciones educativas y 9832 docentes, y su diseño muestral fue probabilístico, estratificado y bietápico [2]. Asimismo, el trabajo de campo se llevó a cabo entre los meses de setiembre y octubre de 2016 y fue ejecutado por la Universidad Nacional de Ingeniería (UNI). Además, el tipo de encuesta fue de corte transversal y de entrevista directa [3].

Ahora bien, para poder delimitar la muestra de ingenieros docentes debimos realizar una limpieza de la data. Para ello utilizamos el *software* IBM SPSS y analizamos la pregunta 202 de la encuesta (¿Qué estudios completó usted como primera carrera?). Esta pregunta ofrecía tres alternativas: 1) Educación / Docencia / Pedagogía, 2) Otra profesión (Especifique), y 3) Aún no ha culminado su primera carrera. Tal como se puede observar, no existe la carrera de ingeniería en dichas opciones, pero al utilizar la data general en el formato SPSS pudimos ingresar a la vista de variables y descubrimos que para la opción 2 ("Otra profesión (Especifique)") habían codificado una variable llamada "p202_ocod", en la cual aparecen configurados los siguientes valores: "1=Veterinaria"; "2=Agricultura, si" [sic]; "3=Arquitectura y" [sic]; "4=Artes"; "5=Ciencias de la" [sic]; "6=Ciencias físic" [sic]; "7=Ciencias social" [sic]; "8=Derecho"; "9=Educación come" [sic]; "10=Formación del" [sic]; "11=Humanidades"; "12=Industria y pro" [sic]; "13=Informática"; "14=Ingeniería y p" [sic]; "15=Matemáticas y" [sic]; "16=Medicina"; no existe alternativa 17; "18=Periodismo e in" [sic]; "19=Servicios de se" [sic]; "20=Servicios de tr" [sic]; "21=Servicios perso" [sic]; "22=Servicios socia" [sic]"; y, finalmente, "99=NEP".

Este hallazgo nos permitió limpiar adecuadamente la muestra global, para ello accedimos a la vista de datos, los ordenamos todos numéricamente y de forma descendente, luego ubicamos la pregunta 202, seleccionamos todos los casos que registraban el número 14 (es decir, todos los que habían completado sus estudios de ingeniería como primera carrera) y procedimos a eliminar todos los casos restantes. De este modo, nos quedamos exclusivamente con una muestra de 135 docentes cuya primera profesión fue ingeniería, razón por la que los denominamos ingenieros docentes, y a partir de esta base de datos delimitada hemos realizado todos los análisis de frecuencia para nuestro estudio.

1.1 Valores perdidos y porcentajes válidos

A pesar de que la muestra de ingenieros docentes está conformada por 135 casos, en algunas preguntas se registran cantidades importantes de casos perdidos en el sistema. Por ello, cuando así ocurra, especificaremos en las tablas y/o gráficos tanto los valores perdidos como los porcentajes válidos, de modo que los lectores podrán evaluar con cautela cuando el análisis solo sea representativo para una parte de la muestra. Somos conscientes de que esto puede afectar algunas de las inferencias a las que podamos llegar con nuestro estudio; sin embargo, consideramos que esta base de datos, al ser actualmente el registro más grande de ingenieros docentes en el Perú, mantiene su significatividad a pesar de los casos perdidos en el sistema [4].

2 Perfil de los ingenieros docentes en el Perú según la ENDO 2016

Antes de analizar sus percepciones sobre las TIC, es importante conocer algunos aspectos relevantes que caracterizan a los ingenieros docentes en la educación básica regular en el Perú. En primer lugar, la data de la ENDO no especifica qué tipo de ingeniería estudiaron, sino que agrupa a todos los ingenieros de manera general. Aun así, resulta significativo que de los 135 encuestados, 73 (54,1%) hayan logrado obtener el título profesional, tal como observamos en la Tabla 1.

Tabla 1. Docentes que obtuvieron su primer título profesional como ingenieros (Fuente: Minedu, ENDO 2016, pregunta 202A)

	Frecuencia	%
Sí	73	54,1
No	59	43,7
NEP	3	2,2
Total	135	100,0

Ahora bien, esto no quiere decir que los docentes que no lograron obtener el título de ingenieros queden invalidados para nuestro estudio, pues esto puede obedecer a diversos factores [5], ya sean económicos, intelectuales, laborales, etc., pero lamentablemente no se especifican en la data. Tampoco se especifica si ejercieron o no dicha carrera profesional. Sin embargo, la información que tenemos es suficiente para aseverar que estos 135 docentes fueron, en primer lugar, formados como ingenieros, lo cual sin duda tuvo que impactar tanto en su labor pedagógica como en la percepción del uso de las tecnologías de la información y comunicación (TIC) en el ámbito educativo [6].

Por otro lado, tal como podemos observar en la Tabla 2, de los 24 departamentos y una provincia constitucional (Callao) que conforman a la República del Perú, esta muestra recoge casos de todos ellos excepto de dos (Puno y Huánuco). Por esta razón, consideramos que se trata de una data altamente significativa para realizar un análisis panorámico de los ingenieros docentes a nivel nacional. Asimismo, las tres regiones que aportan más casos a la muestra son: Lima (17,8 % si sumamos tanto Lima metropolitana como Lima provincia), Piura (8,1%) y Junín (8,1%). En ese sentido, esperamos que esta información incentive más investigaciones en este campo, con muestras más detalladas de cada departamento.

Tabla 2. Cantidad de ingenieros docentes por departamentos a nivel nacional (Fuente: Minedu, ENDO 2016, pregunta 1)

Departamentos	Casos	%
Amazonas	4	3,0
Áncash	9	6,7
Apurímac	2	1,5
Arequipa	4	3,0
Ayacucho	3	2,2
Cajamarca	2	1,5
Callao	6	4,4
Cusco	5	3,7
Huancavelica	2	1,5
Ica	7	5,2
Junín	11	8,1
La Libertad	6	4,4
Lambayeque	9	6,7
Lima Metropolitana	17	12,6
Loreto	5	3,7
Madre de Dios	5	3,7
Moquegua	8	5,9
Pasco	5	3,7
Piura	11	8,1
San Martín	1	,7
Tacna	5	3,7
Ucayali	1	,7
Lima Provincia	7	5,2
Total	135	100,0

Asimismo, de acuerdo con la Tabla 3, solo el 37 % de los ingenieros docentes se dedica exclusivamente a la docencia en un centro educativo, mientras que el 63 % afirma realizar otras actividades secundarias para generar ingresos.

Tabla 3. Ingenieros docentes que además de su trabajo realizan actividades secundarias para generar ingresos (Fuente: Minedu, ENDO 2016, pregunta 507)

	Frecuencia	%
No	50	37,0
Sí	85	63,0
Total	135	100,0

Entre las otras actividades que realizan (ver Tabla 4), las más destacadas son: a) Otras labores no especificadas (41 docentes) y b) Negocio propio (23 docentes). Mientras que solo 8 afirman trabajar en otra escuela pública y 20 en otra privada.

Tabla 4. Actividades secundarias que realizan los ingenieros docentes para generar ingresos (Fuente: Minedu, ENDO 2016, pregunta 507)

	Sí		No		Perdidos en el sistema		Total	
	Frecuencia	%	Frecuencia	%	Frecuencia	%	Frecuencia	%
Escuela pública	8	5,9	77	57,0	50	37,0	135	100,0
Escuela privada	20	14,8	65	48,1	50	37,0	135	100,0
Negocio propio	23	17,0	62	45,9	50	37,0	135	100,0
Otro	41	30,4	44	32,6	50	37,0	135	100,0

Esto nos permite inferir que, debido a la carga laboral extra que deben asumir, la mayoría de ingenieros docentes no cuenta con el tiempo necesario para invertirlo en su formación continua [7]. Ello se condice con el hecho de que la mayoría (57,8 %) no haya realizado ningún programa formativo durante el año anterior (2015) a la encuesta, tal como vemos en la Tabla 5. Y, en general, los porcentajes negativos que podemos observar a continuación son sumamente preocupantes.

Tabla 5. Programas formativos realizados por los ingenieros docentes durante el año anterior a la encuesta (Fuente: Minedu, ENDO 2016, pregunta 602)

	Sí		No		Total	
	Frecuencia	%	Frecuencia	%	Frecuencia	%
Diplomado	36	26,7	99	73,3	135	100,0
Segunda especialidad	9	6,7	126	93,3	135	100,0
Maestría	20	14,8	115	85,2	135	100,0
Doctorado	2	1,5	133	98,5	135	100,0
Ninguna	78	57,8	57	42,2	135	100,0

Ahora bien, este cuadro no puede explicarse únicamente con la carencia de tiempo de los ingenieros docentes; probablemente el factor determinante para el acceso a estos programas formativos sea el económico [8]. Por esta razón, debemos considerar también las siguientes tablas:

Tabla 6. Promedio de remuneración mensual recibida por parte de su institución educativa el mes anterior a la encuesta (Fuente: Minedu, ENDO 2016, pregunta 501)

Tipo de moneda	Total bruto	Total neto
Soles (PEN)	1435,24	1282,36
Dólares americanos (USD)*	433,05	386,93

* Tipo de cambio referencial al 23 de abril de 2019 (1 USD = 3.31 PEN)

Tabla 7. Promedio de ingreso bruto por sus actividades secundarias en el mes anterior a la encuesta (Fuente: Minedu, ENDO 2016, pregunta 508)

Tipo de moneda	Total bruto
Soles (PEN)	1120,64
Dólares americanos (USD)*	338,18

* Tipo de cambio referencial al 23 de abril de 2019 (1USD = 3.31 PEN)

Entonces, si cruzamos estos datos, según la Tabla 3 el 63 % de ingenieros docentes que realizan actividades secundarias para generar ingresos perciben mensualmente una media de 771,23 dólares americanos (2555,88 PEN) como total de ingresos brutos), si sumamos las tablas 6 y 7; asimismo, podemos comprobar que dichas actividades secundarias les aportan prácticamente la mitad de sus ingresos generales. Por otro lado, el 37 % de ingenieros docentes que se dedican de forma exclusiva a una institución educativa percibe, en promedio, una remuneración mensual neta de 386,93 dólares americanos (1282,36 PEN).

Indudablemente, la combinación de estos dos factores –por un lado, la falta de tiempo [7], ya que si desean tener mejores ingresos se ven obligados a realizar otras actividades; por otro, las limitaciones económicas [8], pues si solo se dedican a un trabajo sus ingresos se reducen sustancialmente– permite tener una visión más clara de la realidad dramática a la que se enfrentan los ingenieros docentes en el Perú (y esta situación, lamentablemente, es similar en diferentes países [9].

Considerando todos estos aspectos, nos resulta mucho más significativo determinar qué percepción tienen respecto de la incorporación de las TIC en su labor docente, debido a que resulta imperativo para esta sociedad digital siglo XXI incorporar los avances tecnológicos en las diversas áreas profesionales [10]; no obstante, se suelen ignorar ciertos factores que afectan directamente al profesorado y pueden terminan frustrando todo un proyecto estatal de incorporación de tecnologías en la educación.

Dicho de otro modo, no basta con aprobar estatalmente proyectos para la distribución de dispositivos tecnológicos para los estudiantes [11] si la realidad que enfrenta el docente no favorece su formación continua para la obtención de las competencias que requiere para darle un uso óptimo a dichos dispositivos (Laptops, tablets, etc.) y obtener así los verdaderos beneficios que pueden aportar las TIC en el desarrollo de los estudiantes [12].

En ese sentido, resulta crucial conocer, por lo menos, la opinión que tienen los propios docentes sobre la incorporación de estas tecnologías en la educación. En este caso específico, hemos elegido a ingenieros docentes por el vínculo más evidente que, debido a sus estudios de ingeniería, pueden tener con la tecnología en general [13]. Es decir, consideramos que esta muestra de ingenieros docentes representa uno de los escenarios más favorables en cuanto a la aceptación y uso de las TIC. Por ello, si su percepción es, por ejemplo, negativa, podría suponer un mal pronóstico general para los esfuerzos que se vienen realizando estatalmente [10] para desarrollar una educación básica regular en el Perú coherente con el contexto tecnológico-digital del siglo XXI.

3 La percepción de los ingenieros docentes sobre el uso de las TIC

En cuanto al acceso a la tecnología e internet, solo el 57,8 % de los ingenieros docentes considera que es un factor que les ayudaría a mejorar su práctica pedagógica, según la siguiente tabla:

Tabla 8. Casos que considerar que el acceso a la tecnología e internet podría ayudar a su práctica pedagógica (Fuente: Minedu, ENDO 2016, pregunta 902_5)

	Frecuencia	%
Sí	78	57,8
No	57	42,2
Total	135	100,0

La cifra de 42,2 % que desestima a la tecnología e internet como factor positivo para su trabajo docente es altamente significativa; por ello es necesario buscar algunas razones que podrían explicar esto. En ese sentido, podemos analizar la Fig. 1:

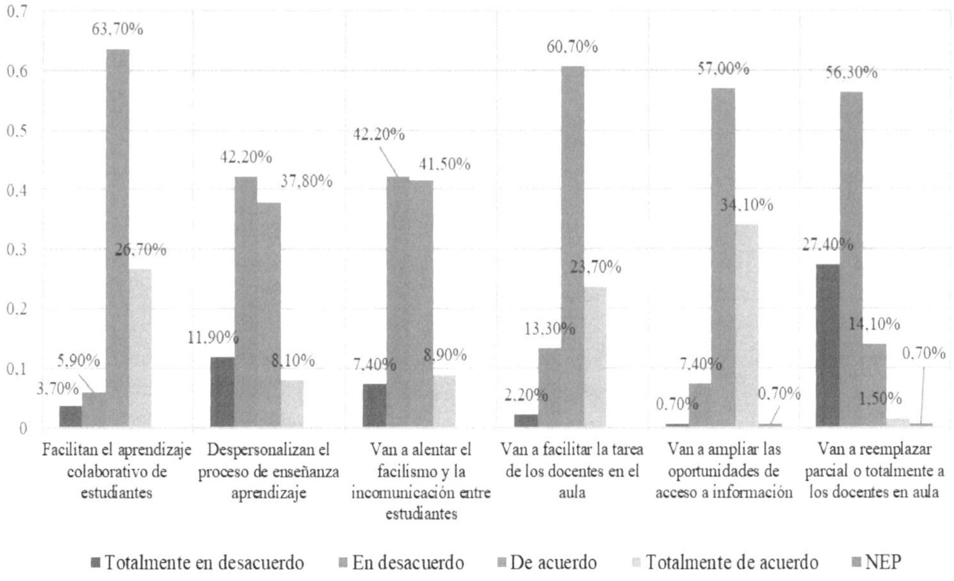

Fig. 1. El gráfico registra la opinión respecto a los efectos de las TIC sobre el trabajo docente en el aula (Fuente: Minedu, ENDO 2016, pregunta 707)

Resulta casi contradictorio que la gran mayoría de ingenieros docentes considere que las TIC favorecen el aprendizaje colaborativo de los estudiantes [15] (90,4 % si sumamos los que están de acuerdo y totalmente de acuerdo), pero que a la vez el 45 % opine que despersonalizan el proceso de enseñanza aprendizaje. Más grave aun es que el 50,4 % esté de "acuerdo" o "totalmente de acuerdo" con la idea de que las TIC alientan el facilismo y la incomunicación entre estudiantes.

Estos datos podrían significar que uno de los problemas de fondo, a nivel general en la educación básica regular peruana, es que los docentes desconocen los usos adecuados y los verdaderos aportes de las TIC en la educación [16], pues, tal como vemos en la Fig. 1, incluso en el caso de los docentes que vienen de las carreras de ingeniería aun está bastante arraigada la idea de que las TIC, en lugar de asegurar y/o ayudar a la adquisición de conocimientos, favorecen el facilismo estudiantil.

Un dato altamente sugestivo, es que estas cifras se relacionan casi directamente con el porcentaje de ingenieros docentes que durante el año (2015) anterior a la encuesta ha recibido alguna capacitación en uso de las TIC:

Tabla 9. Ingenieros docentes capacitados durante el 2015 en el uso de las TIC (Fuente: Minedu, ENDO 2016, pregunta 604)

	Frecuencia	%
Sí	56	41,5
No	79	58,5
Total	135	100,0

No resulta sorprendente, entonces, que la opinión respecto de los beneficios de las TIC esté claramente dividida, si más de la mitad no ha recibido alguna capacitación al respecto.

Lo llamativo es que aún cuando el 57,8 % (Tabla 8) opine que el acceso a la tecnología e internet puede ayudarlos en su práctica pedagógica, solo un porcentaje muy bajo de la muestra considera que es una prioridad de primer, segundo o tercer grado-recibir capacitaciones sobre las TIC, tal como podemos ver a continuación:

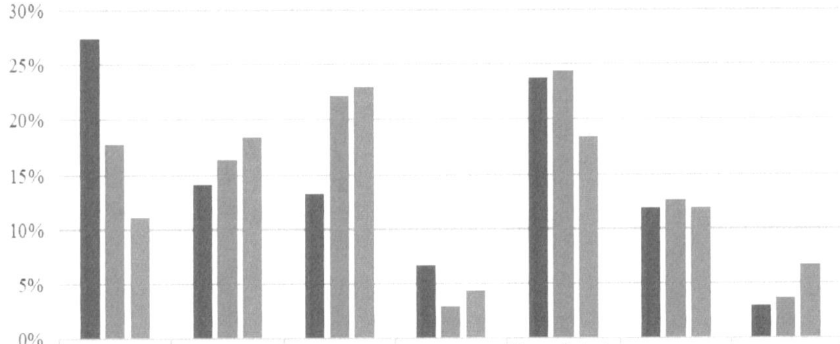

	Planificación de unidades didácticas	Conducción de sesiones de aprendizajes	Evaluación de aprendizaje	Clima del aula	Herramientas/e strategias metodologicas para la enseñanza	Uso de la TIC	Manejo o llenado de documentos administrativos
■ Alternativa 1	27,40%	14,10%	13,30%	6,70%	23,70%	11,90%	3,00%
■ Alternativa 2	17,80%	16,30%	22,20%	3,00%	24,40%	12,60%	3,70%
■ Alternativa 3	11,10%	18,50%	23,00%	4,40%	18,50%	11,90%	6,70%

Fig. 2. Comparación de los tres principales temas en los que los ingenieros docentes afirman requerir capacitación de forma prioritaria (Fuente: Minedu, ENDO 2016, pregunta 608)

Solo el 11,9 % de ingenieros docentes afirman requerir, en primer lugar, una capacitación en el uso de las TIC; apenas un 12,6 % seleccionó este tema en segundo orden de importancia, y nuevamente solo un 11,9 % opinó que, en tercer lugar, debe capacitarse en el uso de las TIC. Es decir, que si hacemos un balance global de los 135 casos encuestados, el tema que consideran más importante para ser capacitados es el de planificación de unidades didácticas (27,4 %), en segundo lugar, el tema de herramientas y estrategias metodológicas para la enseñanza (24,4 %), y, por último, el tema de evaluación de aprendizaje (23 %).

Ahora bien, tal como hemos visto, el hecho de que las TIC no sean un tema de prioridad, probablemente obedece al hecho de que, para los ingenieros docentes en el Perú, este aun es un asunto poco conocido realmente o que supone una dificultad para en términos de infraestructura, pues se requiere el uso de materiales (dispositivos) con los que no cuentan. Incluso, quizá por esta misma razón, el 64,4 % de ingenieros docentes prefiere realizar sus capacitaciones de forma presencial (ver Tabla 10).

Table 9. El modo en que los ingenieros docentes prefieren realizar sus cursos o capacitaciones (Fuente: Minedu, ENDO 2016, pregunta 607)

	Frecuencia	%
Presenciales	87	64,4
Semi-presenciales	26	19,3
Virtuales	22	16,3
Total	135	100,0

Sin embargo, para comprender mejor estas opiniones relativamente o poco favorables ante el uso de las TIC así como el escaso interés que parece generar en el conjunto de docentes, resulta imprescindible observar, por lo menos a modo de primera aproximación, los entornos tecnológicos de los que disponen los ingenieros docentes en el Perú.

4 Aproximación a los entornos tecnológicos de los ingenieros docentes en el Perú

Debemos recordar que la ENDO 2016 no es una encuesta diseñada expresamente para indagar el tema de entornos tecnológicos, de modo que hemos seleccionado las preguntas que, de alguna manera, se acercan más a este asunto. Los resultados podemos observarlos en las siguientes tablas:

Tabla 11. En su vivienda cuentan con computadora/Laptop (Fuente: Minedu, ENDO 2016, pregunta 108_5)

	Frecuencia	%
Sí	121	89,6
No	14	10,4
Total	135	100,0

Tabla 12. Cuentan con acceso a internet en su vivienda (Fuente: Minedu, ENDO 2016, pregunta 108_6)

	Frecuencia	%
Sí	90	66,7
No	45	33,3
Total	135	100,0

Tabla 13. Su institución educativa cuenta con conexión a internet (Fuente: Minedu, ENDO 2016, pregunta 318)

	Frecuencia	%
Sí	112	83,0
No	23	17,0
Total	135	100,0

Tabla 14. La calidad del servicio de internet en su institución educativa (Fuente: Minedu, ENDO 2016, pregunta 318_A)

	Frecuencia	%	% válido
Buen estado	83	61,5	74,1
Mal estado	28	20,7	25,0
NEP	1	0,7	0,9
Perdidos en sistema	23	17,0	---
Total	135	100,0	100,0 (112 casos)

Tabla 15. Ingenieros docentes que poseen un smartphone (Fuente: Minedu, ENDO 2016, pregunta 704)

	Frecuencia	%	% válido
Sí	82	60,7	62,6
No	49	36,3	37,4
Perdidos en sistema	4	3,0	---
Total	135	100,0	100,0 (131 casos)

Tabla 16. El lugar o medio desde el que se conecta habitualmente a internet (Fuente: Minedu, ENDO 2016, pregunta 706)

	Sí		No		Total	
	Frecuencia	%	Frecuencia	%	Frecuencia	%
Su vivienda	90	66,7	45	33,3	135	100,0
Cabina pública	27	20,0	108	80,0	135	100,0
En la escuela	26	19,3	109	80,7	135	100,0
Su celular	41	30,4	94	69,6	135	100,0
No se conecta habitualamente	5	3,7	130	96,7	135	100,0

5 Discusión y conclusiones

Estas últimas tablas nos permiten comprobar que si bien la mayoría de ingenieros docentes (89,6 % Tabla 11) posee una computadora en casa, solo el 66,7 % (Tabla 12) cuenta con acceso a internet. Algo semejante ocurre con sus instituciones educativas, pues a pesar de que el 83 % (Tabla 13) tenga internet en la escuela donde trabaja, un 25 % (Tabla 14) afirma que la conexión es de mala calidad. Asimismo, apenas un 62,6 % (Tabla 15) de ingenieros docentes posee un smartphone. Y todo ello es coherente con el hecho de que, según la Tabla 16, el 66,7 % se suela conectar a internet desde casa; el 30,4% desde el celular; el 20 % (que probablemente no cuenta con estos dispositivos ni servicios) desde una cabina pública; y solo después de ellos están lo que utilizan habitualmente el internet de la escuela (19,3 %), únicamente por encima del 3,7 % que no suele conectarse a internet.

Entonces, aceptar que los entornos tecnológicos en los que viven los ingenieros docentes en el Perú [18] no son favorables nos permite comprender mejor su percepción medianamente positiva sobre el uso de las TIC en la educación, y la poca necesidad (y ganas, probablemente) que sienten de capacitarse en este tema. Asimismo, esto confirma por qué la mayoría prefiere realizar sus cursos y capacitaciones de forma presencial.

Ahora bien, intentar pensar en los problemas de fondo nos devuelve a la primera parte de nuestra investigación, pues parece lógico aceptar lo complicado que resulta solventar la adquisición de herramientas, servicios y dispositivos para la creación de óptimos entornos tecnológicos cuando el ingreso promedio mensual de los ingenieros docentes en el Perú oscila entre los 386,93 USD (1282,36 PEN) y los 771,23 USD (2555,88 PEN).

Finalmente, según los datos analizados podemos concluir que la percepción que tienen los ingenieros docentes en la educación básica regular en el Perú sobre el uso de las TIC es medianamente positiva, y su visión puede estar influenciada por la limitada experiencia digital a la que pueden acceder debido a la condición, también limitada, de sus propios entornos tecnológicos. Por esta razón, consideramos que una medida necesaria para que esta realidad pueda cambiar favorablemente consiste en permitir que el docente cuente con entornos tecnológicos bien abastecidos para que, en primer lugar, él mismo experimente las ventajas reales que pueden aportar las TIC en su propio proceso de creación y aprovechamiento de los entornos autónomos de aprendizaje. Si esta meta es satisfecha, entonces la distribución de dispositivos tecnológicos para los estudiantes de educación básica regular en el Perú supondrá una inversión sumamente beneficiosa.

Referencias

1. Ministerio de Educación: *Estadística de la calidad educativa - ESCALE.* Lima (2018) recuperado de http://escale.minedu.gob.pe
2. Ministerio de Educación: *Ficha técnica ENDO 2016.* Lima (2018) recuperado de http://www.minedu.gob.pe
3. Ministerio de Educación: *Encuesta Nacional a Docentes de Instituciones Educativas Públicas y Privadas, ENDO, 2016.* Lima (2017) recuperado de https://issuu.com/ministerioeducacionperu/docs/endo_2016
4. IBM SPSS: *Valores perdidos. Manual estadístico* (25). Recuperado de ftp://public.dhe.ibm.com/software/analytics/spss/documentation/statistics/25.0/es/client/Manuals/IBM_SPSS_Missing_Values.pdf
5. Castaño, E., Gallón, S., Gómez, K., Vásquez, J.: Análisis de los factores asociados a la deserción y graduación estudiantil universitaria. Lecturas de Economía 65 (2006) 9-36
6. Choque, R.: Eficacia en el desarrollo de las capacidades TIC en estudiantes de educación secundaria de Lima, Perú. Revista de Medios y Comunicación 35 (2009) 5-20
7. Imbernón, F.: Reflexiones globales sobre la formación y desarrollo profesional del profesorado en el Estado español y Latinoamérica. Revista Educar 30 (2002) 15-25
8. De Moura, C., Loschpe, G.: La remuneración de los maestros en América Latina: ¿Es baja? ¿Afecta la calidad de la enseñanza? PREAL, 37 (2007)
9. Sánchez, E.: Dos caras de la carrera docente: satisfacción y desmotivación. Revista Interuniversitaria de Pedagogía Social 16 (2009) 135-148
10. Mayta, R., León, W.: El uso de las TIC en la enseñanza profesional. Revista de la Facultad de Ingeniería Industrial, 12, 2 (2009) 61-67
11. Ministerio de Educación: Una laptop por niño. Lima (2008) Recuperado de http://www.minedu.gob.pe
12. Castro, S., Guzmán, B., Casado, D.: Las TIC en el proceso de enseñanza y aprendizaje. Revista de Educación 23 (2007) 213-234
13. Selwood, I. D.: Information Technology in Educational Administration Management and in Schools in England and Wales: Scope, Progress and Limits. Unpublished Ph.D. thesis. The University of Birmingham (2004)

14. Yong, L., Rivas, L., Chaparro, J.: Modelo de aceptación tecnológica (TAM): un estilo de la influencia de la cultura nacional y del perfil del usuario en el uso de las TIC. Revista de Ciencias Administrativas y Sociales 36 (2010) 187-203
15. García-Valcárcel, A., Basilotta, V., López C.: Las TIC en el aprendizaje colaborativo en el aula de Primaria y Secundaria. Revista Científica de Educomunicación (2014) 65-74
16. Lázaro, J., Gisbert, M.: La integración de las TIC en los centros escolares de educación infantil y primaria: condiciones previas. Revista de Medios y Comunicación 28 (2006) 27-34
17. Toyama, K.: There Are No Technology Shortcuts to Good Education. Educational Technology Debate. (2011) Recuperado de https://edutechdebate.org/ictin-schools/there-are-no-technology-shortcuts-to-good-education/
18. Benito, B., Salinas, J.: Los entornos tecnológicos en la universidad. Revista de Medios y Educación 32 (2008) 83-100

Gonzales-Macavilca and Nolberto-Quispe, 2019

Agile methods in Chile: Identification of skills, learning processes, techniques and tools

Héctor Cornide-Reyes[1] and Rodolfo Villarroel[2]

[1] Departamento Ingeniería Informática y Ciencias de la Computación, Universidad de Atacama, Avenida Copayapu 485, Copiapó, Chile
hector.cornide@uda.cl

[2] Escuela Ingeniería Informática, Pontificia Universidad Católica de Valparaíso, Avenida Brasil 2241, Valparaíso, Chile

Abstract. Agile methods continue to provide positive evidence regarding their use and the results obtained. The use of these methods in areas other than sofware development will cause an increase in the demand of professionals who possess knowledge and skills in this field. For this reason, it is important to recognize the skills that appear as key to the formation of agile teams. The goal of this paper is to identify skills and learning processes that professionals in Chile consider as key to forming high performance agile teams. As a method, a survey was applied to agile community professionals in Chile to validate the results of previous work and to identify relevant information regarding learning processes, techniques and tools for working with agile methods. The results allowed establishing five key skills for high performance teams, with their respective levels of achievement. We analyzed the learning processes that professionals have developed and propose a set of techniques and tools that serve as recommendations for Universities to integrate them into the training processes of their students.

Keywords: Agile methods, skills, agile teams, education in software engineering.

1 Introducción

Los métodos ágiles siguen ganando espacio e importancia en la disciplina de la Ingeniería de Software. Esta nueva forma de pensar y de realizar los proyectos de software, han permitido que los equipos sean auto-gestionables y que los clientes perciban mayor valor en sus productos. Son muchas las empresas interesadas en su adopción que están entrenando a su personal en estas materias.

Existe una brecha entre lo que se enseña en el aula de clase y la realidad del desarrollo de software en las empresas. En Chile, esta situación ha generado una reflexión en el mundo académico y en la disciplina de la Ingeniería de Software, acerca de las habilidades que deben ser desarrolladas en los futuros profesionales de manera que sus experiencias de aprendizaje estén altamente influenciadas por las prácticas, técnicas y modos de trabajo que exige el desarrollo de software de calidad industrial [2]. Lo anterior, debido a que la industria del desarrollo de software requiere cada vez de un mayor número de profesionales con las habilidades que el mercado demanda [3]. Importantes organizaciones internacionales, han propuesto algunas alternativas sobre áreas de conocimiento que todo ingeniero de software debe tener, tales como: ACM-IEEE, Tuning America Latina, SFIA Foundation, CDIO y SWEBOK, sin embargo, en temas específicos a métodos ágiles, aún no existe consenso en estos temas.

Por lo anterior, resulta importante identificar los aspectos claves en la formación de equipos ágiles. Para ello, la investigación se inició con un mapeo sistemático de la literatura, reportada en [1], con el objetivo de identificar las habilidades necesarias para la formación de equipos ágiles Con los hallazgos obtenidos, se diseñó este trabajo de investigación, que busca validar los resultados con los profesionales chilenos mediante una encuesta.

La encuesta se llevó a cabo de Junio a Octubre del 2018, y participaron 83 profesionales que trabajan activamente con métodos ágiles en Chile. Para la validación de los resultados obtenidos en la encuesta, se realizaron 05 entrevistas semiestructuradas a importantes profesionales de reconocidas empresas para socializar y validar los resultados obtenidos.

Este artículo se encuentra organizado como sigue: en la sección 2, se presenta un análisis de algunos trabajos relacionado a esta investigación. En la sección 3, se especifican los objetivos de la investigación, mientras que en la sección 4 se presenta el método de investigación. Finalmente, en la sección 5 se presenta el análisis de los resultados y en la sección 6 las conclusiones.

2 Trabajos relacionados

Existe claridad en la comunidad científica y académica que para lograr desarrollar software de calidad, se requiere una combinación de habilidades técnicas y no técnicas. Si bien existen algunas pautas sobre qué conocimientos técnicos se requieren para ser un buen ingeniero de software, como por ejemplo SWEBOK [10], aún es posible observar la falta de información y de definición sobre qué habilidades y conocimientos son necesarios para el desarrollo de proyectos de software utilizando métodos ágiles.

Respecto a trabajos relacionados con la definición de habilidades en Ingeniería de Software, en [9], presentan un marco para describir las habilidades de ingeniería de software abarcando varios grados de abstracción denominado SWEBOS. Las habilidades detalladas en este marco de trabajo son: habilidad para la colaboración profesional, habilidad de comunicación, habilidad para estructurar el trabajo, habilidades personales, conocimiento del problema, habilidad para resolver problemas y habilidades adicionales. Este trabajo pretende servir como base para la enseñanza y el aprendizaje en Ingeniería de Software, aunque sólo se orienta a las habilidades no técnicas. En [11] y [12], plantean la problemática en el desarrollo de las habilidades genéricas en estudios de alto nivel de ingeniería de software. En estos trabajos describen como integraron el de aprendizaje basados en proyectos para el desarrollo de proyectos de software. Los resultados indican que este tipo de innovaciones entregan muy buenos resultados en el desarrollo de habilidades, destacando el alto nivel de motivación de los alumnos al desarrollar este tipo de actividades en el aula.

Un trabajo que utilizamos como referencia en la elaboración del cuestionario fue el presentado por Diel et al [6], donde aplicaron un cuestionario a los profesionales en Brasil con el objetivo de identificar el nivel de entendimiento que tienen los profesionales de TI ubicados en distintas ciudades importantes de Brasil. Los resultados más importantes indican que un 49% declaró trabajar con Scrum, un 23% XP y un 10% con lean software development. El backlog del producto, aparece como la práctica ágil más usada, seguida por la reunión de planificación del sprint, la retrospectiva, reuniones diarias y kanban. Las prácticas menos utilizadas son: BDD, TDD y scrum of scrum meetings. Al analizar los factores que desafían la adopción de métodos ágiles, el mayor obstáculo señalado por la mayoría de los encuestados fue un "cambio cultural" en la empresa. Factores tales como "resistencia al cambio" y "colaboración con el cliente", también se mencionaron como muy difíciles cuando se adoptan métodos ágiles. Por otro lado, factores tecnológicos y técnicos, como: "herramientas y tecnologías inadecuadas" y "falta de directrices formales" se indicaron como niveles bajos de desafío para la adopción de métodos ágiles. Otro cuestionario aplicado a la industria en Brasil es el presentado por Melo et al [4], donde realizaron un estudio para identificar el estado del arte sobre métodos ágiles en Brasil en relación con la enseñanza, la investigación y práctica en la industria. Los resultados, en cuanto a las prácticas adoptadas y métodos, indicó su estudio: scrum (51,2%), scrum-XP (22,5%) y lean (4,2%). Las principales causas declaradas sobre el fracaso en la adopción de métodos ágiles, fueron: falta de experiencia con métodos ágiles, la cultura/filosofía de la empresa en desacuerdo con el los principales valores ágiles, la presión externa para seguir la tradición prácticas en cascada, falta de pedidos y de clientes capacitados, bajas expectativas de la gestión, la falta de alcance y el control de las cuestiones para gestionar las dependencias externas (especialmente en equipos no ágiles).

Un trabajo muy interesante es el presentado por Rodríguez et al [5], donde realizaron una encuesta sobre la adopción de Agile y Lean en la industria de software finlandesa. Los resultados indicaron que entre las principales razones para adoptar los métodos se encuentran las siguientes: aumento de la productividad (67%), mayor calidad de los productos y del servicio ofrecido (62%), reducción del ciclo de desarrollo y el tiempo de lanzamiento al mercado (58%), mejora de la calidad del proceso de desarrollo (48%), aumento de la capacidad para trabajar con los cambios realizados en las solicitudes (43%). Los encuestados indicaron que los principales beneficios esperados a la hora de adoptar métodos ágiles son: mejorar la comunicación del equipo (50%), aumentar la capacidad para trabajar con los cambios realizados en las solicitudes (50%), se incrementó productividad (50%), mejora del proceso de desarrollo (49%), y la mejora de los conocimientos necesarios para desarrollar trabajo (49%). Los factores que desafían la adopción de los métodos ágiles son: compromiso de la alta dirección (50%), colaboración entre el equipo y el cliente (48%), cambio de cultura en la forma de trabajo (47%), y dificultad para medir la adopción de los métodos (48%). Finalmente, las razones más citadas para la no adopción de métodos ágiles fueron: falta de conocimiento y capacitación en el tema (47%) y cultura organizacional (43%).

3 Método de Investigación

Este trabajo de investigación toma como entrada los resultados obtenidos en [1]. Con esta información, se preparó una encuesta con el objetivo de ser aplicado a los profesionales de la industria chilena que trabajan activamente con métodos ágiles. Como método de validación de los resultados obtenidos, se realizaron 05 entrevistas semiestructuradas a importantes profesionales de reconocidas empresas para socializar y validar los resultados obtenidos. El cuestionario fue aplicado entre los meses de Junio y Octubre del 2018, mientras que las entrevistas fueron realizadas en los meses de Noviembre y Diciembre del mismo año.

A. Objetivos y Preguntas de investigación

El objetivo principal de esta investigación es identificar habilidades y conocimientos necesarios, según la industria del desarrollo de software en Chile, para mejorar los procesos formativos de profesionales. Como objetivos secundarios, se busca comprender mejor, a partir de la experiencia de profesionales chilenos, (i) cómo adquirieron los conocimientos sobre métodos ágiles, (ii) qué dificultades tienen para trabajar con métodos ágiles, y iii) cuales son las habilidades que consideran claves para el éxito en la aplicación de los métodos ágiles.

Las preguntas de investigación para este estudio fueron las siguientes:

RQ.1. ¿Cuáles son las habilidades que los profesionales chilenos consideran claves para trabajar con métodos ágiles?

RQ.2. ¿Cómo los profesionales adoptaron los conocimientos para trabajar con métodos ágiles?

RQ.3. ¿Qué conocimientos deben ser considerados por la comunidad académica en los procesos formativos de profesionales para el trabajo con métodos ágiles?

B. Técnica de Muestreo

Para esta investigación, se utilizó la técnica de muestreo no probabilístico "por conveniencia", principalmente porque esta técnica permite seleccionar aquellos casos accesibles que acepten ser incluidos. Esto, fundamentado en la conveniente accesibilidad y proximidad de los sujetos para el investigador [8].

Para la selección de los participantes, se consideró trabajar con la comunidad "Chile Ágil", integrado por un grupo de más de 200 profesionales activos, motivados en compartir el conocimiento adquirido por la experiencia en métodos ágiles.

C. Diseño de la encuesta

Basados en nuestra experiencia y en las recomendaciones de expertos, decidimos diseñar nuestro cuestionario centrándonos en el objetivo declarado y en las preguntas de investigación. La estrategia de diseño para la aplicación del cuestionario, se basó en lo propuesto en [7]:

- Protección de la confidencialidad: Para evitar conflictos con las políticas de confidencialidad de las empresas, no se traspasará la información personal y de contacto a terceros.
- Consideración sobre la duración del instrumento: La encuesta no debería tomar más allá de 10 minutos en ser respondida.
- Consideración de instrumentos ya existentes como base: Para el diseño de la encuesta, se revisó la sección sobre habilidades presentada en [6], sin embargo, las preguntas tenían un carácter general por lo que descartamos utilizarlas.
- El tratamiento de la información será serio: El propósito de la encuesta fue explicado a cada uno de los participantes, comprometiendo en envío de los resultados una vez que el trabajo finalizara.
- Para evitar sesgos y mejorar la objetividad de las preguntas, la encuesta pasó por un período de testeo, siendo aplicado a un grupo de 15 personas con el objetivo de detectar problemas antes de la distribución masiva.

El cuestionario fue publicado en Google Forms y fue distribuido entre los profesionales que, voluntariamente, decidieron colaborar en esta investigación.

A continuación, en la tabla 1, se muestra un mapeo que relaciona las preguntas de investigación (RQ) con las preguntas del cuestionario (PC) y las preguntas utilizadas como base para las entrevistas semiestructuradas (PE).

Tabla 1. Mapeo de preguntas de investigación, cuestionario y entrevistas

Preguntas de Investigación	Preguntas realizadas
RQ.1. ¿Cuáles son las habilidades que los profesionales chilenos consideran claves para trabajar con métodos ágiles?	PC.7. Para el siguiente listado de habilidades, determine para cada una de ellas, el nivel de logro que considera necesario para que los nuevos profesionales enfrenten de buena forma el trabajo con métodos ágiles. PC.8. De acuerdo a las siguientes habilidades/competencias, seleccione las 5 que usted considere clave para que los nuevos profesionales tengan un buen desempeño en un equipo ágil. PC.9. De acuerdo a su experiencia, ¿Qué conocimientos técnicos cree usted necesarios para trabajar bajo métodos ágiles? PE.3. De acuerdo a su experiencia, ¿Cuáles son los elementos que influyen positivamente en el rendimiento de un equipo ágil? PE.4. ¿Qué métricas y/o indicadores conoce que permitan medir el desempeño de un equipo ágil? PE.6. Respecto a las habilidades técnicas, ¿Qué conocimientos deben ser considerados obligatoriamente en la formación de los nuevos profesionales?
RQ.2. ¿Cómo los profesionales han adquirido en Chile el conocimiento para trabajar con métodos ágiles?	PC.3. ¿Cómo adquirió usted los conocimientos necesarios para trabajar con las metodologías ágiles? PE.2. Según su experiencia, ¿Qué nivel real de adopción de prácticas ágiles que poseen los equipos de trabajo en Chile? PE.5. Respecto a las empresas que han adoptado prácticas ágiles,

	¿Cómo se realiza el proceso de desarrollo y fortalecimiento de habilidades (transversales y técnicas) para los miembros de equipos ágiles?
RQ.3. ¿Qué conocimientos deben ser considerados por la comunidad académica en los procesos formativos de profesionales para el trabajo con métodos ágiles?	PC.4. ¿Cuál considera usted que fue la mayor dificultad que tuvo que enfrentar para adoptar los métodos ágiles? PC.10. Finalmente, agradeceremos sus comentarios y/o recomendaciones respecto a contenidos/herramientas/experiencias que las universidades deberían tener en cuenta para que los futuros profesionales se incorporen de mejor forma al trabajo con métodos ágiles. PE.7. ¿Cómo deberían las universidades "entrenar" a sus alumnos para que su proceso de adaptación a la mentalidad ágil sea más fácil?
Otras preguntas	PC.1. ¿Desde hace cuánto tiempo utiliza métodos ágiles para desarrollar software? PC.2. ¿Cuál es el número de proyectos desarrollados bajo métodos ágiles en los cuales usted ha participado? PC.5. ¿En cuál o cuáles métodos ágiles usted ha trabajado? PC.6. De acuerdo a lo definido en SCRUM y XP ¿Cuál o cuáles roles usted ha desempeñado? PE.1. ¿Cuánto tiempo lleva relacionándose con prácticas ágiles? ¿Cuáles son los elementos positivos y negativos que ha observado en el uso de estas prácticas? PE.8. ¿Cuáles son sus proyecciones y/o creencias respecto a la agilidad? Según usted, ¿Qué pasará o que debería pasar?

4 Análisis y discusión de resultados

En la figura 1(a), es posible observar los resultados obtenidos de acuerdo a las PC.1. y PC.2., donde destaca que el 20% de los profesionales declaran estar utilizando métodos ágiles hace al menos 3 años y un 20% sobre 5 años. De igual forma, en la figura 1(b), se observa que un 67% de los profesionales han participado en a lo menos 4 proyectos desarrollados bajo métodos ágiles.

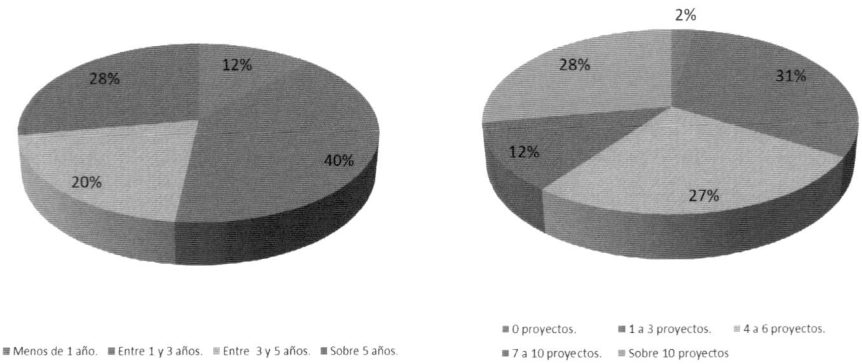

(a) (b)

Fig. 1. Caracterización de los profesionales participantes.

En el presente artículo, nosotros determinamos realizar el análisis de los resultados categorizados por preguntas de investigación, vinculando cada pregunta del cuestionario y de la entrevista. A continuación, mostramos nuestros hallazgos:

1. *RQ.1. ¿Cuáles son las habilidades que los profesionales chilenos consideran claves para trabajar con métodos ágiles?*

Respecto a las habilidades necesarias, en la pregunta 7 del cuestionario, se solicitó indicar el nivel de logro necesario para cada una de las habilidades identificadas en [1] y en la pregunta 8, elegir aquellas cinco que consideran como claves. En la tabla 2, es posible observar las habilidades ordenadas según el ranking resultante. El 89% de los encuestados, señalan que la colaboración es principal habilidad a tener en cuenta para trabajar con métodos ágiles. Luego aparece Comunicación efectiva y trabajo en equipo, con un 73% y 70% respectivamente. Completan este ranking de las cinco habilidades claves la autogestión y el compromiso, ambas con un 66%. Las habilidades menos elegidas son: creatividad, trabajo bajo presión y adoptar un segundo idioma (Inglés), con un 16%, 8% y un 4% respectivamente.

Respecto a los niveles de logro para las habilidades, existe absoluta claridad sobre el nivel de desarrollo deseable que se debe tener para las primeras cinco habilidades que aparecen en la tabla 2, no sucede lo mismo con las habilidades que aparecen al final del ranking donde no existe una claridad sobre el nivel deseado.

Las habilidades técnicas, es decir, aquellas que se relacionan al conocimiento necesario para desempeñar alguna función específica en un ámbito, son un elemento necesario a la hora de trabajar con métodos ágiles pero no relevantes para tener un buen desempeño en un equipo ágil. Lo anterior, a opinión de los encuestados, no debería representar problemas considerando los actuales estándares existentes en las carreras que se encargan de la formación de profesionales. Otro aspecto que destacan los encuestados respecto a no dar tanta importancia a las habilidades técnicas es por la propia naturaleza de la especialidad, que obliga a estar de forma permanente en procesos de aprendizajes de nuevos métodos y técnicas.

Tabla 2. PC.7 & PC.8: Niveles de logro de habilidades

	Nivel 0: Por debajo de lo básico, Indica un alejamiento importante de la competencia.	Nivel 1: Básico, Indica un acercamiento elemental de lo que expresa la competencia.	Nivel 2: Considerable, Indica un razonable avance hacia el logro de la competencia.	Nivel 3: Óptimo, Indica un claro logro del propósito de la competencia.
Colaboración	0	7	19	57
Comunicación efectiva	0	7	49	27
Trabajo en equipo	1	4	26	52
Autogestión	0	12	28	43
Compromiso	1	6	22	54
Adaptabilidad	0	6	40	37
Autoaprendizaje	1	14	37	31
Creatividad	5	22	37	19
Trabajo bajo presión	21	26	22	14
Inglés	18	30	24	11

Al igual que los resultados obtenidos en los cuestionarios aplicados a las industrias de Brasil [4] [6] y Finlandia [5], Scrum es el método ágil predominante en la industria del desarrollo de software en Chile, por lo anterior, una definición tentativa de los niveles de logro para las cinco habilidades en cada rol definido en Scrum, se muestra en la tabla 3.

Respecto a las métricas y/o indicadores para medir el desempeño de un equipo ágil, se logró identificar que usualmente se utilizan métricas como: velocidad, cantidad de historias de usuario terminadas por iteración, cantidad de bugs productivos y satisfacción del cliente. Algunas métricas menos usuales identificadas son: porcentaje de término del product backlog, moral/felicidad/ánimo del equipo y cantidad de despliegues productivos. Se reconoce la importancia de implementar otras métricas, como por ejemplo costo/gasto/inversión vs beneficio/ganancia/rentabilidad obtenida.

De las preguntas abiertas del cuestionario y de las entrevistas realizas, es posible identificas las siguientes habilidades técnicas: *Capacidad de análisis de problemas, Pensamiento Sistémico, Dominio de leguajes de programación, Aplicar pensamiento Lean, Desarrollar programación en pares, Comprender la filosofía ágil, Conocimientos en TDD y FDD, Conocer herramientas de seguimientos, trabajar con control de versiones, aplicar integración-entrega continua*, etc.

Tabla 3. Roles Scrum y niveles de logro

Habilidad	Nivel 0	Nivel 1	Nivel 2	Nivel 3
Colaboración			Team Product Owner	Scrum Master
Comunicación Efectiva			Scrum Master Team	Product Owner
Trabajo en Equipo			Scrum Master Product Owner	Team
Autogestión			Scrum Master Product Owner	Team
Compromiso			Scrum Master Team	Product Owner

2. RQ.2. ¿Cómo *los profesionales han adquirido en Chile el conocimiento para trabajar con métodos ágiles?*

Esta pregunta de investigación, busca encontrar evidencias que permitan conocer la forma en que los profesionales chilenos adquirieron los conocimientos para adoptar los métodos ágiles. Llama profundamente la atención que tan sólo el 5% declare haber recibido conocimientos durante sus estudios de pregrado y el 8% en sus estudios de postgrado, esto refleja que aún los planes y programas de las carreras TIC no incorporan formalmente estas temáticas. Por lo anterior, se explica el hecho que el 81% de los participantes declaren haber adquirido conocimientos de forma personal (autodidacta) y un 63% haya realizado algún curso de perfeccionamiento (certificaciones) en estas materias.

Otro aspecto importante en el proceso de aprendizaje, son precisamente las dificultades que se tuvieron que enfrentar en la utilización de métodos ágiles, cuestión abordada en la PC.4. El 29% de los encuestados declaran que la mayor dificultad es involucrar al cliente en el proyecto, aspecto que resulta difícil de controlar por los profesionales porque es un problema que depende de muchos factores. Un 22% declara que el sentido de colaboración y compromiso de equipo fue su mayor dificultad, aspecto que coincide con los niveles de importancia que estas habilidades obtuvieron anteriormente. La tercera dificultad declarada es la disciplina con la metodología con un 17%, luego aparecen la definición de roles (7%), la comunicación con los stakeholders (7%), documentar adecuadamente el trabajo (6%), gestionar el proyecto adecuadamente (6%), definir entregables y cierre del proyecto (4%) y las habilidades técnicas con sólo un 2%.

Las preguntas 5 y 6 del cuestionario, nos proporcionaron información sobre qué métodos ágiles se utilizan y cuáles son los roles que mayoritariamente desarrollan los profesionales chilenos. Un 96% de los encuestados señalan que trabajan o han trabajado con Scrum, un 70% utiliza kanban, un 28% XP y un 57% declara utilizar métodos ágiles híbridos. Sobre los roles desempeñados en Scrum, el 77% de los encuestados declara haber o estar desempeñándose como scrum master, un 29% product owner y un 34% como parte del team. Sobre los roles desempeñados en XP, el 31%

señala haber o estar desempeñándose como programados, un 13% como tester, 0% como tracker, un 36% como coach y un 18% como manager.

En cuanto al nivel real de adopción de prácticas ágiles, existen distintas visiones respecto a esto. Por un lado se reconoce las capacidades de los profesionales por sumarse a los principios y valores declarados en el manifiesto, sin embargo, se reconoce que el entorno que rodea a los equipos no siempre facilitan el trabajo, exigiendo cosas que van en contra de los valores y principios de la agilidad, produciendo confusión y desconfianza de todo lo bueno que se les prometió al entrar en un equipo ágil. Destacan el rol del Scrum Master, como el encargado de resolver los obstáculos que el equipo tenga y procurar que el proceso se desarrolle lo más ajustado a lo definido en el framework.

3. RQ.3. ¿Qué conocimientos deben ser considerados por la comunidad académica en los procesos formativos de profesionales para el trabajo con métodos ágiles?

En general, podemos indicar que gran parte de las recomendaciones van dirigidas a generar instancias que permitan a los alumnos absorber la mentalidad y la cultura de trabajo necesaria para los métodos ágiles, considerando como base los 4 valores y los 12 principios establecidos en el manifiesto ágil.

Integrar la agilidad a la formación de profesionales debe ser un proceso gradual y continuo, porque es imposible concentrar todo el conocimiento en un grupo de asignaturas específicas. La cultura ágil debe promoverse desde el inicio y mantenerse mientras el profesional mantenga vínculo con la Universidad. Por lo anterior, es necesario que todos quienes participen del proceso formativo, apliquen los principios y valores de la agilidad, es decir, un cambio cultural total.

En su mayoría, los profesionales que trabajan con métodos ágiles en Chile, centran su atención en las actuales dificultades de adopción de los métodos ágiles, siendo las barreras e impedimentos similares a las experiencias internacionales analizadas en [4] [5] y [6]. Por tal razón, recomiendan que los esfuerzos deban focalizarse en el fortalecimiento de las habilidades genéricas porque poseen un impacto directo en el desarrollo de una cultura ágil en torno al trabajo.

De la información recogida en los cuestionarios y de las entrevistas realizadas, es posible proponer los siguientes conocimientos que debiesen ser parte de asignaturas a lo largo de los planes de estudios:

- Teoría Ágil: Pensamiento Lean, mejora continua, métodos ágiles, marcos de trabajo.
- Técnicas y herramientas Frontend: Html, css, javascript, Node.js, angular, react.js, Rest, Sass.
- Técnicas y herramientas de diseño de interfaces y prototipado: Sketch, Adobe XD, Marvel App, InVision.
- Técnicas UX: Testeo de guerrilla, Lean UX.
- Técnicas y herramientas Backend: Java, Node.js, REST, OWASP, Spring, TDD, GIT.
- Técnicas de despliegue continuo: SonarQube, Jenkins, Bamboo.

- Técnicas y herramientas de gestión de proyectos: Jira, Rally Software, Version One, Trello.

Para complementar lo anterior, presentamos algunas citas de las opiniones emitidas por los profesionales:

- *"En todas las asignaturas se puede empezar a incorporar los valores de la agilidad, no necesariamente como asignatura en sí, sino en la práctica..."*
- *"...enseñen de una base no determinista... enseñen a sus alumnos a olvidarse que tenemos el control bajo un contexto de complejidad... también que dejen de "hacer planes" maravillosos y empiecen a ejecutar y aprender haciendo..."*
- *"Favor dar una mirada real a los alumnos para que el cambio de la teoría a la vida real de los informáticos tenga un sentido..."*
- *"Dinámicas de grupo, incentivar a armar estrategias para desempeñar mejor el flujo de solución / gestión de problemas y nuevas requerimientos..."*
- *"Desde mi experiencia, cuando uno comienza con la formación profesional en la Universidad, hay personas que poseen el perfil de desarrollador y otras un perfil orientado a las redes o bien enfocadas en la gestión. Respecto a este perfil de desarrollador, sería ideal que los académicos sean capaz de detectar estas habilidades ..."*
- *"Tienen que trabajar en habilidades blandas, especialmente en trabajo en equipo: las mayoría de las pruebas en la universidad son individuales y no grupales. Fomentar la colaboración y como ser un líder servicial, ya que en estos tiempos el equipo está sobre el individuo..."*
- *"Mucha práctica desde el primer semestre. Deben realizar trabajos por proyectos y productos más que por materias aisladas. Integración con la industria. Enseñanza de la mano de profesionales que ejerzan en la industria..."*
- *"Que aprendan a aprender para el resto de su vida profesional..."*

Como resumen, podemos indicar que la mayor recomendación de los profesionales es que las universidades puedan crear ambientes de aprendizaje con características lo más cercana posible a lo que sucede en el mundo real de la industria del desarrollo de software. Existe una clara brecha entre las carreras y la industria, por lo que generar instancias reales de integración, pareciera ser un camino ideal a seguir. Debemos reflexionar sobre qué tan dispuestos se encuentran las universidades y las empresas de la industria en lograr encontrar este punto de encuentro, que va más allá de una simple visita, charla o disposición de vacantes para prácticas profesionales.

5 Conclusiones

Este artículo presentó los resultados de una investigación que tuvo como objetivo principal, identificar habilidades y conocimientos necesarios, según la industria del desarrollo de software en Chile, para mejorar los procesos formativos de profesionales. Como objetivos secundarios, se busca comprender mejor, a partir de la experiencia de profesionales chilenos, (i) cómo adquirieron los conocimientos sobre métodos ágiles, (ii) qué dificultades tienen para trabajar con métodos ágiles, y iii) cuales son las habilidades que consideran claves para el éxito en la aplicación de los métodos ágiles.

Los resultados obtenidos están en concordancia con lo analizado en las experiencias internacionales presentadas en [4] [5] y [6]. Scrum aparece como el método ágil mayormente utilizado en Chile y el rol de Scrum master es el que mayormente desarrollan los profesionales.

Las habilidades claves para trabajar adecuadamente con métodos ágiles son: Colaboración, Comunicación efectiva, Trabajo en equipo, autogestión y compromiso.

Falta aún un cuerpo de conocimiento consensuado respecto de los aspectos teóricos y prácticos de la utilización de metodologías ágiles, así como una mayor consolidación de los resultados de aplicación. La actividad de investigación está orientada hacia líneas tales como: métricas y evaluación del proceso, herramientas específicas para apoyar prácticas ágiles, aspectos humanos y de trabajo en equipo [13].

Respecto a las habilidades técnicas, la comunidad de profesionales en Chile considera que no son del todo relevantes a la hora de integrar un equipo ágil, toda vez que la formación actual entrega los elementos base para trabajar adecuadamente. A lo anterior, se suma que son los propios equipos ágiles quienes se encargan de nivelar técnicamente a un integrante cuando existen vacíos técnicos. Se aplica el sentido de colaboración y transparencia en todo momento en los equipos ágiles y se ha creado una cultura de trabajo en torno a la misma colaboración.

Como trabajo futuro, pensamos elaborar una propuesta para definir un cuerpo de conocimientos que permita orientar el proceso formativo de profesionales para trabajar con métodos ágiles.

Agradecimientos

Héctor Cornide Reyes es beneficiario de la Beca INF-PUCV 2016 en la realización de sus estudios de Doctorado en Ingeniería Informática en la Pontificia Universidad Católica de Valparaíso.

Referencias

1. Cornide-Reyes, H., Campillay, S., Alfaro, A., & Villarroel, R. (2018, November). Identification of Skills for the Formation of Agile High Performance Teams: A Systematic Mapping. In Conference on Information Technologies and Communication of Ecuador (pp. 141-152). Springer, Cham.
2. Anaya, R. (2006). Una vision de la enseñanza. Revista Universidad EAFIT, 42(141), 60-76.
3. Pineda, E., Gonzalez, C.: White Paper: Networking Skills in Latin America, CISCO (2016).
4. Melo, C. D. O., Santos, V., Katayama, E., Corbucci, H., Prikladnicki, R., Goldman, A., & Kon, F. (2013). The evolution of agile software development in Brazil. Journal of the Brazilian Computer Society, 19(4), 523-552.

5. Rodríguez, P., Markkula, J., Oivo, M., & Turula, K. (2012, September). Survey on agile and lean usage in finnish software industry. In Empirical Software Engineering and Measurement (ESEM), 2012 ACM-IEEE International Symposium on (pp. 139-148). IEEE.
6. Diel, E., Bergmann, M., Marczak, S., & Luciano, E. (2015, October). What is Agile, Which Practices are Used, and Which Skills are Necessary According to Brazilian Professionals: Findings of an Initial Survey. In Agile Methods (WBMA), 2015 6th Brazilian Workshop on (pp. 18-24). IEEE.
7. Asún, R. (2006). Construcción de cuestionarios y escalas: el proceso de la producción de información cuantitativa. Canales, M. Metodología de Investigación Social, 63-113.
8. Otzen, T., & Manterola, C. (2017). Técnicas de Muestreo sobre una Población a Estudio. International Journal of Morphology, 35(1), 227-232.
9. Sedelmaier, Y., & Landes, D. (2015). Swebos–the software engineering body of skills. International Journal of Engineering Pedagogy (iJEP), 5(1), 20-26.
10. Bourque, P., & Fairley, R. E. (2014). Guide to the software engineering body of knowledge (SWEBOK (R)): Version 3.0. IEEE Computer Society Press.
11. D. González-Morales, L. M. Moreno de Antonio and J. L. Roda García, "Teaching "soft" skills in Software Engineering," 2011 IEEE Global Engineering Education Conference (EDUCON), Amman, 2011, pp. 630-637. doi: 10.1109/EDUCON.2011.5773204
12. J. Straub, S. Kerlin and D. Whalen, "Teaching software project management using project based learning (PBL) and group projects," 2017 IEEE International Conference on Electro Information Technology (EIT), Lincoln, NE, 2017, pp. 016-021. doi:10.1109/EIT.2017.8053323
13. Canós, J. H., Letelier, P., & Penadés, M. C. (2012). Metodologías ágiles en el desarrollo de software.

Cornide-Reyes and Villarroel, 2019

Towards a Harmonized Quality Framework for in-house Software Development in Higher Education Institutions

Germania del Rocio Veloz[1], Gloria Arcos-Medina[2], Jorge Menendez[1], Omar S. Gómez[2], and César Pardo[3]

[1] Facultad de Informática y Electrónica, Escuela Superior Politécnica de Chimborazo, 60106 Riobamba, Ecuador
{g_veloz, jorge.menendez}@espoch.edu.ec
[2] GrIISoft Research Group, Escuela Superior Politécnica de Chimborazo, 60106 Riobamba, Ecuador
{gloria.arcos, ogomez}@espoch.edu.ec
[3] Grupo de Investigación GTI, Facultad de Ingeniería Electrónica y Telecomunicaciones, Universidad del Cauca, Calle 5 N° 4-70 Popayán, Colombia
cpardo@unicauca.edu.co

Abstract. In this work, we present a harmonized quality framework for development and maintenance of software products in Higher Education Institutions (HEIs) settings. This framework aims to provide a basis for improving the quality either of the software product or the software process of a given HEI. The proposed framework allows to adopt and adapt (harmonization) elements from different standards and models in order to be fitted according to the context constraints of an HEI. We exemplify the application of the framework with a single case study conformed of two units of analysis (the development of two software products).

Keywords: Software Quality, Software Process Quality, Harmonized Quality Framework, Software Development, Software Engineering

1 Introduction

The quality of a software product can be determined by the agreement with the functional and non-functional requirements explicitly established, also with the fitting of best practices, standards or reference models followed.
In the context of higher education institutions (HEI), HEIs usually are immersed with several academic processes aimed to get relevant information that can be used for decision-making. Also, public HEIs are required to have promptly information regarding their processes, this in order to have access to government assessments and evaluations (such as accreditation).

In this sense, it is common that public HEIs develop their own software products (information systems) in order to support the different information processes they run. However, in some cases, software products can be developed without taking care of quality software attributes. For example, maintainability and evolution could be missed from the initial requirements.
A common practice followed in public HEIs is to integrate students in their software development activities. However, some of these software products have short production cycles or students have to abandon the projects, resulting in loss of effort, time, and waste of public institutional resources. This issue can be caused by a lack of an institutional software development and quality assessment regulation established by the HEIs IT department, which for example should contemplate aspects such as maintainability and interoperability among different information systems.
The goal of the present work is to propose a generic quality framework aimed to help software development HEI's departments to foster the quality of the software products they internally develop.
The present work is structured as follows: Section 2 presents a review of different software quality models and standards. Section 3 presents the proposed framework. Section 4 describes the exemplification of the framework through a case study. Finally, section 5 discusses the experience obtained from this research.

2 Background

Building software quality products mainly imply to measure, control and improve the developed product and the process to develop it. Regarding the product, several software quality models have been proposed [1-9], in a similar way, we can find standards and reference models aimed at improving and assess the software process [10-15]. Following, we describe some commonly standards and models found in the literature.

2.1 Software Product Quality Models

McCall's Model. This model was the first quality model presented in 1977. It is also known as the General Electric's Model [1]. This model is intended to review or check the quality of the product. This model provides a set of basic characteristics to measure the quality of the product. McCall [1] proposes three dimensions or perceptions for recognizing the quality of a software product, and they are the following:
Product Revision: According to McCall [1], it deals with the maintainability, testability, changeability, flexibility and debugging of the software product.
Product Transition: it refers to the adaptability with the environment, portability, reusability, and interoperability of the software product.
Product Operation: It refers to the degree of the software product regarding how much quickly and easily it can be understood, it includes, reliability, correctness, efficiency, integrity and usability criteria.
The contribution of this model was the linking between non-functional requirements (quality aspects) and metrics.

Boehm's Quality Model. This model was proposed in 1978 [2]. It presents more attributes and characteristics than the McCall's quality model [1]. It also proposes a hierarchical quality model designed around high-level, intermediate and primitive characteristics levels. The levels represent questions, quality factors that can affect or represent the quality of the product, also it offers the basis for describing quality metrics. Thus, the model focuses on measuring properties and characteristics in such a way that different stakeholders are involved in the life-cycle of software. The high level of characteristics is related to the following aspects:
Utility: It deals with how easily, reliably and efficiently the software product can be utilized.
Maintainability: It decides how convenient it is to understand, change or re-evaluate a software process.
Portability: It deals with addressing the adaptation of the software product to changes in its environment.

FURPS Model. The FURPS model appeared after the two previous models (McCall's and Boehm's models). It was presented in 1987 [3]. The acronym of FURPS stands for Functionality, Usability, Reliability, Performance, and Supportability of the software product under development [3]. These characteristics were classified into two main categories: regarding to the user's requirements (functional and non-functional requirements). These categories are described as following:
Functionality: According to this model, functionality encompasses characteristics such as capability, reusability, and security.
Usability: This aspect covers issues that may affect the ease of use of the product. It deals with human factors, aesthetics, consistency, documentation, and responsiveness.
Reliability: It deals with aspects like availability, failure extent and time length (mean time to failures), predictability and accuracy.
Performance: This aspect is focused on speed, efficiency, resource consumption, throughput, capacity, and scalability.
Supportability: This is related to aspects such as maintainability, testability, flexibility, installability, and localizability.

Dromey Model. This model was published in 1995 [4]. It assumes that each evaluation is different among software products, so the main idea behind this model was to obtain a broad enough model that was able to work with different software products. According to the author, each artifact produced in the life-cycle can be linked with this quality evaluation model.
This model seeks to foster the understanding of the relationship between attributes (characteristics) and sub-attributes (sub-characteristics) of software quality.
Dromey's Quality Model [4] is structured with the following tasks: (1) Selection of a set of high-level quality attributes to be used for the evaluation; (2) Listing of software components or modules of the software product; (3) Identification of quality properties for the software components, i.e., those qualities of the components that have the most impact on the product properties; (4) Determination of how each property effects the quality attributes; (5) Evaluation of the model and identification of weaknesses.

ISO/IEC 9126. This model is part of the ISO 9000 standard [28], which deals with quality assurance. The model specifies six aspects including Functionality, Reliability, Usability, Efficiency, Maintainability, and Portability; which are further divided into 21 sub-characteristics [5-8].
The main aspects are classified in a hierarchical tree structure of aspects and sub-aspects. The highest level of this structure consists of the quality characteristics and the lowest level consists of the software quality criteria. According to this model, these aspects can be applied to every kind of software product, including computer programs and embedded software. Currently, this model is an old standard which has been replaced by the ISO/IEC 25010 [9].

ISO/IEC 25010. This model (also a standard) determines the existence of internal quality aspects measurable according to the characteristics of the software product as source code, as well as other external aspects related to measuring the behavior of the software product in the tests. Quality is focused on the software requirements; they must reflect the needs of the application and emphasizes how critical they are to the correct functioning of the implemented software product [9].
The model is subdivided into eight aspects (functional suitability, performance efficiency, compatibility, usability, reliability, security, maintainability, and portability), each one conformed of sub-aspects. It constitutes a set of standards based on the previous standard (ISO/IEC 9126 [5-8]).

2.2 Software Process Quality Models

Software quality can also be determined by its followed process, concerning the software process we briefly describe the following standards and models.

ISO/IEC 9000-3. It is a derivative from the ISO 9000 family of quality management systems [28]. The ISO 9000-3 are guidelines focused on the software development area. It encompasses a set of guidelines used for acquisition, supply, development, operation, and maintenance of software related products. Its updated version is the ISO/IEC/IEEE 9000-3:2018 [10].

ISO/IEC 15504. Also known as Software Process Improvement and Capability Determination (SPICE)[11]. It was initially focused on the software development processes, particularly on project management, configuration management, and quality assurance aspects. Later processes were grouped on areas such as organizational, management, engineering, acquisition supply, support, and operations. In 2015 It faced a major revision and currently it is outdated.

ISO/IEC/IEEE 12207. This standard is focused on software life cycle processes. It was introduced in 1995 [12]. According to ISO, its goal is to be a base standard for defining all the processes required for developing and maintaining software systems, including the outputs and activities of each defined process. It establishes a common framework for all the life cycle processes of software development. It considers the acquisition of systems and software products and services, supply, development, operation, maintenance, and disposal of software products also can be used on software portions of a system. This standard can be used internally or externally to an organization.

ISO/IEC 29110. According to [13], a great percentage of software development companies can be considered as small and medium-sized businesses (SMB, 0-100 employees). In this sense, ISO developed a standard focused on small settings i.e., SMBs. This standard is known as the "Systems and Software Life Cycle Profiles and Guidelines for Very Small Entities (VSEs)". It is focused on an enterprise, organization, department or project having up to 25 people [14].
It is composed of two processes: project management (PM) process and a software implementation (SI) process. Each process has a set of objectives, activities, and tasks, as well as the documents, also called work products, that are produced during a given project. The PM process is conformed of four activities: planning, execution, evaluation, and closing. The SI process is composed of six activities related to software product development such as: initiation, analysis, design, construction, integration and testing, and delivery.

CMMI (Capability Maturity Model Integration). This model was developed by the Software Engineering Institute (SEI), and it is aimed for improving and refining the software development process within an organization. It is based on a process model or a structured collection of practices [15].
This model can be used to guide the software improvement process across a project, division or even an entire organizational structure. It provides guidance for achieving quality processes, and it acts as a point of reference for appraising processes. It establishes how to control software development and software maintenance processes through quality [15].

Agile Approaches. Although there is no international standardization regarding agile software development models, the structure of these approaches can also be used to improve the quality of the software process. For example, authors in [16] conducted a longitudinal study and observed that the quality of the software process was improved with the use of the scrum agile approach [29].

3 Proposed Framework

As observed in the previous section, software industry can be benefited from the different existing standards and models aimed to improve the quality either of the software product or the process to develop it. However, due to the diversity of existing standards and models, software industry may adopt and adapt elements from different standards and models to fit its needs. It is quite possible that they (organizations) have started to realize that their business and software development related activities can be fitted with more than one standard or model. In this regard, the use of harmonized [17-

22] or multi-model environments [23-25] have started to appear in the literature. Considering the starting use of harmonized and multi-model environments, we propose a harmonized quality framework for Higher Education Institutions (HEIs) that develop and maintain their own software products. The proposed framework is shown in Figure 1. It is conformed of six elements, which are the following:

HEI's context constraints*:* Each HEI obeys to different dynamics. To some extent, each one may define its own software processes used to internally develops the software products they use. Thus, based on the context they operate, the software internally produced and the processes to develop it may be subject to different constraints. This component of the framework aims at analyzing the context, constraints and rules in which the software (and it process) to be built or maintained will be run or operate.

Standards and models: It represents the existing standards and models that the HEI can use in order to improve the quality of the software products they internally develop or maintain, or improve the quality of the software processes they follow. Taking into account the worldwide agile movement, this element has also encompassed the different agile approaches used for developing and maintaining software products.

Quality indicators generation and adaptation: Based on the context constraints and the existing standards and models, this element corresponds with the generation and adaptation of quality elements. These elements are translated from existing standards and models according to the constraints of the HEI. In this element, the HEI conducts the standards and models harmonization according to their needs, for example: elements, practices, guides, recommendations, etc. can be adaptaded from the existing standards and models.

HEI's software product: This element represents the software product internally developed or maintained by the HEI according to the quality indicators generated and adapted.

HEI's software process: In a similar way than the previous element, it represents the internal software process used by the HEI which has been adapted from the different standards and models.

Information and communication technology: This element supply the technological infrastructure to support the software development or maintenance process. This can represent software tools for supporting the different activities of the process such as IDEs, project management tools, configuration management tools, etc. Also, it can represent hardware and communications elements such as servers and networking nodes.

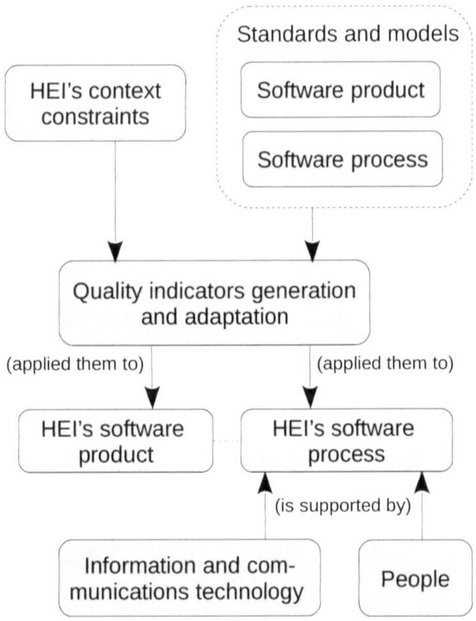

FIGURE 1. Harmonized software quality framework for Higher Education Institutions that develop and maintains their own software products.

People: In the context of an HEI, students enrolled in computer science bachelor's programs can participate in the development and maintenance of software. Regarding this element, the HEI should analyze and discuss the better approach to include students in the software projects. For example, students doing their theses of students enrolled in project-centered courses.

4 Framework Evaluation (Case Study)

With the aim of assessing the proposed framework, we conducted a single case study conformed of two units of analysis [26]. Each unit of analysis is related to the development of a software product in a given HEI.

We run this case study from 2017 to 2018 at the Technical University of Chimborazo (ESPOCH) located in Ecuador. This HEI approximately hosts 18,000 students and around 600 lecturers.

The developed software products were: (1) a system to help with the creation and management of the courses tough in this HEI and, (2) a system to help with the creation and management of courses syllabus.

Following we describe the development of these systems following the elements of the proposed framework.

4.1 HEI's Context Constraints

The constraints for these software products were defined as follows:

- Software products must share information from their domain with other software products or modules internally developed.
- The products to be developed must be easy to maintain and modify. They must use the same basic software architecture and should be developed with the same technology infrastructure available in the HEI.
- The products should incorporate the institutional look and feel, and should have a unique user interface, which should be used along with existing systems. The products should contain similar user interfaces that be adaptable with other systems.
- The design of the databases should avoid duplicated data structures defined in other existing databases of other software systems.
- HEIs processes and procedures are subject to changes due to internal and external factors.

4.2 Standards and Models

Given the constraints and after reviewing the different quality models applied to the software product, we use as reference the ISO/IEC 25010 standard [9]. In the case of the software process, we observed a high exposure to changes in the requirements. In this sense, for the process, we adopted an agile approach, particularly the scrum principles [29]. We also considered guidelines described in the ISO/IEC 25040 [27] (for the process evaluation).

4.3 Quality Indicators Generation and Adaptation

According to the given constraints, for product qualities we considered the functional suitability, security (authenticability), efficiency (behavior in timeability), maintainability (modularity and reusability), reliability (fault tolerance) and usability (ease of learning, attractiveness, and operability) of the ISO/IEC 25010 [9] standard. In the case of the software process we considered the following: product vision, user stories, metaphors, iteration planning meetings, outcomes checking, code reviews, unit tests, acceptance tests, validation, maintenance of user stories, coding standards, incremental delivery, requirements prioritization, risk analysis, team speed, flexibility to change, monitoring process and error detection.

4.4 HEI's Software Product

We matched the different product qualities with elements of the scrum approach [29], resulting in the structure presented in Table I.

TABLE I
SELECTED PRODUCT QUALITIES

Feature	Sub-feature	Indicator
Functional suitability	Functionality	Compliance with user stories
		Compliance with technical stories
		Compliance with acceptance tests
Security	Authenticability	Existence of authenticability
Efficiency	Behavior in timeability	Response time of a given task
Maintainability	Modularity	Compliance with engineering tasks
	Reusability	Existence of reusable functions in other software modules
Reliability	Fault tolerance	Existence of exceptions management
Usability	Ease of learning	Access to user help and manuals
	Attractiveness	GUI compliance among systems
	Operability	Compliance with acceptance tests

4.5 HEI's Software Process

The software development process was split into the following phases: initial, preliminary phase, planning phase, development phase, control and evaluation phase, and closing phase.

Initial Phase: In this phase were determined the basic starting characteristics for the software project. The following activities were carried out: (1) Identification of institutional principles, objectives, responsibilities, institutional continuity; (2) Identification of institutional software development procedures; (3) Identification of quality parameters for the product and for the process.

Preliminary Phase: We based on the ISO/IEC 25010 [9] standard for this phase. It includes the research and collection of the necessary information (requirements) to achieve the functional and non-functional requirements of the products to be built. These requirements should strive to be as complete as possible and should be based on the institutional processes previously defined and regulated. If no clearly defined process has been established, the developer team identified the concern and request its respective normalization. In this phase, the software requirements specification (SRS) was generated.

Planning phase: Having already identified the scope of the project together with its objectives and the type of application to be built, a tentative plan of the project was created. In this phase, the planning and estimation report, risks, and quality metrics were defined.

Development phase: The development phase contains activities of database design, interfaces, software architecture, components, classes, etc. It is important to follow a standard to refer to each of them. Doing so facilitates the processes of review and control of the documentation of the source code or designs and contribute to a complete understanding of the progress of the project. As an outcome, the database, interfaces, software architecture, software modules (in each sprint) were developed.

Control and evaluation phase: The control of the process was managed through the different meetings proposed by the scrum approach used [29], such as sprint planning, daily sprint, review, and retrospective. The tutor, leader, and members of the development team discussed the characteristics of the user stories or iterations developed in accordance with the requirements. The evaluation was based on the ISO/IEC 25040 [27] standard, which includes activities like monitoring of compliance of the activities, measurement of quality metrics, and review of the results. As output, acceptance tests were generated.

TABLE II
SELECTED PROCESS ELEMENTS

Element	Indicator
Product vision	Perception that the members of the team have regarding the scope of the product
User stories	Compliance with user stories
Metaphors	Compliance with technical stories
Iteration planning meeting	Fulfillment of initial meetings
Results checking	Fulfillment of delivery meetings
Code Review	Fulfillment of engineering tasks
Unit tests (verification)	Fulfillment of acceptance tests for engineering tasks
Acceptance Tests	Compliance with acceptance tests
Validation	Compliance with acceptance tests
Maintenance User Stories	Compliance with maintenance user stories
Coding standards	Compliance with the coding standard
Incremental delivery	Sprint compliance
Prioritization of Requirements	Existence of prioritization of requirements
Risk analysis	Existence of risk analysis
Team speed	Sprint developed
Flexibility to change	Re-planning
Monitoring progress	How much remains to be done
Error detection	Errors documented by artifacts

Closing phase: In this phase, the latest documentation details and recommendations to improve the finished product were added. Table II shows the structure of the elements adapted to the defined software process.

4.6 Information and Communication Technology

As regards this element, a network of six interconnected servers was used. the CentOS operating system was also used along with the PostgreSQL database and the Payara application server. The NetBeans IDE was used for coding and unit testing.

4.7 People

The following actors were identified in the development of these software products.
Software management coordinator: Which belongs to the ICT department of the HEI.
Teacher tutor: Lecturer responsible for coaching and directing the software development project who will technically guide based on the given requirements the design, development, testing, and monitoring of the project.
Developer: The person or unit that will be responsible for the development of the software product. This may be a student of the HEI that contributes to their work through pre-professional practices, course assignments, or can be an ICT employee or other lecturers.
Director: The person or unit that authorizes, manages and provides regent support to the processes involved in the software development project.
SQA Evaluator: The person in charge of carrying out the software quality process. This role can be carried out by the tutor, project director, or a member of the working group.
End-user: The person to whom the software product is intended for delivery.

5 Discussion and Conclusions

The proposed framework can serve as a basis for improving the quality of the software products and software processes of an HEI. Taking as reference the use of harmonization of models, an HEI can adapt to fit its quality needs elements from quality standards and models applied to the product and to the process. In our case, we have exemplified the application of the framework with two software products developed in an agile way. In the case of the quality of the product, we used as reference some of the qualities (features) stated in the ISO/IEC 25010 [9]. In the case of the software process, we adapted different elements from the scrum approach [29]. These elements can serve as a basis for checking the level of compliance. Having a higher level of compliance in the process followed, it will be subject to a higher level of quality.
Some findings we observed through the application of the framework were the following:

- We noted an improvement in the relationships between the student teams, particularly, communication, trust, and regularity of the work meetings seems to contribute to improving the level of commitment and environment of the work.
- We observed that the guidance of the lecturers (acting as tutors) was crucial in the development of the software products; since the development teams (conformed by students) do not have enough experience. Tutors served as mentors, guiding in the development process.
- We noted that students tended to focus more on the implementation of functionalities and less on the supporting processes. In this sense, tutors also played an important role, mentoring students on the documentation aspects of the software process.

In this work, we have presented a harmonized quality framework for HEIs that develop and maintain their own software products. This framework can serve as a reference for improving the quality of the software product and the software process. Due to students can be part of the development and maintenance of software products from a given HEI, we recommend students be trained on the software process and tools to be used. As future research, we plan to improve the proposed framework adding guidelines, also we plan to work on the development of an assessment framework that can be used in conjunction with the proposed framework.

References

[1] J. A. Mc Call, P. K. Richards, and G. F. Walters, "Factors in Software Quality," Vols I, II, III. US Rome Air Development Center Reports, US Department of Commerce, USA, NTIS AD/A- 049 014, 015, 055, 1977.
[2] B. W. Boehm, H. Brown, and M. Lipow, "Quantitative Evaluation of Software Quality," TRW Systems and Energy Group, 1978.
[3] R. B. Grady, "Practical Software Metrics for Project Management and Process Improvement," Prentice Hall, Englewood Cliffs, NJ, USA, 1992.
[4] R. G. Dromey, "A Model for Software Product Quality", IEEE Trans Softw Eng, vol. 21, n.o 2, pp. 146–162, feb. 1995.
[5] Software Engineering - Product Quality – Part 1: Quality Model, ISO/IEC IS 9126-1, International Organization for Standarization, Geneva, Switzerland, 2001.
[6] Software Engineering - Product Quality - Part 2: External Metrics, ISO/IEC TR 9126-2, International Organization for Standardization, Geneva, Switzerland, 2003.
[7] Software Engineering - Product Quality - Part 3: Internal Metrics, ISO/IEC TR 9126-3. (2003), International Organization for Standardization, Geneva, Switzerland, 2003.
[8] Software Engineering - Product Quality - Part 4: Quality in Use Metrics. ISO/IEC TR 9126-4. (2004), International Organization for Standardization, Geneva, Switzerland, 2004.
[9] Software Engineering: Software Product Quality Requirements and Evaluation (SQuaRE) Quality Model and guide. ISO/ IEC 25010, International Organization for Standardization, Geneva, Switzerland, 2008.
[10] Software Engineering – Guidelines for the application of ISO 9001:2015 to computer software, ISO/IEC/IEEE 90003:2018, ISO/IEC JTC 1/SC 7, 1st Ed., International Organization for Standardization, Geneva, Switzerland, 2018.
[11] T. P. Rout, "ISO/IEC 15504 and Spice,", in Encyclopedia of Software Engineering, J. J. Marciniak (Ed.), 2002.
[12] R. Singh, "International Standard ISO/IEC 12207 Software Life Cycle Processes," Softw. Process Improv. Pract., vol. 2, n.o 1, pp. 35-50, 1996.
[13] G. Gómez, A. Aguileta, G. Ancona and O. Gómez, "Avances en las Mejoras de Procesos Software en las MiPyMEs Desarrolladoras de Software: Una Revisión Sistemática," Revista Latinoamericana de Ingeniería de Software, vol. 2, no. 4, pp. 262-268, 2014.
[14] C.Y. Laporte, R. O'Connor, R. Houde, and J.W. Marvin, "ISO/IEC 29110: Systems Engineering Standards for Very Small Enterprises," 2015.
[15] M. B. Chrissis, M. Konrad, and S. Shrum. "CMMI for Development: Guidelines for Process Integration and Product Improvement "(3rd ed.). Addison-Wesley Professional, 2011.
[16] J. Li, N. B. Moe, and T. Dybå, "Transition from a plan-driven process to Scrum: a longitudinal case study on software quality," in Proceedings of the 2010 ACM-IEEE International Symposium on Empirical Software Engineering and Measurement (ESEM '10). ACM, New York, NY, USA, 2010, pp. 13:1–13:10, 2010.
[17] C. Pardo, F. J. Pino, F. Garcia, M. T. Baldassarre, and M. Piattini. 2013. From chaos to the systematic harmonization of multiple reference models: A harmonization framework applied in two case studies," J. Syst. Softw., vol. 86, no. 1, pp. 125-143, Jan. 2013.

[18] C. Pardo, F. J. Pino, F. García, M. Piattini Velthius, and M. T. Baldassarre, "Trends in Harmonization of Multiple Reference Models," in Evaluation of Novel Approaches to Software Engineering, 2011, pp. 61–73.
[19] C. Pardo, F.J. Pino, F. García, and M. Piattini, "Homogenization of Models to Support Multi-model Processes in Improvement Environments". ICSOFT, 2019.
[20] C. Pardo, F. J. Pino, F. Garcia, M. Piattini, M. T. Baldassarre, and S. Lemus. "Homogenization, Comparison and Integration: A Harmonizing Strategy for the Unification of Multi-models in the Banking Sector," in Product-Focused Software Process Improvement, pp. 59–72, 2011.
[21] C. Pardo, F. J. Pino, F. Garcia, M. Piattini, M. T. Baldassarre. "A process for driving the harmonization of models," in Proceedings of the 11th International Conference on Product Focused Software (PROFES '10). ACM, New York, NY, USA, 51-54, 2010.
[22] C. J. Pardo-Calvache, F. O. García-Rubio, M. Piattini- Velthuis, F. J. Pino-Correa, and M. T. Baldassarre, "A reference ontology for harmonizing process- reference models," Rev. Fac. Ing. Univ. Antioquia, no. 73, pp. 29–42, Dec. 2014.
[23] J. Mejia, E. Muñoz, and M. Muñoz, "Reinforcing the Applicability of Multi-model Environments for Software Process Improvement Using Knowledge Management," Sci Comput Program, vol. 121, no. C, pp. 3–15, Jun. 2016.
[24] M. Mirna, M. Jezreel, A. Giner, C. J. A. and S. F. Tom´s, "Advantages of Using a Multi-model Environment in Software Process Improvement," 2011 IEEE Electronics, Robotics and Automotive Mechanics Conference, Cuernavaca, Morelos, 2011, pp. 397-402.
[25] M. Mirna and M. Jezreel, "Establishing Multi-model Environments to Improve Organizational Software Processes," in Advances in Information Systems and Technologies, 2013, pp. 445–454, 2013.
[26] R. K. Yin, "Case study research: Design and methods,". Thousand Oaks, Calif: Sage Publications, 2003.
[27] Systems and software engineering -- Systems and software Quality Requirements and Evaluation (SQuaRE) -- Evaluation process, ISO/IEC 25040, International Organization for Standardization Swiss: ISO, 2011.
[28] International Standards for Quality Management, Iso 9000: International Organization for Standardization, Genève, Switzerland, 1992.
[29] K. Schwaber, "SCRUM Development Process," in: Business Object Design and Implementation. Springer, London, 1997.

Veloz, Arcos-Medina, Menendez, Gómez and Pardo, 2019

Guidelines for the implementation of UNE 166000 standards for R&D&I management in the Chilean municipal public sector

Nahur M. Meléndez Araya[1], Pedro Zamarca Paz[1,2]

[1] Universidad de Atacama, Avd Copayapu #485, Copiapó, Chile
[2] I. Municipalidad de Vallenar, Plaza Ambrosio OHiggins #25, Vallenar, Chile
nahur.melendez@uda.cl, pzamarca@gmail.com.

Abstract. Research, development and innovation (R&D&I) are essential activities, intimately linked to human beings and their organizational structures. Incorporating R&D&I in Municipalities translates into direct benefits and constant improvements for: communes, citizens, institutions, taxpayers, services and officials. Therefore, the lack of organizational norms and management tools that drive R&D&I could undermine the importance of innovative projects, and the loss of resources (human, technical and financial), minimizing the social impact of it. For its validation this proposal was applied in the Municipality of Vallenar (IMV - Ilustre Municipalidad de Vallenar). The results obtained indicate that the implementation of an R&D&I management system in municipal public institutions is feasible, highly necessary, and should be integrated to the Municipal Management Improvement Program, which cannot start without the corresponding diagnostics of R&D&I.

Keywords: R&D&I Management, Municipal Public Sector, UNE 166000 standards, Public Innovation, Management system.

1 Introducción

Desde sus comienzos los seres humanos han debido enfrentar dificultades para sobrevivir, durante este proceso de resolver contrariedades, utilizan sus particulares habilidades mentales y de lenguaje, así van adquiriendo, aplicando y mejorando sus conocimientos, logrando en cada fase, evolucionar [1]. Este proceso de resolver contrariedades es conocido como investigación [2], el cual genera conocimiento, que a su vez, establece bases sólidas para el desarrollo de soluciones y procesos de innovación, lo que permite obtener un nuevo (o significativamente mejorado) producto, bien, servicio, proceso o método (de comercialización, producción u organizativo) [3] [4] [5]. Por ello, la innovación no es exclusiva de las grandes economías o las industrias de alta tecnología, sino que es más bien una estrategia indispensable para la supervivencia económica de cualquier organización pública o privada [6].

Para sobrevivir el ser humano ha buscado establecer estructuras que permitan administrar sus recursos disponibles y ser más eficientes, se organiza territorial y políticamente en países y diferentes sistemas de administración. En el caso particular de Chile se organiza en: regiones, provincias y comunas; estas últimas administradas por organizaciones públicas denominadas Municipalidades [7]. Los estudios diagnósticos [8] y [9] indican que fundamentalmente el éxito de las Municipalidades se encuentra condicionado a sus diferentes ámbitos de gestión, tales como: estrategia, liderazgo, competencias de las personas, capacitación, bienestar y seguridad en el trabajo, ingresos municipales, presupuesto municipal, recursos materiales, satisfacción de usuarios, comunicación con usuarios, procesos de prestación de servicios municipales y procesos de apoyo para la prestación de servicios municipales (SSMM). En especial [9], evidencia que los Municipios presentan diferentes avances en la calidad de su gestión, pero la mayoría presenta valores bajos en el diagnóstico realizado, y más crítico aun, solo un 3,47% muestran un buen nivel de gestión.

Entendiendo que incorporar I+D+i en Municipalidades se traduce en beneficios directos y mejoras constantes para: comunas, ciudadanos, instituciones, contribuyentes, servicios y sus funcionarios. Sin embargo, la falta de normativa y herramientas de gestión que impulsen la I+D+i, mantienen polarizadas las ventajas competitivas en Municipalidades con grandes presupuestos y mayor número de habitantes, donde la incorporación de nuevas unidades organizacionales, contratación de profesionales idóneos y financiamiento de proyectos I+D+i con recursos propios no son limitantes [9]. El presente trabajo propone una guía metodológica para implantar e impulsar la I+D+i en el sector público municipal a objeto de obtener ventajas competitivas, buscando alcanzar niveles altos de eficiencia en gestión y servicios comunitarios, todo ello en sintonía con las directrices de la OCDE [10], el sistema nacional de la innovación [11], el Modelo Gestión de Calidad Municipal [8], las normas serie UNE 166000 [12][13][14][15][16][17], y la estrategia nacional de la innovación del País [18].

Este artículo está organizado en 6 secciones. La sección 2 aborda las bases del I+D+i en el sector público municipal Chileno. La sección 3, describe la familia de normas UNE serie 166000. En la sección 4 se describe la propuesta de implantación, definiendo sus características, componentes y escenarios. La sección 5, presenta la aplicación de la propuesta en un caso de estudio. Finalmente, en la sección 6 se presentan las principales conclusiones obtenidas.

2 I+D+i en el Sector Público Municipal Chileno

El nivel de actividad de I+D+i en un país se puede calcular mediante la ratio entre el gasto en I+D+i y el producto interior bruto (PIB). Según cifras entregadas en [19], Chile se encuentra muy por debajo, con un 0,39% del PIB, en comparación con el 2,40% que en promedio gastan los países miembros de la OCDE, y definitivamente muy lejano al 4,36% de Corea del Sur. Tal como se plantea en [10], la I+D incluye tanto la I+D formal, realizada en los departamentos de I+D, como así también, la I+D informal u ocasional realizada en otras unidades. Especialmente en esta última, muchas de las actividades desarrolladas son potencialmente generadoras de avances sociales en forma de calidad de vida, mejora del medio ambiente, la salud, etc., lo que finalmente causa la innovación, dando origen a la I+D+i. En las organizaciones este tipo de I+D+i, esencial para la supervivencia, se encuentra presente en forma natural. Es así, como ante la presencia de un reto, los responsables reaccionan y ponen en marcha mecanismos que constituyen una forma de I+D+i esporádica, generando búsqueda de soluciones y evolución continua. De ahí que las instituciones públicas y privadas se encuentran obligadas a potenciar e impulsar la I+D+i, incorporando sistematización y actividades de mayor valor agregado para poder subsistir.

En Chile, por un lado existen normativas, fondos y programas que pretenden potenciar e impulsar la I+D+i, como son [20], [21], [22] y [23]. Por otro lado, algunos estudios como [24], [25] y [26] han intentado potenciar e impulsar la sistematización de la innovación. Sin embargo, aunque estos esfuerzos son notables, no han aportado los antecedentes necesarios para generar una norma chilena o adopción de alguna extranjera, que junto a una guía o reglamento aprobado por decreto [27], facilite la implementación de la I+D+i en el sector público, en especial en Municipalidades[28].

Según se establece en [7], las municipalidades son corporaciones autónomas de derecho público, cuya finalidad es satisfacer las necesidades de la comunidad local y asegurar su participación en el progreso económico, social y cultural de sus comunas. Sus funciones son esenciales en la Administración del Estado de quien forman parte, no configuran una entidad independiente, aislada y descoordinada de los demás Servicios Públicos [7]. Sin embargo, se encuentran inmersas en un sistema rígido y lento, limitado por las normativas vigentes.

Con información recabada de 340 de las 346 municipalidades del país, fue posible determinar que: (i) estas tienden a la homogeneización de sus servicios, (ii) sus ventajas competitivas están marcadas fuertemente por el tamaño de las comunas (territorio), cantidad de habitantes y recursos propios reflejados en sus presupuestos, y (iii) mayoritariamente no contemplan entre sus actividades la investigación, el desarrollo o mejoramiento continuo de servicios, así como tampoco la innovación. Más aun, solo 4 Municipalidades incorporan e implementan de alguna forma la I+D+i: Puente Alto, Buin, El Bosque y Providencia; todas ellas de la cuidad de Santiago (capital del País).

3 Normas UNE de la Serie 166000 para la Gestión de I+D+i

La I+D+i constituye un elemento clave para el éxito de las organizaciones, por ello, cada día más empresas diseñan e implementan sus respectivos sistemas de gestión [14]. Un sistema de este tipo, les permite ser más innovadoras y fomentar el éxito de sus innovaciones en productos, servicios, procesos, diseños organizativos o modelos de negocio, contribuyendo con ello a la mejora de sus resultados, valor y competitividad [29], mejoras que también podrían estar al alcance de las Municipalidades.

Para entender la I+D+i y el sistema de gestión asociado, se hace necesario definir y describir el lenguaje, así también sus términos [12], toda vez que las actividades de I+D+i están siendo objeto de una especial atención y examen a consecuencia de su importancia en el progreso económico y social. Las normas de la familia UNE 166000 están alineadas con los requisitos de la norma ISO 9001, y cuenta con lineamientos para planificar, organizar, ejecutar y controlar las actividades de I+D+i, como así también, facilitar un reconocimiento en el mercado a las organizaciones innovadoras, incluye terminología, metodologías y actividades de sensibilización para clientes y proveedores [12], por lo mismo, se plantea como solución a la problemática descrita del sector público municipal.

La norma UNE 166000:2006 [12] no define desarrollo experimental como tal, sino más bien, habla de desarrollo tecnológico, definiéndolo como "aplicación de los resultados de la investigación, o de cualquier otro tipo de conocimiento científico, para la fabricación de nuevos materiales, productos, para el diseño de nuevos procesos, sistemas de producción o de prestación de servicios, así como la mejora tecnológica sustancial de materiales, productos, procesos o sistemas preexistentes". Esta actividad involucra consolidar los resultados de la investigación en planos, esquemas o diseños, así como la elaboración de prototipos no comercializables y proyectos que permitan hacer demostraciones pilotos, siempre que los mismos no se conviertan o implementen en procesos industriales para su explotación comercial [12]. Es así que las normas técnicas contribuyen decididamente a implantar las mejores prácticas, apoyar la innovación y reforzar la eficiencia y, por tanto, la competitividad de las organizaciones. Las normas UNE serie 166000 actualmente vigentes son [13], [14], [15], [16] y [17].

4 Propuesta de Implantación

Nuestra propuesta para la implantación de gestión de la I+D+i en el sector público municipal considera dos ejes fundamentales de desarrollo: i) Consideraciones previas para abordar la innovación y su gestión en las Municipalidades y ii) Guía para la implantación de norma UNE 166000 Gestión de la I+D+i en el Sector Público Municipal, los cuales se describen a continuación.

4.1 Consideraciones previas para abordar la innovación y su gestión en las Municipalidades

En la medida que el entorno de los organismos que componen la administración del estado asumen nuevas funciones y las tecnologías son más dinámicas, se hace necesario realizar un ejercicio de reflexión periódico a objeto de definir líneas futuras de acción, donde el proceso de innovación es parte de esta reflexión y su correcta implantación necesita un modelo. El modelo de implantación propuesto para abordar el proceso de innovación en las Municipalidades contempla cuatro pasos:

1. *Organización y asignación de responsabilidades:* Comprende el compromiso de la autoridad comunal (Alcalde), materializado esencialmente en la creación de una unidad de gestión I+D+i y herramientas de gestión asociadas.
2. *Identificar la capacidad de innovar:* Comprende tareas de diagnóstico.
3. *Análisis de escenarios y focalizar estrategias:* Comprende la creatividad, gestión de ideas, selección, evaluación y especificación de proyectos.
4. *Ejecución de proyectos de innovación:* Comprende la ejecución de tareas propias del proyecto de innovación.

En todo proceso de Innovación debe existir: creatividad con el objeto de fomentar la aparición de ideas no enmarcadas en las operaciones habituales y una estrategia para seleccionar ideas coherentes o alineadas con la visión de la Municipalidad especificada en la herramienta de gestión Plan de Desarrollo Comunal (PLADECO). Se trata de un proceso de divergencia y convergencia de ideas, que ha de tener un responsable y culminar con la selección y ejecución de proyectos concretos de innovación. Estos son los resultados perseguidos con esta propuesta de modelo de implantación para el proceso de innovación. Los elementos fundamentales de este proceso de innovación, coincidentes con el modelo de implantación de cuatro pasos, son los siguientes:

- *El liderazgo* (Alcalde y Concejo) en paso 1.
- *La creatividad* (Funcionarios) en paso 2.
- *La focalización* (Comité Técnico Administrativo o de Gestión I+D+i) en paso 3.
- *La eficacia* (Unidades de I+D+i) en paso 4.

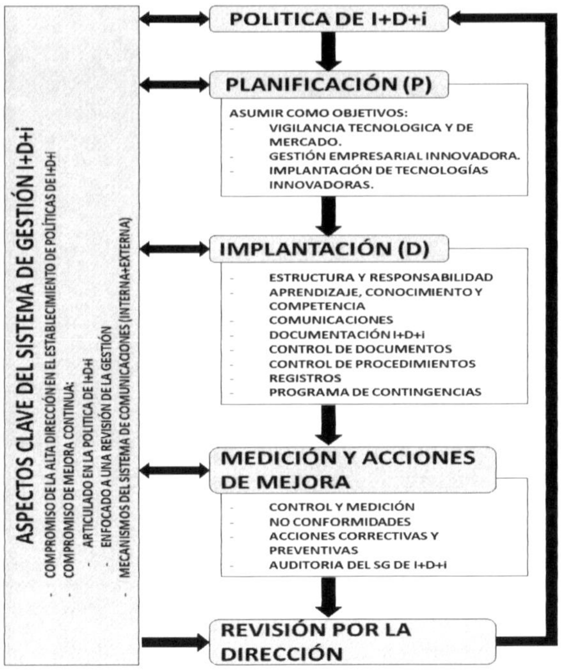

Fig. 1. Proceso de mejora continua del sistema de gestión propuesto. (Basado en [5]).

De la misma forma, el modelo de implantación propuesto debe integrar un proceso de mejora continua del sistema de gestión de I+D+i (Figura 1), donde:

- *Planificar (planificación):* Establecer los objetivos de I+D+i necesarios para conseguir los resultados de acuerdo con la estrategia tecnológica.
- *Hacer (implantación):* Implantar el procedimiento de sistematización de la I+D+i.
- *Verificar (medición y acciones de mejora):* Realizar el seguimiento y controlar el proceso de I+D+i con respecto a los objetivos de I+D+i e informar sus resultados.
- *Actuar (revisión por la Dirección):* Tomar decisiones para mejorar continuamente el proceso de I+D+i dentro de la organización.

4.2 Guía práctica para la implantación de norma UNE 166000 Gestión de la I+D+i en el sector público municipal

Este eje propone un modelo de madurez para llegar a la creación de la unidad organizacional responsable de la I+D+i en el Sector Público Municipal en conformidad con los requisitos impuestos en [14]. Las Municipalidades, específicamente sus Alcaldes, deben demostrar su liderazgo y compromiso con el Sistema de Gestión de la I+D+i; para lo cual deberán crear las siguientes unidades organizativas:

- *Unidad de gestión de la I+D+i (UG-I+D+i):* Encargada de la gestión de la I+D+i en la Municipalidad.
- *Unidad(es) de I+D+i (U-I+D+i):* Encargada de los proyectos de I+D+i en la Municipalidad.

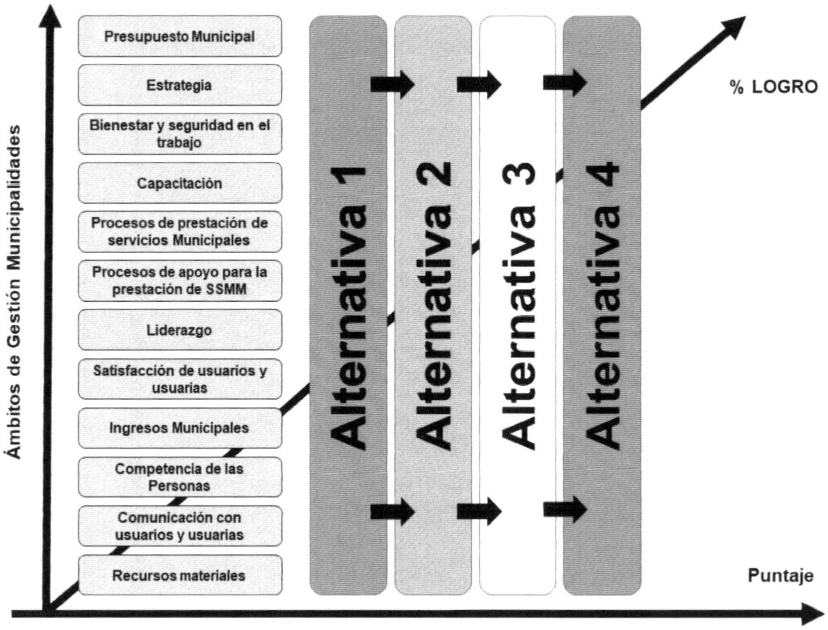

Fig. 2. Modelo relación-diagnóstico de la calidad de la gestión propuesto.

Con base a la realidad de cada Municipalidad y los resultados obtenidos al aplicar un autodiagnóstico, se debe verificar la madurez en Gestión Interna de las Municipalidades, que orientara la creación de las respectivas Unidades. Estos resultados son incorporados al modelo de madurez, donde según el porcentaje de cumplimiento alcanzado en cada Ámbito de Gestión, se deberá optar por una de las cuatro alternativas de implantación propuestas (Figura 2).

- *Alternativa 1:* asignar labores de UG-I+D+i al Administrador Municipal, quien a la vez, deberá establecer una U-I+D+i entre sus dependencias.
- *Alternativa 2:* asignar algunas funciones de UG- I+D+i al Comité Técnico Administrativo y las operativas a una U-I+D+i interna de Administración.

- *Alternativa 3:* asignar funciones de seguimiento, medición, análisis y evaluación a un Comité Técnico Administrativo; funciones de auditoría interna a una Dirección de Control Interno; funciones de planificación a SECPLA; funciones de liderazgo a Alcalde y las restantes al Administrador Municipal.
- *Alternativa 4:* crear una Dirección de I+D+i dependiente directamente del Alcalde, agregando su respectiva U-I+D+i.

De acuerdo con su PLADECO, política de I+D+i y objetivos correspondientes, la Municipalidad debe establecer los procesos operativos de I+D+i que cubran todas las actividades relevantes, desde información de un problema hasta la explotación de los resultados de la I+D+i. Los procesos operativos de la I+D+i dependen en gran medida de aspectos como el tipo de resultados esperados, el tipo de organización o la estructura interna, de modo que existen muchas formas de proceder (Tabla 1).

Tabla 1. Matriz de asignación de responsabilidades de procesos ejecutados de I+D+i.

Procesos ejecutados en las Unidades de I+D+i	**Comité Técnico Administrativo**	**Director de I+D+i**	**Secretaria I+D+i**	**Responsable Unidad de I+D+i**	**Alcalde**	**Administrador**
Control de los documentos y registros	-	A	R	-	-	-
Planificación del Sistema de Gestión de I+D+i	I	R/A	I	-	I	C
Organizar las unidades técnicas y de gestión	I	R/A	I	I	I	C
Gestión de los recursos	I	R/A	I	I	I	C
Vigilancia tecnológica	I	R/A	I	C	-	I
Previsión tecnológica	I	R/A	I	C	-	I
Creatividad	I	A	I	R	I	C
Análisis externo e interno	I	R	I	C	I	A
Identificación de análisis de problemas y oportunidades. Generación de ideas	R/A	C	I	I	I	I
Análisis y selección de ideas	R/A	C	I	I	I	I
Planificación, seguimiento y control de la cartera de proyectos	I	R/A	I	C	I	I
Transferencia tecnológica	I	A	I	R	I	C
Producto / Proyecto I+D+i	I	A	I	R	I	C
Gestión de adquisiciones	I	R/A	I	I	I	C
Seguimiento y medición de resultados	I	R/A	I	C	I	I
Protección y explotación de los resultados de la innovación	I	R	I	C	I	A
Percepción de las partes interesadas	R/A	C	I	I	I	I
Auditorías internas	R/A	C	I	I	I	I
Acciones correctivas y preventivas	I	A	I	R	I	I

R = Este rol corresponde a quien efectivamente realiza la tarea.
A = Este rol se responsabiliza de que la tarea se realice y es el que debe rendir cuentas sobre su ejecución.
C = Este rol posee alguna información o capacidad necesaria para realizar la tarea.
I = Este rol debe ser informado sobre el avance y los resultados de la ejecución de la tarea.

La implementación de la norma UNE 166002 para sistemas de gestión de I+D+i, necesita iniciar con una evaluación de la Municipalidad. Este examen debe enfocarse a detectar el nivel de gestión que alcanza, calidad de sus servicios y si practican, consciente o inconscientemente, actividades del tipo innovadoras que permitan calificarla como tal. No obstante, la herramienta debe ser clara y simple, orientada a que cada Municipalidad pueda aplicarla sin ayuda experta (autodiagnóstico).

La norma UNE 166002 toma como base el modelo modificado de "enlaces en cadena" [14], dada la complejidad e incertidumbre que implica un proyecto de I+D+i. De hecho, el citado modelo se puede seguir hasta en cinco pasos o metodologías distintos para desarrollar el proceso de innovación, en nuestro caso, la propuesta de modelo para desarrollar la gestión de I+D+i en el Sector Público Municipal se compone de tres pasos, tal como se ilustra en la Figura 3.

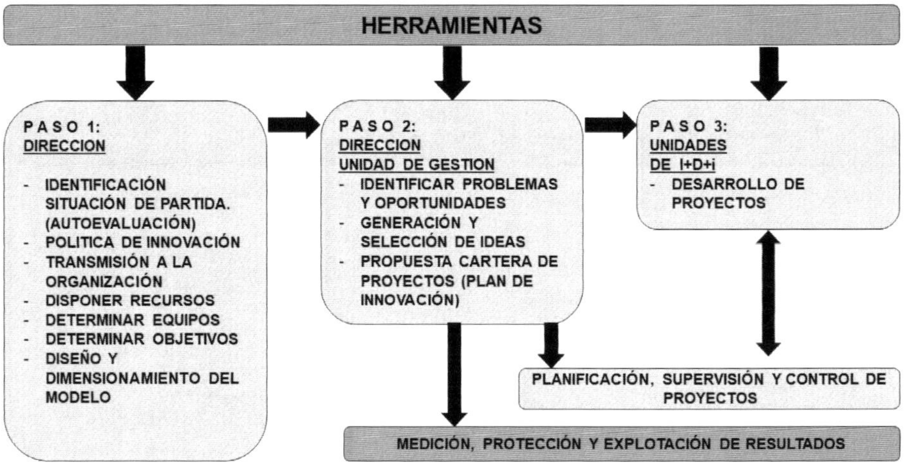

Fig. 3. Pasos del modelo para desarrollar la Gestión de I+D+i en el Sector Público Municipal.

5 Validación de la Propuesta

El principal caso de estudio utilizado para validar la propuesta presentada en este trabajo lo constituye la Ilustre Municipalidad de Vallenar (IMV), en ella reside la administración de la comuna de Vallenar y sus recursos. Por su tamaño poblacional, Vallenar se constituye en una de las principales comunas de la Región de Atacama, con un 18.9% de la población regional y el 72.3% de la población provincial. La comuna se encuentra subdividida, para efectos de la gestión municipal, en 13 Unidades Vecinales: 7 urbanas y 6 rurales. La IMV posee en su régimen de personal, 503 funcionarios en calidad de: planta (91), contrata (57) y honorarios (355).

El proceso de Validación para la implantación de las normas UNE 166000 para la gestión I+D+i en IMV, sigue el esquema general presentado en la Figura 4, que consta de 4 pasos: (i) Organización y asignación de responsabilidades, (ii) identificar la capacidad de innovar, (iii) análisis de escenarios y focalizar estrategia, y (iv) ejecución de proyectos de innovación.

Fig. 4. Proceso para la Implantación de la Norma "UNE 166002:2014" para desarrollar la Gestión de I+D+i en el Sector Público Municipal.

En primer lugar, la guía comienza su aplicación desde el módulo "Responsabilidad de la Dirección" (Paso 1), específicamente en las actividades asociadas a "Compromiso de la Dirección". En segundo lugar, se debe comunicar a la organización la importancia de las actividades de innovación, para ello se difunden las actividades y proyectos de I+D+i realizados por la IMV, esto también permite difundir e impulsar la I+D+i. En tercer lugar, es necesario crear la Unidad de Gestión de I+D+i y cuando procede la Unidad de I+D+i, por lo que se han sugerido los cambios al Reglamento Interno de IMV y su Decreto respectivo al Administrador Municipal. Finalmente, siguiendo el modelo descrito en sección 4 (Figura 2), se indica al Administrador Municipal seguir la "Alternativa 4: crear una Dirección de I+D+i dependiente directamente del Alcalde, agregando su respectiva Unidad de I+D+i". La Dirección de I+D+i propuesta, en su operativa deberá contemplar las siguientes funciones:

- Analizar la organización y su contexto, incluyendo las necesidades y expectativas de las partes interesadas.
- Desarrollar la planificación del sistema.
- Velar por la correcta documentación y confidencialidad de procesos y resultados.
- Liderar y velar por el desempeño del proceso de I+D+i.
- Garantizar que se utilizan los factores que dan soporte a la I+D+i.
- Verificar la asignación, de la unidad de I+D+i para cada proyecto.
- Gestionar la cartera de proyectos de I+D+i.
- Asegurar que se cumplen las directrices establecidas en materia de colaboración.

- Asegurar que se cumplen las directrices establecidas en materia de propiedad intelectual e industrial.
- Informar a la Dirección acerca del progreso de las actividades de I+D+i y el desempeño del sistema.

De esta misma forma, la Unidad de I+D+i, deberá contemplar entre sus responsabilidades: (i) hacerse cargo de la ejecución del proyecto de I+D+i asignado, (ii) utilizar los factores que dan soporte a la I+D+i a nivel del proyecto, según exija el mismo e (iii) informar a la unidad de gestión de la I+D+i acerca del progreso del proyecto.

Así, la incorporación de unidades organizativas, normas y guías para la implementación de sistemas de gestión I+D+i, permite: (i) disminuir el fracaso a proyectos innovadores, (ii) evitar la pérdida de recursos humanos, técnicos y financieros públicos, (iii) aprovechar las ventajas particulares que ofrecen los territorios, entornos físicos, las personas, organizaciones, clima, etc., de la comuna, (iv) incorporar valor agregado en la entrega de servicios, (v) incentivar la creatividad e innovación del funcionario público, (vi) disminuir las probabilidades de estancamiento institucional, (vii) reducir costos operacionales y finalmente, (viii) a la posibilidad de alcanzar recursos externos provenientes de fondos concursables.

6 Conclusiones

El número de habitantes de la comuna, el presupuesto municipal, el PLADECO y liderazgo son determinantes en el grado de madurez en una municipalidad. Por lo mismo, la aplicación del modelo descrito en el presente trabajo depende de estos factores y estructuras organizacionales.

La aplicación de la guía de implementación para sistema de gestión I+D+i en instituciones públicas municipales, es un instrumento altamente necesario. Toda vez que se desconoce la I+D+i y su relevancia en el desarrollo y progreso. Carecer de estas herramientas podría atentar contra la trascendencia y replica de los proyectos innovadores minimizando el impacto social.

La aplicación de la guía de implementación propuesta, tiene como condicionante el alto compromiso y liderazgo de la autoridad, debido a que su aplicación involucra fuertes cambios a la organización interna, como así también, asignación de recursos. Este desarrollo, implementación y mantenimiento de un sistema de gestión I+D+i es complementario a los sistemas de calidad que puedan estar en funcionamiento, fundamentalmente el aplicado por la SUBDERE, a través, del Programa Gestión de Calidad de Servicios Municipales.

Como resultado de la validación, el conjunto de requisitos para especificación de proyectos I+D+i desarrollados en la Norma UNE 166001, ha demostrado ser totalmente aplicables al Sector Público Municipal y totalmente factible de complementar con los sistemas de gestión de calidad existentes. En el caso particular de IMV, se define la creación de una Dirección de Gestión I+D+i, que tomando como base de implementación de un sistema de gestión I+D+i, busca estandarizar la especificación de requisitos de un proyecto I+D+i, así como implementar un sistema de vigilancia tecnológica e inteligencia competitiva para la municipalidad.

Finalmente, la aplicación de la propuesta en instituciones públicas municipales, debe contemplar un periodo mínimo de implementación, a saber 1 año, toda vez, que las tareas asociadas son muy similares a la implementación del sistema de calidad, del cual sabemos tiene una duración anual. No obstante, para asegurar su implantación debe condicionarse con el cumplimiento del Programa de Mejoramiento a la Gestión Municipal y su respectivo incentivo económico.

Los trabajos futuros se enmarcan en la incorporación de un mayor número de casos de estudios que permitan el ajuste y refinamiento de la propuesta. Así como en la creación de un herramienta, que permita a las organizaciones realizar una autoevaluación en la etapa previa a la implantación de un modelo de gestión I+D+i, como la UNE 166002.

Agradecimientos

Se agradece la colaboración y participación de profesionales y personal de la Ilustre Municipalidad de Vallenar, por su ayuda en el ajuste de las propuestas de adaptación y despliegue del caso de estudio. Además, agradecer al Dr. John W. Castro Llanos, del Departamento de Ingeniería Informática y Ciencias de la Computación de la Universidad de Atacama por la disponibilidad y todo el soporte profesional y generosidad para compartir su amplio conocimiento y experiencia en la elaboración de este paper.

Referencias

1. Sabino, C. El proceso de investigación, Caracas: Panapo, (1992).
2. Hernández Sampieri, R., Fernández Collado, C., & Baptista Lucio, P., Metodología de la Investigación 6ta. edición., México: Mc Graw Hill. (2014).
3. OCDE., Manual de OSLO: Guía para la Recogida e Interpretación de Datos sobre Innovación 3ra edición, Madrid: Tragsa 2006; Comisión Europea. (2006)
4. Correa Becerra, C. L., Desarrollo e Implementación de un Modelo de Gestión de la I+D+i para las Empresas Constructoras Basado en la Norma UNE 166002, UPV, Valencia (2009).
5. Fundación Tekniker, Guía Práctica para Abordar la Innovación y su Gestión en las Empresas del Sector de la Edificación Residencial, Koncepto, diseño comunicación S.L. (2008).
6. Innova, C., Innovar en Chile, Ministerio de Economía, Fomento y Turismo de Chile, Santiago (2005).
7. Ley N° 18.695 (Chile), Orgánica Constitucional de Municipalidades, Gobierno de Chile, Biblioteca del Congreso Nacional, Santiago - Chile. (2006).
8. SUBDERE., Programa Gestión de Calidad de los Servicios Municipales, Ministerio del Interior y Seguridad Pública de Chile- Subsecretaria de Desarrollo Regional y Administrativo, Gobierno de Chile, Santiago – Chile. (2007).
9. SUBDERE., Diagnóstico Nacional 2010: Gestión de la Calidad de los Servicios Municipales, Ministerio del Interior y Seguridad Pública de Chile- Subsecretaria de Desarrollo Regional y Administrativo, Santiago – Chile. (2012).
10. OCDE, Manual de Frascatti. París: Fundación Española para la Ciencia y la Tecnología (FECYT), (2003).

11. Sistema Nacional de Innovación, Ministerio de Economía, Fomento y Turismo - División de Innovación, Gobierno de Chile, Santiago – Chile, (2015).
12. AEN/CTN 166 UNE 166000. (2006). UNE 166000 Gestión de la I+D+i: Terminología y definiciones de las actividades de I+D+i. Madrid – España, (2006)
13. AEN/CTN 166 UNE 166001. (2006). UNE 166001 Gestión de la I+D+i: Requisitos de un proyecto de I+D+i. Madrid – España, (2006)
14. AEN/CTN 166 UNE 166002. (2014). UNE 166002 Gestión de la I+D+i: Requisitos del sistema de gestión de la I+D+i. Madrid – España, (2014)
15. AEN/CTN 166 UNE 166006. (2011). UNE 166006:2011 Gestión de la I+D+i: Sistema de vigilancia tecnológica e inteligencia competitiva. Madrid – España, (2011)
16. AEN/CTN 166 UNE 166007. (2010). UNE 166007 Gestión de la I+D+i: Guía de aplicación de la norma UNE 166002. Madrid – España, (2010)
17. AEN/CTN 166 UNE 166008. (2012). UNE 166008 Gestión de la I+D+i: Transferencia de Tecnología. Madrid – España, (2012).
18. CNIC., Orientaciones Estratégicas para la Innovación, Surfeando hacia el Futuro Chile en el Horizonte 2025. Santiago – Chile, (2013).
19. Resultados Preliminares IV Encuesta sobre Gasto y Personal en I+D Enero 2015, Ministerio de Economía, Fomento y Turismo, Gobierno de Chile, Santiago – Chile, (2015).
20. Ley N°20.241 (Chile), Establece Incentivo Tributario a la Inversión Privada en I+D, Gobierno de Chile, Biblioteca del Congreso Nacional, Santiago - Chile. (2008).
21. FONDECYT, Fondo Nacional de Desarrollo Científico y Tecnológico, Gobierno de Chile, recuperado el 29/03/2019 desde http://www.conicyt.cl/fondecyt/
22. CORFO. Corporación de Fomento de la Producción, Gobierno de Chile, recuperado el 29/03/2019 desde https://www.corfo.cl/sites/cpp/programas-y-convocatorias
23. BCN. Concurso Gestión de la Innovación en el Sector Público, Biblioteca del Congreso Nacional de Chile. (2015)
24. CORFO. Modelo de Gestión de la Innovación para el Sector Público Chileno e Implementación del Piloto a la Municipalidad de Conchalí, Corporación de Fomento de la Producción, Gobierno de Chile, (2012).
25. Salinas Aladro, M.I., Metodología para implementar sistemas de gestión de la innovación en el sector público chileno, Tesis para optar al grado de Magíster en Gestión y Políticas Públicas, Universidad de Chile, (2012)
26. Innovarauco el gigante innovador del BioBio, recuperado el 29/03/2019 desde http://www.innovacion.cl/reportaje/innovarauco-el-gigante-innovador-del-biobio/innova-arauco-_373/
27. Ley N°19.880. (Chile), Establece Bases de los Procedimientos Administrativos que Rigen los Actos de los Órganos de la Administración del Estado, Gobierno de Chile, (2003).
28. INN, Catálogo de Normas NCh e ISO, Instituto Nacional de Normalización, Chile (2019), disponible en http://catalogo.innonline.cl/, ultimo acceso el 28/04/2019.
29. AENOR. Las Normas Motor de Innovación. Reinventar la Gestión. (2011).

What is there about DevOps? Preliminary Findings from a Systematic Mapping Study

Jonathan Guerrero[1], Camilo Certuche[1], Karen Zúñiga[1] and César Pardo[1]

[1] Grupo de Investigación GTI, Facultad de Ingeniería Electrónica y Telecomunicaciones, Programa de Ingeniería de Sistemas, Universidad del Cauca, Calle 5 # 4 70, Popayán, Colombia
{jguerrero, scamiloc, karenza, cpardo}@unicauca.edu.co

Abstract: One of the main worries of the software development companies (SDC) in recent years is how to automate, speed up and increase even more its productivity. DevOps appears as a solution to these issues throught the integration and coordination of efforts and activities carried out between the Development and Operations teams. However, DevOps is relatively a young research subject and so far there is no evidence about a standard or framework with sufficient level of detail to facilitate its correct adoption, operation and/or control. For that reason, the goal of this systematic mapping is to collect the current knowledge about the DevOps adoption in SDC, in order to establish the most important features to keep in mind when developing a guide to adopt DevOps. The results obtained show that, there are few studies related to DevOps, therefore, there is a need to elaborate a guide to adopt this in SDC.

Keywords: Software Development, Software Operations, DevOps, Mapping Systematic Study.

1 Introducción

Las diferentes corrientes de desarrollo de software han venido evolucionando desde sus inicios tratando siempre de lograr mejores prácticas que permitan garantizar entrega de productos de alta calidad, cumpliendo los estándares de la industria y las necesidades reales de los clientes. Dentro de esta evolución encontramos emergiendo constantemente marcos de trabajo tradicionales, enfoques ágiles e incluso soluciones híbridas que integran prácticas tanto de soluciones tradicionales como ágiles (RUP [1], Scrumban, Scrum y XP, CMMI y Scrum, entre otros). Los enfoques ágiles tienen como objetivo entregar constantemente productos de excelencia y valor a sus clientes, garantizando el rápido retorno de inversión, y que esté abierta a los cambios de las necesidades del cliente a través del tiempo y los cambios permanentes de los medios [1].

Actualmente, las Empresas de Desarrollo de Software (en adelante EDS) buscan aumentar aún más su productividad debido al alto grado de competitividad de la industria del software [11], y a pesar del avance en el diseño de soluciones, modelos o marcos para soportar los diferentes procesos en el desarrollo de software, éstos por si solos no logran mejores resultados en entornos altamente productivos y que requieren entregar servicios de forma continua a sus clientes [4]. Es entonces cuando aparece DevOps, la combinación de las palabras Desarrollo (Dev) y Operaciones (Ops). DevOps es un término que, a pesar de existir hace diez años, actualmente está tomando mayor fuerza [17][20]. El objetivo principal de DevOps es unificar el desarrollo y la operación del software en un proceso único, integrado y continuo, y tratar de derribar las barreras entre Dev y Ops. Desde un enfoque DevOps, se espera aprovechar la experiencia y conocimiento de las personas, los procesos y la tecnología para estimular la colaboración y la innovación en todo el proceso de desarrollo y lanzamiento del software [2], esto de manera rápida, frecuente y confiable [3], sin sacrificar calidad y el valor entregado a los clientes, características propias del adn en los enfoques ágiles.

En este sentido, el objetivo de este mapeo sistemático se centra concretamente en establecer una definición para DevOps, esto debido a las diferentes percepciones y definiciones que se pueden encontrar en la literatura. Asimismo, se identifican las soluciones propuestas por otros autores acerca de la concepción que se tiene de la implementación y/o funcionamiento de DevOps.

Después de realizar un análisis del estado del arte, se observan algunos esfuerzos donde se han propuesto soluciones relacionadas con la adopción de DevOps en EDS. Asimismo, se han llevado a cabo estudios que identifican aspectos como desafíos y beneficios que conlleva dicha adopción. Sin embargo, no existen estudios con un nivel de detalle suficiente para llevar a cabo el proceso de adopción de DevOps de manera clara y que describa un conjunto de mecanismo que permitan controlar lo relacionado con DevOps. En este sentido, consideramos que puede resultar bastante útil el mapeo sistemático realizado, pues sintetiza el estado actual del conocimiento en DevOps, y además, con éste se logra establecer los atributos necesarios para desarrollar una guía para la adopción, implementación y control de DevOps en las EDS.

Este estudio está organizado de la siguiente manera: en la Sección 2 se describe el protocolo de investigación llevado a cabo para realizar el mapeo sistemático. La Sección 3 contiene los resultados obtenidos de dicho mapeo. En la Sección 4 se discuten las observaciones principales de los resultados, así como las limitaciones e implicaciones de este campo. Finalmente, en la Sección 5 se presentan las conclusiones y el trabajo futuro a realizar respecto a la adopción de DevOps en EDS.

2 Protocolo de Investigación

Un mapeo sistemático es un método para recopilar y categorizar la información existente acerca de un tema de investigación. El presente mapeo sistemático se llevó a cabo siguiendo las guías presentadas en los siguientes trabajos: Piattini et al. [5],

Bocco et al. [28], Kitchenham [29], Petersen et al. [30] y Budgen et al. [6]. El mapeo sistemático se realizó en tres etapas: Planificación, Ejecución y Documentación.

2.1 Etapa de Planificación

En la etapa de planificación se llevaron a cabo las siguientes actividades:

1. Constitución de las preguntas de investigación.
2. Definición de la estrategia de búsqueda.
3. Definición de los criterios de selección de los estudios primarios.
4. Definición de los criterios de evaluación de calidad.
5. Definición de la estrategia de extracción de datos.
6. Selección de los métodos de síntesis.

Preguntas de Investigación. Con el fin de alcanzar el objetivo del mapeo sistemático e identificar posibles carencias existentes para proponer nuevas áreas de investigación se han establecido las preguntas de investigación que se muestran en la Tabla 1.

Tabla 1. Preguntas de investigación.

Preguntas de Investigación	Motivación
P1. ¿Según la literatura analizada qué se entiende por DevOps?	Se busca una aproximación a una definición de DevOps estándar en el entorno del software.
P2. ¿Qué tipo de instrumentos o métodos de investigación se realiza en la literatura analizada?	Determinar los instrumentos o métodos de investigación son más usados en la resolución de preguntas de investigación respecto a DevOps.
P3. ¿Qué tipo de soluciones han sido propuestas para facilitar la adopción de DevOps en las EDS?	Determinar el estado del arte relacionado con la adopción de DevOps, y establecer el trabajo por realizar o mejorar.
P4. ¿Cuáles son los elementos de proceso que se han tenido en cuenta para aplicar DevOps?	Examinar las propuestas documentadas, su enfoque, completitud y aplicabilidad.
P5. ¿En qué tipos de proyectos de desarrollo de software se utiliza DevOps?	Determinar los tipos de desarrollo de proyectos de software: standalone, web o móvil, sobre los que se ha realizado la adopción de DevOps.
P6. ¿Qué herramientas tecnológicas son utilizadas para facilitar la adopción de DevOps?	Conocer las herramientas tecnológicas que soportan algún tipo de actividad para facilitar la adopción de DevOps.
P7. ¿Qué beneficios y desafíos conlleva la adopción de DevOps?	Determinar los beneficios y desafíos a los que se enfrentan las empresas que llevan a cabo la adopción de DevOps.

Estrategia de Búsqueda. Para la búsqueda se utilizaron combinaciones de los conectores lógicos "AND" y "OR" sobre las palabras clave identificadas. Se utilizaron las bases de datos: Scopus, Google Scholar, SpringerLink e IEEE Xplore, en las que se introdujo la cadena de búsqueda adaptada para cada uno de los buscadores. Asimismo, se utilizaron estudios facilitados por los expertos, los cuales han sido clasificados como literatura gris. La cadena de búsqueda es la siguiente: ("*agile*" OR "*agile approach*" OR "*agile process*") AND (*DevOps* OR "*continuous delivery*" OR "*continuous release*" OR "*continuous deployment*") AND (*adopt* OR *integrate* OR *integration* OR *integrating*) AND ("*software development*").

Se consideró toda información que fuera publicada a partir del año 2009, fecha en la que fue acuñado por primera vez el término DevOps en la industria [7]. Este periodo se ha validado durante la ejecución del mapeo sistemático, y la mayor parte de las publicaciones relevantes acerca de la adopción de DevOps se encuentran a partir del 2009, especialmente en los últimos cinco años (2014 - 2019).

Criterios de Selección de los Estudios Primarios. Los estudios recopilados se evaluaron teniendo en cuenta el título, abstract y keywords, para determinar si se incluían o no entre los estudios relevantes. Luego, se analizaron en detalle para seleccionar los estudios primarios. Se incluyeron aquellos estudios que cumplieron con al menos uno de los siguientes criterios de inclusión:

- I1: Estudios en inglés que se refieren a la adopción de DevOps en empresas de desarrollo de software.
- I2: Estudios publicados entre 2009 y 2019 en revistas, conferencias, congresos o talleres de prestigio con revisión por pares.

Por otro lado, los estudios que cumplieran con alguno de los siguientes criterios de exclusión, no se tuvieron en cuenta:

- E1: Estudios duplicados.
- E2: Estudios cuya principal contribución no se relacione con la adopción de DevOps en EDS.
- E3: El estudio contemple el tema de manera superficial.
- E4: Tipos de estudios de debate, o disponibles solo en forma de resúmenes o presentaciones.

Criterios de Evaluación de Calidad. Para medir la calidad de los estudios seleccionados y determinar los estudios relevantes acerca de la adopción de DevOps en EDS, se desarrolló un cuestionario con un sistema de puntuación de tres valores (-1, 0 y +1). La Tabla 2 muestra las cuestiones a considerar para realizar la evaluación de cada estudio y la puntuación que se le debe asignar de acuerdo con las posibles respuestas. Asimismo, en el apéndice A se presentan los resultados de la evaluación de los estudios de acuerdo con los criterios de evaluación de calidad.

Tabla 2. Cuestionario y puntuación de los criterios de evaluación de calidad.

No	Cuestión	Puntuación asignada a las posibles respuestas		
		+1	0	-1
C1	El estudio contempla una definición clara de DevOps.	Sí.	Parcialmente	No.
C2	El estudio propone un conjunto de elementos de proceso descritos de manera detallada para llevar a cabo la adopción de DevOps.	Sí.	Parcialmente.	No.
C3	El estudio valida la propuesta de adopción de DevOps en EDS.	A través de un estudio de caso.	A través de un grupo focal.	No validado.
C4	El estudio expone de manera clara y detallada los resultados obtenidos tras aplicar la propuesta de adopción de DevOps.	Sí.	Parcialmente.	No.
C5	El estudio ha sido publicado en una revista, conferencia o congreso relevante.	Muy relevante (JCR mayor que 2.0).	Relevante (JCR entre 1.0 y 2.0).	No relevante (JRC es menor que 1.0 o no aparece en la lista).
C6	El estudio ha sido citado por otros autores (según el índice de citas de Google Scholar).	Por más de cinco autores.	Entre uno y cinco autores.	No ha sido citado.

La suma de la puntuación de cada estudio conformará la puntuación final (obteniéndose un valor entre -6 y +6). Estas puntuaciones no se utilizarán para excluir un determinado estudio del mapeo sistemático en el caso de obtener una mala calificación, sino que se utilizará para encontrar estudios más relevantes, los cuales tendrán más peso en futuras investigaciones.

Estrategia de Extracción de Datos. Para asegurar la aplicación de los mismos criterios de extracción de datos para todos los estudios seleccionados y facilitar su clasificación, se utilizó un conjunto de posibles respuestas para cada una de las preguntas de investigación definidas, como se observa en la Tabla 3.

Tabla 3. Esquema de clasificación.

Preguntas	Respuestas
P1. ¿Según la literatura analizada qué se entiende por DevOps?	a. Brecha entre desarrollo y operaciones, b. Cultura de colaboración y comunicación, c. Integración, entrega y despliegue continuo, d. Aseguramiento de la calidad, e. Automatización, f. Otros
P2. ¿Qué tipo de instrumentos o métodos de investigación se realiza en la literatura analizada?	a. Mapeo sistemático/Revisión de la literatura, b. Caso de estudio, c. Encuesta/entrevista, d. Propuestas, e. Otros
P3. ¿Qué tipo de soluciones han sido propuestas para facilitar la adopción de DevOps en las EDS?	a. Enfoques, b. Modelo, c. Metodología, d. Técnica, e. Marco de trabajo, f. Otros, g. No se propone una solución concreta
P4. ¿Cuáles son los elementos de proceso que se han tenido en cuenta para aplicar DevOps?	a. Roles, b. Prácticas, c. Actividades, e. Plantillas, f. Artefactos, g. Otros
P5. ¿En qué tipos de proyectos de desarrollo de software se utiliza DevOps?	a. Standalone, b. Web, c. Móvil, e. No se clarifica el tipo de proyecto
P6. ¿Qué herramientas tecnológicas son utilizadas para facilitar la adopción de DevOps?	a. Herramientas para la integración, entrega y despliegue continuo, b. Herramientas para fomentar la comunicación y colaboración, c. Otros
P7. ¿Qué beneficios y desafíos conlleva la adopción de DevOps?	a. Económicos, b. Mejora procesos, c. Mejora la colaboración y comunicación, e. Aseguramiento de la calidad, f. Satisfacción del cliente, g. Mejora de la productividad, h. Resistencia al cambio, i. Otros

Métodos de Síntesis. La información de los estudios primarios seleccionados se extrajo y estructuró de la siguiente manera: identificación (título, publicación, autores, referencia), resumen, descripción (metodología, tipo de propuesta, tipo de evaluación de la propuesta) y aspectos a destacar. Asimismo, se representó a través de una tabla la relación de los estudios primarios respecto a las preguntas de investigación que respondía cada uno (apéndice B).

Calendario del Mapeo Sistemático. El mapeo sistemático tuvo como inicio enero de 2019 y se finalizó en abril de 2019.

2.2 Etapa de Ejecución

Se realizaron cuatro iteraciones, una iteración por cada fuente de búsqueda establecida. La Tabla 4 muestra el total de estudios: encontrados, relevantes, repetidos y primarios, encontrados en las fuentes de búsqueda de Scopus, Google Scholar, Springer e IEEE Xplore.

Tabla 4. Resultados de la búsqueda y análisis de los estudios en las fuentes de búsqueda establecidas.

No.	Fuente de datos	Encontrados	Relevantes	Relevantes repetidos (iteraciones anteriores)	Primarios seleccionados
1	Scopus	377	10	0	10
2	Google Scholar	216	4	1	3
3	Springer	487	8	4	4
4	IEEE Xplore	42	3	3	3

3 Resultados

A continuación, se muestran los resultados obtenidos para cada una de las preguntas de investigación definidas en la elaboración de este mapeo sistemático, los cuales están debidamente referenciados para posibilitar el estudio posterior en profundidad por parte del lector.

3.1 Pregunta P1: Según la literatura analizada, ¿qué se entiende por DevOps?

En la literatura analizada se encontraron distintas definiciones para DevOps. Aún no se ha llegado a una definición o un entendimiento común de lo que implica DevOps [25], por lo que algunas definiciones pueden estar caracterizando DevOps desde una perspectiva muy específica [25].

Al analizar cada definición, se identificaron las características y/o aspectos (en adelante conceptos) comunes que los autores han tenido en cuenta para definir DevOps. Los conceptos en común que se han podido identificar en las definiciones son: (i) Colaboración y Comunicación, (ii) Desarrollo y Operaciones, (iii) Cubrir la brecha, (iv) Aseguramiento de la calidad, (v) Automatización, (vi) Integración, entrega y despliegue continuo y (vii) Conjunto de prácticas.

De acuerdo a los estudios analizados, también se pudo observar que DevOps representa: un enfoque [11], un movimiento cultural [15], un conjunto de prácticas [16, 17], un paradigma emergente [18], una mezcla de dos palabras [19], un fenómeno [20], un tema interdisciplinario [21], un conjunto de principios [22], un marco conceptual [23], una metodología de desarrollo [25], una palabra artificial [26], una filosofía [25] y un neologismo [9]. De lo anterior, se puede evidenciar que DevOps ha sido interpretado de varias maneras debido a que es un tema relativamente nuevo.

3.2 Pregunta P2: ¿Qué tipo de investigación se realiza en la literatura analizada?

Los estudios seleccionados en la presente investigación pueden ser divididos en dos categorías: (i) estudios con propuestas concretas sobre la adopción de DevOps [11,

12, 16, 22, 23, 24, 25 y 27] y (ii) revisiones sistemáticas de la literatura [8, 9, 13, 19, 20, 26].

Respecto a la primera categoría, se encontró que el 100% [11, 12, 16, 22, 23, 24, 25 y 27] de los estudios registrados sobre la adopción de DevOps utilizan estudios de caso para validar sus propuestas, estos estudios de caso se han llevado a cabo en un rango de duración de uno a cinco años en su aplicación dependiendo del tamaño del proyecto. Por otra parte, de estos estudios el 88% [11, 12, 16, 22, 23, 24, 27] complementan los hallazgos con encuestas y/o entrevistas para determinar el impacto a nivel de cultura y organización.

Respecto a la segunda categoría, solo el 43% [9, 20, 26] de ellas utilizan sus hallazgos para proponer, aunque sea de forma conceptual, alguna solución para la implementación de DevOps con algún marco de trabajo ágil.

3.3 Pregunta P3: ¿Qué tipo de soluciones han sido propuestas para la adopción de DevOps?

El 20% [11, 14, 20, 23] de la literatura analizada propone soluciones concretas para guiar a las EDS en la adopción de DevOps. Por otro lado, el 80% [8, 9, 10, 12, 13, 15, 16, 17, 18, 19, 21, 22, 24, 25, 26, 27] de los estudios analizados, no propone una solución concreta para la adopción de DevOps en EDS, sino que, describen su experiencia al adoptar DevOps. De este 80%, es posible observar que el 63% [8, 9, 10, 11, 13, 15, 16, 17, 18, 19, 20, 27] identifican beneficios y desafíos, además, el 69% proponen un conjunto de los elementos de proceso que podrían ser tenidos en cuenta para la adopción de DevOps. Asimismo, el 35% [13, 19, 20, 22, 23, 24, 25] mencionan las herramientas tecnológicas que podrían soportar las prácticas para adoptar DevOps.

3.4 Pregunta P4: ¿Cuáles son los elementos de proceso que se han tenido en cuenta para aplicar DevOps?

Luego de analizar los estudios primarios, fue posible observar que el 60% [8, 11, 13, 16, 17, 19, 20, 22, 23, 24, 25, 26] de ellos mencionan, describen o listan elementos de proceso, entre los cuales se destacan: (i) roles, (ii) fases, (iii) actividades o pasos, (iv) áreas o perspectivas y (v) artefactos. Algunos de los elementos encontrados son muy variados, y se clasifican en la categoría "Otros" al no corresponder de forma directa a los elementos usados para la clasificación en el presente estudio, ellos son: [16, 17, 20, 23, 24, 25, 26].

3.5 Pregunta P5: ¿En qué tipos de proyectos de desarrollo de software (standalone, web o móvil) se utiliza DevOps?

El 100% de los trabajos seleccionados donde se describen proyectos de desarrollo de software con evidencia de avances o propuestas en la adopción de DevOps hacen uso de servicios Cloud, por ejemplo: servicios de integración continua, monitoreo, entre otros [11, 12, 16, 22, 23, 24, 25, 27] y no se encuentran trabajos donde se proponga la creación de servicios para dar soporte a prácticas relacionadas con la adopción de DevOps sobre redes locales.

Solo en [24] se describen artefactos y prácticas puntuales para la adopción de DevOps en entornos de desarrollo móvil, las demás propuestas están enfocadas a entornos Web.

3.6 Pregunta P6: ¿Qué herramientas tecnológicas son utilizadas para facilitar la adopción de DevOps?

Aunque la mayoría de estudios analizados presentan claramente la tecnología como un área o perspectiva central en la implementación de DevOps, entre las herramientas utilizadas ha sido posible organizarlas en las siguientes categorías: (i) Integración Continua: Jenkins [20, 22, 24, 25], Docker [20, 22, 25], Bamboo [20, 23], CodeShip y Travis CI [13, 20], TeamCity [20], (ii) Despliegue Continuo: CodeShip y Travis CI [13, 20], Capistrano, Ansible y Circle CI [20], (iii) Infraestructura / Plataforma como servicio (IaaS / PasS): Heroku [13], Chef y SaltStack [20], (iv) Rastreador de problemas: JIRA [23, 25], Bugzilla, Track/tesTrack, MantisBT, Assembla [20],(v) Control de versiones: GIT (Github & BitBucket & Gitlab) [13, 20, 23, 25], subversión [20, 25], CVS [25], Mercurial [20], (vi) Servidor de entrega: Hockey App [23], Testflight [24], Puppet [19, 20], (vii) Servidor de pruebas: Cucumber [13, 20], JUnit [13], Selenium, TestComplete y Jmeter [20], (viii) Herramientas de Comunicación: Slack y HipChat [13, 20], JIRA y PagerDuty [6], (ix) Automatización de compilación: Maven [20, 25], CodeShi y Travis CI [13], Ant y Gradle [20], (x) Servicios de monitoreo: Nagios [13, 19, 20, 25], New Relic [13, 20], Zabbix, Splunk y AppDynamics [20].

3.7 Pregunta P7: ¿Qué beneficios y desafíos conlleva la adopción de DevOps?

En la literatura analizada se observa que la adopción de DevOps en las EDS conlleva ciertos beneficios que ayudan a las empresas a ser más productivas y competitivas en el mercado, y se enfrentan a ciertos desafíos que dificultan el proceso de adopción. A continuación, se listan los beneficios y desafíos encontrados:

Beneficios:

- Tiempo de respuesta (time to market) que tarda un producto desde que es concebido hasta que esta a la venta: [9, 10, 12, 13, 17, 27].
- Cerrar la brecha entre Dev y Ops: [9, 12, 13, 27].
- Satisfacción del cliente mejorada: [9, 10, 27].
- Equipos más felices y más comprometidos: [9, 15, 27].
- Calidad del producto mejorada: [10, 17, 19].
- Productividad y eficiencia mejoradas: [9, 10].
- DevOps apoya el monitoreo en tiempo real: [12, 13].

- Construir el producto correcto: [10, 12].
- Mejora y automatización de procesos: [12, 13].
- Entrega rápida mediante el ciclo de compilación-prueba-despliegue: [12, 13].
- Lanzamientos confiables: [10].

Desafíos:
- Resistencia al cambio por parte de las personas: [12, 13, 16, 17, 20, 27].
- Dev y Ops se resisten a adquirir más responsabilidades: [8, 12, 16, 17, 27].
- Falta de colaboración entre desarrollo y operaciones: [8, 12, 15, 20].
- Falta de comprensión del significado de DevOps: [12, 15, 16, 20].
- La administración se muestra escéptica acerca de DevOps: [8, 16, 17, 20].
- Cambiar la cultura de la empresa: [12, 16, 17, 20].
- Cambiar estructuras y estándares organizacionales: [10, 12, 19, 20].
- Cambio de mentalidad para alinear el seguimiento del progreso de las actividades de desarrollo con las actividades de operaciones: [8, 12, 19].
- Elegir e integrar herramientas tecnológicas correctamente: [10, 13, 20].
- Diferencias en el estilo de trabajo entre Dev y Ops: [8, 20].
- Los empleados con habilidades de Dev y Ops son poco frecuentes: [8, 27].
- Diseñar la arquitectura para soportar DevOps: [10, 20].
- Optimización de la ejecución de pruebas y dificultad en el control de calidad: [10, 19].
- Pasar de la infraestructura heredada a los micro servicios: [10, 13].
- Dificultad al replicar los entornos técnicos: [12].
- Los sistemas están diseñados para no exponer información relevante: [15].
- A veces no se pueden eliminar todas las comprobaciones manuales [8].
- Cambio en los procesos: [10].
- Gestionar la infraestructura: [10].
- Pruebas continuas de requerimientos no funcionales: [10].
- Es difícil monitorear cuando se hace implementación continua de la funcionalidad: [15].

4 Discusión

En esta sección se presenta un análisis de los resultados obtenidos a partir del mapeo sistemático realizado, con el objetivo de identificar las mejoras que se puedan realizar sobre las propuestas encontradas.

4.1 Observaciones Principales

El objetivo de este mapeo sistemático es el de conocer el estado actual de la adopción de DevOps en EDS. En este sentido, tras analizar los resultados se pueden deducir las siguientes observaciones:
- De acuerdo con el análisis realizado de lo que representa DevOps en los estudios analizados, el "neologismo" es el término que caracterizaría y clasificaría la

mayoría de las definiciones. Además, se observa que este neologismo hace referencia al movimiento cultural al que debe adaptarse una empresa para adoptar DevOps. También, se evidencia que DevOps no solo es un conjunto de prácticas, sino que está relacionado con toda aquella sugerencia a nivel de tareas, actividades, artefactos, plantillas y roles. Por tanto, se considera más adecuado utilizar el término "elementos de proceso". Dado que hay definiciones que no tienen en cuenta algunos de los conceptos comunes identificados, se propone la siguiente definición de DevOps: *DevOps es un neologismo que surge a partir de la combinación de las palabras Desarrollo y Operaciones. Es un movimiento cultural que permite cubrir la brecha entre desarrolladores y el personal de operaciones. DevOps está relacionado con un conjunto de elementos de proceso que fomentan la colaboración y comunicación, la automatización, el aseguramiento de la calidad y la integración, entrega y despliegue continuo.*

- Una gran parte de las propuestas para la adopción de DevOps están centradas en las prácticas de integración continua, despliegue continuo y automatización de procesos. Sin embargo, las propuestas definidas son poco detalladas, por lo que aún queda mucho camino por recorrer en la definición de estándares para la apropiación contextualizada de este movimiento cultural que impacta los proyectos de software desde diferentes perspectivas como son la arquitectura, la cultura, las personas, los procesos y las herramientas.
- En cuanto a las propuestas concretas para llevar a cabo la adopción de DevOps en EDS, se observa que, en los estudios analizados las aplicaciones de las propuestas en los estudios de caso no son claras, no existen o no se evidencia una mejora notable en la productividad conseguida al aplicar DevOps. Asimismo, no se encuentra el suficiente nivel de detalle en cuanto a prácticas, roles y artefactos. Algunas propuestas sólo se centran en conceptos específicos como la entrega continua.
- Los beneficios más comunes encontrados son: (i) Time to market, (ii) Cerrar la brecha entre Dev y Ops y (iii) Satisfacción del cliente. Por otro lado, entre los desafíos más comunes, se encuentran: (i) Resistencia al cambio por parte de las personas, (ii) Dev y Ops se resisten a adquirir más responsabilidades, (iii) Administración escéptica, y (iv) Cambiar la cultura de la empresa.

4.2 Limitaciones del Mapeo Sistemático

La limitación a los motores de búsqueda académicos representa el estado del arte de la investigación sobre la adopción de DevOps en EDS. La inclusión de estudios solo en inglés puede significar que los estudios relevantes en otros idiomas no se tengan en cuenta, pero el inglés es el idioma más usado para publicar estudios de este tema. Además, si bien este mapeo sistemático ha arrojado resultados relevantes, éstos sirven como un punto de inicio para una versión posterior del mapeo sistemático aquí presentado.

4.3 Trascendencia para la Investigación y la Práctica

Las observaciones del presente mapeo sistemático tienen una gran trascendencia para aquellos investigadores que estén planeando investigar sobre DevOps, y más específicamente en el tema de la adopción de DevOps en EDS. Para los investigadores es un área de gran interés, ya que, como se ha visto, se trata de un campo novedoso, en el que hay poco trabajo realizado. Los investigadores gracias al desarrollo de este campo podrán crear guías que permitan llevar a cabo la adopción, implementación y control de DevOps correctamente, o mejorar las prácticas existentes que las empresas están adoptando actualmente para implantar DevOps, de manera que, se permita consolidar las buenas prácticas de DevOps en las EDS. Por último, las organizaciones se verán en gran medida beneficiadas por el avance de este campo, pues hasta el momento algunas organizaciones han desarrollado e implementado DevOps según sus propios criterios y que han considerado oportunas, sin embargo, esto se ha llevado a cabo sin una evaluación detallada de los resultados obtenidos en cuanto a beneficios obtenidos.

5 Conclusiones y Trabajo Futuro

En los últimos diez años DevOps se ha convertido en un tema de interés dentro de la industria del software. Como se pudo observar, aunque se trata de un concepto relativamente nuevo y no hay una definición común de lo que significa DevOps. Asimismo, algunas EDS han llevado a cabo la implementado y adopción de ciertas prácticas relacionadas con DevOps. Sin embargo, hasta el momento no se ha desarrollado una guía/estándar que permita llevar a cabo el proceso de adopción y evaluación de DevOps. En este sentido, los resultados obtenidos en el mapeo sistemático presentado en este estudio demuestran la novedad de este campo y la necesidad de elaborar una guía que facilite la comprensión de DevOps y permita su adopción, implementación y/o control en las EDS.

Respecto al trabajo futuro, ya estamos trabajando en:

- La elaboración de un modelo de referencia y evaluación de DevOps basado en un conjunto de mejores prácticas alrededor de pilares relacionados con: personas, arquitectura, cultura, procesos y herramientas tecnológicas.
- La elaboración de un proceso de desarrollo de software que soporta las características de DevOps.

Referencias

1. Fundación Eclipse. (08 de 2007). Introduction to OpenUP (Open Unified Process). Recuperado el 28 de 05 de 2018, de https://www.eclipse.org: https://www.eclipse.org/epf/general/OpenUP.pdf
2. Michelsen, J.: Dysfunction Junction: A Pragmatic Guide to Getting Started with DevOps. CA Technologies. (2013).

3. VMware. (04 de 2017). DevOps and Agile Development. Recuperado el 28 de 05 de 2018, de https://www.vmware.com/content/dam/digitalmarketing/vmware/en/pdf/solutionoverview /vmware-devops-agile-development-white-paper.pdf
4. Virmani, M.: Understanding Devops & Bridging The Gap From Continuous Integration To Continuous Delivery. Fifth International Conference on the Innovative Computing Technology (INTECH 2015). IEEE (2015) 78–82
5. Romero, J.D.P., Velthuis, M. G. P.: Modelos De Madurez De Green IT: Un Mapeo Sistemático. International Journal of Information Systems and Software Engineering for Big Companies: IJISEBC, 4 (2017) 53-61
6. Budgen, D., Turner, M., Brereton, P., Kitchenham, B.: Using Mapping Studies In Software Engineering. In: Proceedings of PPIG 2008. Lancaster University (2008) 195-204
7. Devopsdays - Organizing Guide. Recuperado el 16 de abril de 2019 de https://www.devopsdays.org/organizing/
8. Erich, F.M.A., Amrit, C., Daneva, M.: A Qualitative Study Of Devops Usage In Practice. Journal of Software: Evolution and Process, 29(6) (2017) e1885
9. de França, B.B.N., Jeronimo Junior, H., Travassos, G. H.: Characterizing DevOps By Hearing Multiple Voices. In Proceedings of the 30th Brazilian Symposium on Software Engineering ACM (2016) 53-62
10. Chen, L.: Continuous Delivery: Overcoming Adoption Challenges. Journal of Systems and Software, 128, (2017) 72-86
11. Samarawickrama, S. S., Perera, I.: Continuous Scrum: A Framework To Enhance Scrum With DevOps. In 2017 Seventeenth International Conference on Advances in ICT for Emerging Regions (ICTer) IEEE (2017) 1-7
12. Riungu-Kalliosaari, L., Mäkinen, S., Lwakatare, L.E., Tiihonen, J., Männistö, T.: DevOps Adoption Benefits And Challenges In Practice: A Case Study. In International Conference on Product-Focused Software Process Improvement Springer, Cham (2016) 590-597
13. Bou Ghantous, G., Gill, A.: DevOps: Concepts, Practices, Tools, Benefits and Challenges. PACI3417 (2017)
14. Wettinger, J., Breitenbücher, U., Leymann, F.: DevOpSlang–Bridging The Gap Between Development And Operations. In European Conference on Service-Oriented and Cloud Computing. Springer, Berlin, Heidelberg. (2014) 108-122
15. Lwakatare, L.E., Kuvaja, P., Oivo, M.: Dimensions of DevOps. In International conference on agile software development. Springer, Cham. (2015) 212-217
16. Kamuto, M.B., Langerman, J.J.: Factors Inhibiting The Adoption Of DevOps In Large Organisations: South African Context. In 2017 2nd IEEE International Conference on Recent Trends in Electronics, Information & Communication Technology (RTEICT). IEEE. (2017) 48-51
17. Jones, S., Noppen, J., Lettice, F.: Management Challenges For DevOps Adoption Within UK SMEs. In Proceedings of the 2nd International Workshop on Quality-Aware DevOps. ACM. (2016) 7-11
18. Gupta, V., Kapur, P.K., Kumar, D.: Modeling And Measuring Attributes Influencing Devops Implementation In An Enterprise Using Structural Equation Modeling. Information and Software Technology, 92, (2017) 75-91
19. Erich, F., Amrit, C., Daneva, M.: Report: DevOps Literature Review. University of Twente, Tech. Rep. (2014)
20. Bucena, I., Kirikova, M.. Simplifying the DevOps Adoption Process. In BIR Workshops. (2017)
21. Jabbari, R., bin Ali, N., Petersen, K., Tanveer, B.: What Is Devops?: A Systematic Mapping Study On Definitions And Practices. In Proceedings of the Scientific Workshop Proceedings of XP2016. ACM. (2016)

22. Elberzhager, F., Arif, T., Naab, M., Süß, I., Koban, S.: From Agile Development To Devops: Going Towards Faster Releases At High Quality–Experiences From An Industrial Context. In International Conference on Software Quality. Springer, Cham. (2017) 33-44
23. Krusche, S., Alperowitz, L., Bruegge, B., Wagner, M.O.: Rugby: An Agile Process Model Based On Continuous Delivery. RCoSE, 14, (2014) 42-50
24. Klepper, S., Krusche, S., Peters, S., Bruegge, B., Alperowitz, L.: Introducing Continuous Delivery Of Mobile Apps In A Corporate Environment: A Case Study. In 2015 IEEE/ACM 2nd International Workshop on Rapid Continuous Software Engineering. IEEE.(2015) 5-11
25. Benguria, G., Alonso, J., Etxaniz, I., Orue-Echevarria, L., Escalante, M.: Agile Development and Operation of Complex Systems in Multi-technology and Multi-company Environments: Following a DevOps Approach. In European Conference on Software Process Improvement. Springer, Cham. (2018) 15-27
26. Nagarajan, A.D., & Overbeek, S.J.: A DevOps implementation framework for large agile-based financial organizations. In OTM Confederated International Conferences" On the Move to Meaningful Internet Systems". Springer, Cham. (2018) 172-188
27. Senapathi, M., Buchan, J., Osman, H.: DevOps Capabilities, Practices, and Challenges: Insights from a Case Study. In Proceedings of the 22nd International Conference on Evaluation and Assessment in Software Engineering 2018. ACM. (2018) 57-67
28. Genero Bocco, M., Cruz-Lemus, J.A., Piattini Velthuis, M.G.: Métodos de Investigación en Ingeniería del Software. Ra-Ma Editorial, Madrid, Spain (2014) 199-246
29. Kitchenham, B.: Guidelines for Performing Systematic Literature Reviews in Software Engineering, Version 2.3. EBSE Technical Report, Keele University, UK (2007)
30. Petersen, K., Feldt, R., Shahid, M., Mattsson, M.: Systematic Mapping Studies In Software Engineering. In: 12th International Conference on Evaluation and Assessment in Software Engineering (EASE). Department of Informatics, University of Bari, Italy (2008)

Apéndice A: Resultados de la evaluación de los estudios primarios

Tabla 5. Evaluación de los estudios de acuerdo con los criterios de evaluación de calidad

	Referencias																			
Criterio	**8**	**9**	**10**	**11**	**12**	**13**	**14**	**15**	**16**	**17**	**18**	**19**	**20**	**21**	**22**	**23**	**24**	**25**	**26**	**27**
C1	0	1	-1	1	1	0	0	0	0	0	0	1	1	1	0	-1	-1	0	-1	0
C2	0	-1	-1	1	-1	0	0	-1	0	0	-1	0	1	-1	0	1	0	1	0	-1
C3	-1	-1	-1	1	1	-1	1	-1	-1	1	0	-1	1	-1	1	1	1	1	0	1
C4	-1	-1	-1	0	-1	-1	0	-1	-1	-1	-1	-1	0	-1	-1	0	-1	0	-1	-1
C5	0	-1	0	-1	-1	-1	-1	-1	-1	-1	0	-1	-1	-1	-1	-1	-1	-1	-1	-1
C6	1	1	1	0	1	0	1	1	0	1	1	1	1	1	1	1	1	-1	-1	0
Puntaje	1	-2	-3	2	0	-3	1	-3	-3	0	-1	-1	3	-2	0	1	-1	0	-4	-2

Apéndice B: Aportes de los estudios primarios a cada pregunta de investifación

Tabla 6. Aportes de los estudios primarios a cada pregunta de investigación.

	Referencias																			
Pregunta	**8**	**9**	**10**	**11**	**12**	**13**	**14**	**15**	**16**	**17**	**18**	**19**	**20**	**21**	**22**	**23**	**24**	**25**	**26**	**27**
P1	X		X	X	X	X	X	X	X	X	X	X	X	X			X		X	X
P2	X	X	X	X	X		X	X	X	X	X	X	X	X	X	X	X	X	X	X
P3			X			X		X				X		X	X	X	X	X		
P4	X		X		X	X		X	X			X		X	X	X	X	X		
P5						X								X	X	X	X			
P6					X							X		X	X	X	X			
P7	X	X		X	X		X	X	X		X	X							X	X

Pedagogical use of the *internet* in Telesecundaria education in Mexico

Rocío Ramón-Ramón[1], Rubén Edel-Navarro[2], Sebastián Figueroa-Rodríguez[3]

[1] Facultad de Pedagogía, Región Veracruz, Universidad Veracruzana. Doctorado en Sistemas y Ambientes Educativos. México.
ramonrocio33@gmail.com

[2] Facultad de Pedagogía, Región Veracruz, Universidad Veracruzana. Doctorado en Sistemas y Ambientes Educativos. México.
redel@uv.mx

[3] Facultad de Psicología, Región Xalapa, Universidad Veracruzana. México. Doctorado en Sistemas y Ambientes Educativos. México.
sfigueroa@uv.mx

Abstract: Telesecundaria is a subsystem that is part of secondary education in Mexico, which aims to meet the educational demand in rural and indigenous areas, using television as the main teaching resource. This article shows the results of the process of empirical validation of a quantitative instrument in relation to the teaching competences for the pedagogical use of *Internet*, in which third grade students participated. According to the results, the mobile phone and the projection of videos on the *Internet* are the technological resources most used by the teacher to work in the classroom, which generates pleasant experiences for students such as having fun in classes and easily searching the Internet for topics who do not understand This is an ongoing research, so it is intended that the results contribute to the design of a techno-pedagogical model for *Internet* use in Telesecundarias schools, and for those systems and similar educational environments.

Keywords: Telesecundaria, secondary education, internet, teaching competence, pedagogical use.

1 Introducción

Internet es una red informática mundial compuesta por la conexión de computadoras que comparten entre sí grandes cantidades de información y a gran velocidad, con fines comunicativos, educativos, de entretenimiento, de investigación, etc. [1] En el campo educativo es un recurso que ha tenido alto impacto, debido a que los alumnos tienen nuevas formas de aprender y de interactuar con el medio que les rodea, por tal, su uso en las escuelas ha dejado de ser opcional para convertirse en obligatorio, ante esto, los docentes deben reflexionar de manera rigorosa sobre los procesos formativos y aspectos metodológicos para responder eficientemente a las nuevas problemáticas educativas, ejercer de manera creativa su labor y participar de manera activa en la sociedad del conocimiento.

De acuerdo con lo anterior, el objetivo del presente trabajo consiste en la exposición de los resultados más significativos de la prueba piloto de un cuestionario en línea a un grupo de 23 estudiantes que cursan el tercer grado en una Telesecundaria del Municipio de Veracruz, lo cual corresponde a la fase cuantitativa de la investigación titulada *Competencias docentes para el uso pedagógico de internet en la modalidad de educación Telesecundaria en México,* desarrollado en el programa doctoral en Sistemas y Ambientes Educativos, de la Universidad Veracruzana, Región Veracruz en México.

¿Qué competencias requieren los docentes de Telesecundaria para el empleo pedagógico de *internet*?, constituye la pregunta principal de la investigación, para la cual se establecieron como objetivos, a) explicar las competencias de los docentes de Telesecundaria para el uso pedagógico de *internet,* b) analizar las estrategias de enseñanza-aprendizaje que emplea el docente en el aula con apoyo de *internet,* d) determinar las habilidades docentes para el uso de *internet*, y, e) proponer un modelo tecnopedagógico para el uso de *internet;* partiendo de la hipótesis de que si los docentes cuentan con las competencias para utilizar *internet* con fundamento pedagógico, los aprendizajes de los estudiantes se verían favorecidos. Por lo tanto, de manera preliminar se conjetura que para que el docente pueda utilizar *internet* de manera pedagógica, requiere desarrollar sus competencias didácticas y digitales para plantear e implementar estrategias al interior y exterior del aula que favorezcan el aprendizaje escolar.

2 Educación Telesecundaria en México

De acuerdo con el Sistema Educativo Mexicano, la educación básica comprende tres niveles educativos obligatorios: educación preescolar, educación primaria y educación secundaria.

La educación secundaria es el último tramo de la educación básica, se cursa en tres años, atiende a adolescentes de 11 a 15 años de edad y ofrece tres tipos de servicio: secundaria general, secundaria técnica y telesecundaria.

Debido a que el territorio nacional cuenta con una diversidad social, lingüística y cultural, la distribución de la población es sumamente dispersa, poco comunicada y muchos adolescentes en edad de estudiar viven en zonas indígenas, rurales, marginadas y en condiciones difíciles para trasladarse a las instituciones educativas más cercanas, en 1968 se creó la escuela Telesecundaria en México, con el objetivo de terminar con el rezago educativo y el analfabetismo en el que se encontraba la población. [2]

Este proyecto educativo inició con la capacitación de una persona que se encargaba de enseñar a leer y escribir en lengua castellana a las personas que vivían en las zonas más alejadas, posteriormente, se intentó cubrir la demanda de la educación secundaria en el medio rural, sin embargo, la falta de recursos impidió construir escuelas y contratar maestros que impartieran clases como en las secundarias urbanas, por ello, se adaptaron lugares públicos y se incluyó el uso de la televisión para abordar los contenidos del programa académico vigente de secundaria como elemento específico de estas escuelas, bajo la coordinación de un maestro monitor. La televisión como recurso didáctico consistía en la transmisión de programas curriculares con el fin de cumplir con el calendario escolar, el plan de estudios y los objetivos de aprendizaje de este nivel educativo; a esto se le llamó clases televisadas, las cuales tenían una duración de 20 minutos, posteriormente los alumnos realizaban la actividad indicada en la lección, y finalmente el maestro aclaraba las dudas. [3]

Actualmente, la Telesecundaria sigue siendo pieza fundamental para dar cumplimiento a lo dispuesto en el Artículo Segundo y Tercero Constitucional, al procurar reducir las desigualdades entre los grupos sociales e impulsar la equidad promoviendo el desarrollo de competencias para la vida, así como hacer flexibles las estrategias pedagógicas según necesidades específicas de aprendizaje, intereses de grupo y características socio culturales de los jóvenes en situación de desventaja que pretenden concluir su educación básica. [4] Persigue el mismo objetivo que en sus inicios, atender la demanda educativa en zonas rurales e indígenas, a través de la misma estructura, la coordinación de un maestro por grupo, el cual imparte todas las asignaturas del plan de estudios vigente para la educación secundaria, con el apoyo de libros de texto y de las clases televisadas transmitidas mediante la Red Satelital de Televisión Educativa (EDUSAT).

2.1 Uso pedagógico de *internet*

El uso de *internet* en la educación facilita la labor del docente, sin embargo, implica el desarrollo de habilidades, conocimientos y actitudes en el ámbito tecnológico, informacional, multimedia y comunicativo que favorezca la construcción de conocimiento en el aula, aunado a la capacidad pedagógica para diseñar un ambiente de trabajo que promueva el acceso a contenido globalizado.

Internet es un medio para llevar a cabo prácticas educativas más activas e innovadoras; autores como Rodríguez y Henríquez (2015) mencionan que el docente requiere apropiarse de las Tecnologías de la Información y Comunicación (TIC), indagar acerca de su utilidad para enseñar y producir saberes relacionados con esta innovación educativa. [5] Al respecto, Salinas (2004) refiere que usar *internet* permite acceder a información global, fomentar el trabajo colaborativo, diseñar proyectos, mantener comunicación de manera síncrona y asíncrona, difundir información y emplear materiales didácticos en línea que lo desprenden de enseñanzas rígidas centradas en el profesor y en la transmisión de conocimiento. [6] Por tal, si el docente cuenta con una metodología de enseñanza adecuada y con objetivos de aprendizaje claros, *internet* puede ser empleado como un recurso pedagógico para diseñar entornos de aprendizaje innovadores, divertidos, significativos y contextualizados.

En sí, el uso pedagógico de *internet* se define como una estrategia didáctica que contempla la incorporación de las redes telemáticas, el empleo de TIC y los recursos digitales con fines educativos.

3 Metodología

Explicar las competencias de los docentes de Telesecundaria para el uso pedagógico de *internet* constituye el objetivo principal de la investigación, la cual se aborda desde un enfoque mixto [7], a través de un estudio explicativo; la muestra la conforman estudiantes y docentes de los tres grados de Telesecundaria, para determinarla se consideró como criterio de inclusión aquellos grupos que cuentan con conexión a *internet* en su salón de clases.

Con el propósito de tener un primer acercamiento con el objeto de estudio y una visión general de la problemática, se llevará a cabo la primera fase diagnóstica con enfoque cuantitativo, en donde se aplicará una encuesta a estudiantes que cursan los tres grados de Telesecundaria, con rango de 12 a 15 años; para ello, se utilizará un cuestionario en línea.

Para la fase cualitativa de la investigación se pretende utilizar como técnica de recolección de datos una entrevista a profundidad dirigida a docentes que imparten clases en los tres grados de Telesecundaria, utilizando como instrumento una guía de preguntas, con la finalidad de contrastar la información recabada en la fase cuantitativa, además, se pretende identificar las actividades que realizan con apoyo de *internet*, los criterios que utilizan para seleccionar materiales en línea, conocer sus competencias para el manejo de *internet* como recursos didáctico, y cómo favorece al proceso educativo.

La investigación se encuentra en proceso de desarrollo, específicamente en la etapa de validación empírica del cuestionario en línea. Para la aplicación de la prueba piloto se determinó la muestra con la técnica de muestreo no probabilístico por conveniencia, ya que la selección de los participantes dependió de ciertos criterios y de aquellos casos accesibles y próximos al investigador [8].

4 Prueba piloto

Para la recolección de datos de la etapa cuantitativa se diseñó un cuestionario en línea con la herramienta *Google Forms*, el cual está divido en cinco secciones: habilidades informáticas, habilidades informacionales, habilidades comunicativas digitales, construcción del conocimiento y estrategia didáctica; consta de 28 ítems, 4 preguntas abiertas y 24 preguntas cerradas; los reactivos son de tipo excluyente, ordinales y de varias alternativas de respuesta.

El instrumento se sometió a un proceso de validez de contenido por parte de 3 expertos en el área Tecnología Educativa y con amplia trayectoria en Investigación Educativa, posteriormente, se realizó la prueba piloto para identificar errores en la estructura del cuestionario en relación a la secuencia, redacción y contenido de las preguntas a fin de estimar el nivel de confiabilidad de los datos recabados. [9]

La Telesecundaria donde se realizó la prueba piloto cuenta con 3 grupos de primer grado (a los cuales nombran 1A, 1B y 1C), 3 grupos de segundo grado (a los cuales nombran 2A, 2B y 2C) y 3 grupos de tercer grado (a los cuales nombran 3A, 3B y 3C), sin embargo, para seleccionar a los participantes se consideró como criterio de inclusión y exclusión que el docente y su grupo de estudiantes contaran con conexión a *internet* en su salón de clases, por ello, el Director de la institución educativa seleccionó al grupo 3C debido a que su profesor cuenta con el servicio en su teléfono móvil y porque el acercamiento con los estudiantes era de fácil acceso y disponibilidad para la aplicación en ese momento.

Para la aplicación del cuestionario, el docente solicitó de manera previa a los 23 alumnos que participarían en la encuesta que ingresaran al aula con un teléfono celular con *internet*, con el propósito de compartirles a través de *Whatsapp* el link para ingresar a la encuesta, ya que se les dificulta el acceso a la red de la Telesecundaria debido a que la señal es muy lenta o en algunas ocasiones no cuentan con el servicio.

Después de obtener la información, con el objetivo de estimar la fiabilidad de la prueba, perfeccionarla y elaborar la versión final, se realizó el análisis de consistencia interna de los ítems, mediante el cálculo del coeficiente de *Alpha de Cronbach*, con el programa SPSS (*Statistical Package for the Social Sciences*), obteniendo 0.935; con lo que se concluye que el cuestionario tiene un alto nivel de fiabilidad para aplicarse a la muestra que se determine posteriormente, sin embargo, se tiene la posibilidad de hacer los siguientes cambios en el cuestionario de acuerdo con los datos estadísticos arrojados en el programa:

- Mayor claridad en las instrucciones, ya que durante la prueba algunos estudiantes preguntaron qué debían hacer.
- La redacción de algunos ítems, puesto que algunos participantes no tenían clara la pregunta.
- Se cambiaron algunas palabras, adaptando el vocabulario al nivel de estudiantes de tercer grado de Telesecundaria.

5 Resultados

Los resultados que se presentan a continuación hacen referencia a la competencia para el uso pedagógico de *internet* del docente que imparte el tercer grado en una Telesecundaria del Municipio de Veracruz, el cual es Licenciado en Pedagogía, estudiante de Maestría en Educación, cuenta con 33 años de edad y con 10 años de experiencia docente en la modalidad de educación Telesecundaria.

La institución educativa cuenta con una matrícula de 253 alumnos en el ciclo escolar 2018-2019; sin embargo, el cuestionario se aplicó a una muestra de 23 estudiantes, lo cual representa el 9% del total de participantes; el 52.2% pertenece al sexo masculino y el 47.8% al sexo femenino.

En la sección *Habilidades Informáticas* de la encuesta, los estudiantes refieren que los recursos tecnológicos que utiliza su maestro en clase son *internet* (73.9%), la televisión (69.6%), el pintarrón (52.2%) y la laptop (39.1%). El 26% de los encuestados apuntan que el teléfono celular es la herramienta digital que el maestro siempre utiliza para impartir su clase, mientras que el 91.3% de los alumnos aseveraron que el pizarrón electrónico nunca ha sido empleado. Por otra parte el 26% de los alumnos afirmaron que las infografías son el material digital que siempre utiliza el docente para explicar los contenidos de las materias, siendo las animaciones en *Scratch, PowToon* y recursos de *Educaplay* los que nunca se han empleado (43.4%). A continuación se muestra la información en las siguientes tablas:

En mis clases se emplean los siguientes recursos tecnológicos…	
Internet	73.9%
Televisión	69.6%
Pintarrón	52.2%
Laptop	39.1%
Proyector	26.1%
Otro	17.4%
Computadora de escritorio	13%
Pizarrón y gis	8.7%
Bocinas	4.3%
Pizarrón electrónico	4.3%
Señal EDUSAT	0%

Tabla 1. Recursos tecnológicos que utiliza el docente en el aula.

En la tabla 2, se hace referencia a las habilidades informáticas del docente, por lo que se muestra la frecuencia con la que utiliza herramientas y materiales digitales para impartir clase, de acuerdo con las respuestas de los participantes.

Habilidades Informáticas				
Mi maestro utiliza para impartir clase…				
Herramientas digitales	Nunca	Casi nunca	Casi siempre	Siempre
Teléfono celular	0%	21.7%	52.1%	26.0%
Laptop	30.4%	13.0%	39.1%	17.3%
Televisión	17.3%	34.7%	34.7%	13.0%
Pizarrón electrónico	91.3%	4.3%	0%	4.3%
Tableta	78.2%	13.0%	8.6%	0%
Materiales digitales	Nunca	Casi nunca	Casi siempre	Siempre
Infografías	13.0%	30.4%	30.4%	26.0%
Geogebra	21.7%	21.7%	34.7%	21.7%
Imágenes	13.0%	26.0%	39.1%	21.7%
Scratch y PowToon	43.4%	52.1%	0%	4.34%
Educaplay	43.4%	34.7%	13.0%	8.6%

Tabla 2. Herramientas y materiales digitales empleados por el docente en el aula.

En el ítem 9 del cuestionario, se muestra una lista de situaciones que favorecen el desempeño de los estudiantes al utilizar *internet* con fines académicos; a continuación, se muestra en la tabla 3, el porcentaje que corresponde a aquellos que respondieron "Siempre" a cada situación:

Consideras que el uso de *internet* ayuda para...	
Mejorar la enseñanza de tu profesor	56.5%
Hacer más fácil tu aprendizaje	47.8%
Tener acceso rápido a contenidos nuevos	47.8%
Aumentar tu motivación para aprender	39.1%
Ahorrar tiempo y esfuerzo al estudiar	39.1%
Obtener mejores calificaciones	30.4%
Hacer más divertido lo que aprendes	26%
Mejorar la relación con tus compañeros y maestro	26%

Tabla 3. Los alumnos consideran que usar *internet* los ayuda a enfrentar situaciones que ocurren en el aula.

Así mismo, en la encuesta se solicitó a los alumnos que describieran la experiencia más agradable que han tenido en clase al utilizar *internet* y respondieron lo siguiente:

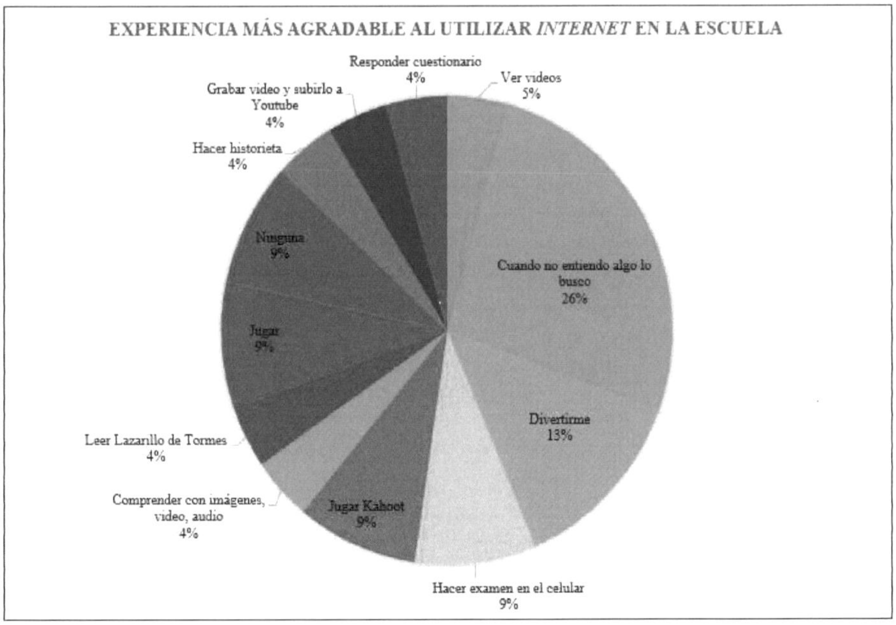

Fig. 1. La experiencia más agradable que han tenido los estudiantes al utilizar *internet* en su escuela.

Sin embargo, el 43.4% de los participantes aseveraron que la experiencia más desagradable que han tenido hasta el momento es cuando no pueden conectarse a *internet* por fallas con el servicio, debido a que la señal es muy lenta.

Los datos más relevantes en la sección *Habilidades Informacionales,* que el docentes casi siempre utiliza información que obtiene de *internet* para impartir la clase (65.2%); el 43.5% respondió que hace referencia a hechos reales y no sólo a opiniones de personas; el 47.8% afirmó que promueve la consulta de información en buscadores tradicionales como *Google*, *Yahoo* o *Bing,* y el 65.2% comentó que les enseña a identificar información confiable en *internet.* En este sentido, el 17.3% respondió que su profesor siempre utiliza repositorios para trabajar en el aula, frente al 78.2% que aseveraron nunca haber empleado *Ebooks* como recurso educativo. En la tabla 4, se muestra de manera detallada la información:

Habilidades Informacionales				
Mi maestro en la clase...	**Nunca**	**Casi nunca**	**Casi siempre**	**Siempre**
Comenta información de *internet*	0%	17.4%	65.2%	17.4%
Explica por qué confiar en *internet*	13.0%	21.7%	43.5%	21.7%
Promueve el uso de buscadores	4.3%	17.4%	47.8%	30.4%
Enseña a elegir información confiable	4.3%	4.3%	65.2%	26.1%
Utiliza repositorios	43.4%	30.4%	8.6%	17.3%
Utiliza revistas electrónicas	65.2%	21.7%	13.0%	0%
Museos virtuales	69.5%	26.0%	4.3%	0%
Simuladores	47.8%	26.0%	26.0%	0%
Utiliza Ebooks	78.2%	13%	4.3%	4.3%

Tabla 4. Habilidad informacional del docente para el uso de *internet* en el aula.

En la sección *Habilidades Comunicativas Digitales*, el 60.9% de los participantes revelaron que el maestro nunca imparte clase por videoconferencia; sin embargo, *whatsapp* es el servicio de *internet* que más emplea para compartirles información, ya que el 47.4% de los alumnos lo confirmaron; el 94.1% mencionaron que *Google Classroom* es la plataforma educativa que han utilizado para abordar los temas de clase, siendo *Moodle*, *Eminus*, *Edmodo*, *ATutor* y *Chamilo*, las plataformas que nunca ha utilizado el profesor.

Habilidades Comunicativas Digitales				
Mi maestro...	**Nunca**	**Casi nunca**	**Casi siempre**	**Siempre**
Imparte clases por videoconferencia	60.9%	30.4%	4.3%	4.3%
Comparte información a tavés de *internet*	17.4%	17.4%	43.5%	21.7%
Usa plataformas educativas	26.1%	30.4%	26.1%	17.4%

Tabla 5. Habilidad Comunicativa Digital del docente para compartir información con sus estudiantes.

¿Con cuál servicio de *internet* te comparte información?	
Whatsapp	47.4%
Correo electrónico	31.6%
YouTube	10.5%
One Drive	5.3%
Salas de chat	0%
Foros	0%
Blogs	0%
Facebook	0%
Twitter	0%
Instagram	0%
Dropbox	0%

Tabla 6. Servicios de *internet* que emplea el docente para compartir información con sus estudiantes.

En la sección *Construcción del Conocimiento*, el 26% respondió que *Word* es el programa que siempre emplean para elaborar actividades o tareas como resúmenes, síntesis, mapas conceptuales, mapas mentales, cuadros sinópticos, cuadros comparativos, etc., mientras que el 86.9% mencionó que *Easel.ly* es la aplicación que nunca han utilizado para elaborarlos. El 34.8% de los participantes respondieron que cuando su maestro les plantea un problema en clase, siempre lo resuelven utilizando el conocimiento que adquirieron previamente; por otro lado, el 56.5% aseveró que en su escuela siempre se promueve la convivencia sana y armónica entre los alumnos, maestros, administrativos, directivos y padres de familia.

Construcción del Conocimiento				
Utilizo los siguientes programas o aplicaciones para realizar tareas…	**Nunca**	**Casi nunca**	**Casi siempre**	**Siempre**
Word	17.3%	21.7%	34.7%	26.0%
PowerPoint	13.0%	34.7%	39.1%	13.0%
Easel.ly	86.9%	8.6%	4.3%	0%
Cmap-tools	82.6%	13.0%	4.3%	0%
GoConqr	82.6%	13.0%	0%	4.3%
Piktochart	73.9%	13.0%	13.0%	0%
Resuelvo problemas en clase con lo aprendido previamente…	4.3%	4.3%	56.5%	34.8%
En mi escuela se promueve la convivencia sana y armónica…	4.3%	8.7%	30.4%	56.5%

Tabla 7. Situaciones que ocurren en los estudiantes para la construcción de su conocimiento.

En la sección *Estrategia Didáctica,* respecto a la elaboración de proyectos, el 43.5% de los alumnos que participaron en la encuesta afirmaron que el docente casi siempre los invita a realizar proyectos relacionados con los temas de clase, asimismo, el 60.9% asevero que casi siempre les plantea problemas de la vida diaria para estimular sus aprendizajes; el 39.1% respondieron que casi siempre trabajan de manera individual dentro del aula, mientras que el 34.8% aseveró que casi siempre trabajan en equipos de trabajo dentro o fuera de la escuela; el 73.9% de los alumnos mencionaron que su profesor siempre les explica el objetivo de las actividades que desarrollan como parte de sus actividades escolares.

Estrategia Didáctica				
Tu maestro…	**Nunca**	**Casi nunca**	**Casi siempre**	**Siempre**
Te invita a realizar proyectos	0%	17.4%	43.5%	39.1%
Te plantea problemas cotidianos	4.3%	13.0%	60.9%	21.7%
Propone que trabajes individualmente	0%	39.1%	39.1%	21.7%
Propone que trabajes en equipo	4.3%	43.5%	34.8%	17.4%
Te explica el objetivo de las actividades	4.3%	4.3%	17.4%	73.9%

Tabla 8. Actividades que desarrolla el docente en el aula como parte de su estrategia didáctica.

La introducción de la tecnología en la educación ha traído como consecuencia nuevos ambientes de aprendizaje que requiere de competencias relacionadas con el uso y aplicación pedagógica de las Tecnologías de la Información y Comunicación, por ello, se han realizado diversas investigaciones que permiten tener una perspectiva global sobre el tema y contrastar los resultados obtenidos en cada contexto. En este sentido, Farfan (2015), en un estudio realizado con docentes de instituciones de educación secundaria en Bolivia, determinó que cuentan con competencias básicas para el uso de programas ofimáticos, el manejo de *internet*, el uso de la computadora y el proyector multimedia; asimismo, la falta de infraestructura y conectividad son factores que imposibilitan al profesor en el uso de TIC en el proceso educativo. [10] Una investigación desarrollada por Yilmaz y Orhan (2010) en Turquía con estudiantes de secundaria, reveló que los docentes que acompañan a sus alumnos en el desarrollo de proyectos, investigaciones y tareas, logran resultados favorables en el uso de *internet*, debido a que sugieren una variedad de fuentes de información. [11] La investigación realizada por Bekele (2010), en Noruega en educación superior, apunta a que la motivación y satisfacción de los estudiantes al interactuar en entornos de aprendizaje respaldados por *internet,* es tan eficaz que se podría considerar como una estrategia alternativa para mejorar el acceso y la calidad educativa, sin embargo, la tecnología *per se* no motiva ni satisface a los estudiantes en su aprendizaje, se debe incluir de manera integral factores como el diseño, el desarrollo, la implementación y la evaluación de estos entornos. [12]

6 Conclusiones

De acuerdo con lo referido por los estudiantes de tercer grado de Telesecundaria, se puede concluir que *internet*, el teléfono móvil y los videos son los recursos tecnológicos que más emplea el docente para impartir su clase.

Los estudiantes refieren que las experiencias más agradables que han tenido al usar *internet* en la escuela son divertirse y encontrar fácilmente los temas que no entienden en clase; por el contrario, la experiencia más desagradable fue no contar con conexión a *internet* en su salón de clases. El docente comenta con sus estudiantes información que obtiene de *internet*, hace referencias hechos reales, promueve la consulta de información en buscadores tradicionales, les enseña a identificar información confiable, utiliza el servicio de *Whatsapp* y la plataforma *Google Classroom* para compartirles información, sin embargo, no imparte clases por videoconferencia y nunca ha utilizado revistas electrónicas, museos virtuales ni *Ebooks* para explicar los contenidos de las materias.

Finalmente, los resultados evidencian que *Word* es el programa informático más empleado por los estudiantes para elaborar actividades o tareas, como resúmenes, síntesis, mapas conceptuales y cuadros sinópticos; y que el maestro además de promover la elaboración de proyectos, les plantea problemas de la vida diaria para estimular sus aprendizajes.

Referencias

1. González, E.M.: Uso de internet en los estudiantes de la preparatoria no. 11. Tesis de maestría, México (2013).
2. Dirección General de Materiales Educativos: La telesecundaria en México. Un breve recorrido histórico por sus datos y relatos. Secretaría de Educación Pública, México (2010).
3. Calixto, R., Rebollar, A.M.: La Telesecundaria, ante la sociedad del conocimiento. Revista Iberoamericana de Educación. 44(7), 1-11 (2008).
4. Dirección General de Materiales Educativos: Modelo Educativo para el fortalecimiento de Telesecundaria. Documento Base. Secretaría de Educación Pública, México (2011).
5. Rodríguez, Z., Henríquez, G.: Competencias básicas en el uso educativo de las tecnologías de información y comunicación de los docentes del liceo boliviano "Jacinto Jara". Revista de Tecnología de Información y Comunicación en Educación. 9(1), 45-55 (2015).
6. Salinas, H.: Uso de internet como herramienta pedagógica para facilitar el aprendizaje elaborativo y profundo. Tesis de maestría, Chile (2004).
7. Hernández, R., Fernández, C., Baptista, M. P.: Metodología de la Investigación. Sexto edición. McGraw-Hill, México (2014).
8. Otzen, T., Manterola, C.: Técnicas de muestreo sobre una población a estudio. Int. J. Morphol. 35(1), 227-232 (2017).
9. Corral, Y.: Diseño de cuestionarios para recolección de datos. Revista Ciencias de la Educación. 20(36), 152-168 (2010).
10. Farfan, S.: Formación de docentes en el uso de las tecnologías de información y comunicación para la mejora del proceso enseñanza aprendizaje en Bolivia. Tesis doctoral, Bolivia (2015).

11. Yilmaz, M., Orhan, F.: The use of Internet by high school students for educational purposes in respect to their learning approaches. Procedia-Social and Behavioral Sciences, 2(2), 2143-2150 (2010).
12. Bekele, T.: Motivation and satisfaction in internet-supported learning environments: A review. Journal of Educational Technology & Society, 13(2), 116-127 (2010).

What is there About Scaling of Agile Software Development? Preliminary Findings from a Systematic Mapping Study

Tania Cañizares [1], Cristian Gómez [1], César Pardo [1] and Omar S. Gómez [2]

[1] Grupo de Investigación GTI, Facultad de Ingeniería Electrónica y Telecomunicaciones, Universidad del Cauca, Calle 5 Nº 4-70 Popayán, Colombia
{ctania, cristiangomezc, cpardo}@unicauca.edu.co
[2] Grupo de Investigación en Ingeniería de Software (GrIISoft), Escuela Superior Politécnica de Chimborazo, 60106 Riobamba, Ecuador
ogomez@espoch.edu.ec

Abstract. Currently, due to globalization, software companies are opting to use large-scale agile development (LSAD) approaches. However, the subject about scaled agile approaches is relatively new and there is no standard or framework which can be used as a reference to guide the adequately adoption and/or implementation of scaling from a traditional/agile approach to a LSAD approach. In this sense, the objective of this systematic mapping is to present the current state about LSAD, in order to determine which are the characteristics/attributes that should be taken into account for the adaptation of a solution that is not suitable for LSAD to one that yes. With the results obtained, it has been possible to observe the novelty in this research subject as well as the few related studies, which is why it is necessary to propose solutions that conceive the LSAD approach through the total transformation of the processes in a software organization.

Keywords: Large-Scale Agile Development, Agile Software Development, Scaling Agile Software Development, Systematic Mapping Study

1 Introducción

Actualmente, los enfoques ágiles han ganado relevancia en la industria de desarrollo software a nivel mundial [8] [3] [16]. Los diferentes enfoques, métodos y técnicas que hacen parte de los enfoques ágiles enfatizan fuertemente en: la tolerancia al cambio, la entrega evolutiva y la participación activa del usuario [13]. Estos enfoques originalmente fueron creados para proyectos pequeños y con un grupo reducido de colaboradores, pero han demostrado ser de utilidad para proyectos grandes en empresas grandes [17]. Sin embargo, también se ha podido observar que cuando las organizaciones crecen o superan ciertas características como: más de un equipo, más de 10 personas, equipos distribuidos, entre otros, los enfoques ágiles como originalmente fueron concebidos difícilmente cumplen las expectativas y exigencias de un entorno a gran escala. Además, dejan de ser precisos al momento de aplicarlos en grandes empresas con cientos de empleados y varios equipos que incluso están distribuidos geográficamente, es por esto que han surgido nuevas soluciones enfocadas en el desarrollo ágil a gran escala (en adelante DAGE), algunos de ellos son: Scrum of Scrums [1], Scrumconix [23], LeSS [9], Nexus [25] y SAFe [21], sin embargo, ninguna de ellas describe una estrategia de implementación, causando gran confusión en las organizaciones [27].

El desarrollo a gran escala se caracteriza por la necesidad de coordinación entre equipos, ya que están implicadas otras unidades organizativas, tales como: (i) talento humano, (ii) marketing, (iii) ventas y (iv) gestión de productos, los cuales pueden estar o no geográficamente distribuidos. Si bien, la investigación de desarrollo ágil a gran escala está creciendo, no se tiene aún un conocimiento suficientemente claro sobre cómo llevar a cabo el escalamiento de una organización de software en este contexto [11].

En este sentido, para aumentar el éxito en la mejora de los procesos de una organización hacia un enfoque DAGE, se considera necesario buscar el qué tener en cuenta además del cómo lograrlo. Creemos que, es necesaria una solución que permita guiar el escalamiento y abordar estrategias de implementación necesarias. Teniendo en cuenta lo anterior, en este trabajo se presenta un mapeo sistemático que puede resultar útil dado que en él se analiza el conocimiento más actual posible sobre esta área de investigación, con el fin de poder identificar y establecer los pilares sobre los que se puedan desarrollar soluciones para DAGE.

Este manuscrito está organizado de la siguiente manera: en la sección 2, se define el protocolo de investigación establecido para llevar a cabo el mapeo sistemático; en la sección 3, se muestran las preguntas planteadas en la investigación y el análisis de las mismas; en la sección 4, se discuten los hallazgos obtenidos; y en la sección 5, se muestran las conclusiones y trabajos futuros. Asimismo, en el apéndice A se muestran los resultados de los aportes de los artículos primarios encontrados para cada una de las preguntas de investigación.

2 Protocolo de Investigación

Para llevar a cabo el presente mapeo sistemático, se ha tomado como referencia las guías presentadas en los siguientes trabajos: Piattini et al. [24], Bocco et al. [6], Kitchenham [18], Petersen et al. [22] y Budgen et al. [7]. Para la realización del presente mapeo sistemático se han llevado a cabo tres etapas principales: planificación, ejecución y documentación. Las dos primeras etapas se describen como subapartados de esta sección y la etapa de documentación se presenta en la Sección 3.

2.1 Etapa de Planificación

En esta etapa se han llevado a cabo las siguientes actividades: (i) diseño de las preguntas de investigación, (ii) establecimiento de la estrategia de búsqueda, (iii) definición de los criterios de selección de los estudios primarios, (iv) establecimiento de los criterios de evaluación de calidad, (v) definición de la estrategia de extracción de datos y (vi) selección de los métodos de síntesis.

Preguntas de Investigación El presente mapeo sistemático tiene como objetivo examinar el estado de arte de las publicaciones en el ámbito del desarrollo ágil a gran escala, para lo cual, se han establecido las preguntas de investigación definidas en la Tabla 1.

Tabla 1. Preguntas de investigación

Preguntas de investigación	Motivación
Q1. ¿En la comunidad científica que se entiende por desarrollo ágil a gran escala?	Conocer la definición de "A gran escala" según la comunidad científica
Q2. ¿Qué tipos de estudios existen sobre el escalamiento de soluciones en el desarrollo de software ágil a gran escala?	Determinar el número actual de publicaciones y la tendencia en los últimos años
Q3. ¿Qué principios se proponen para el desarrollo ágil a gran escala?	Definir y analizar los principios del desarrollo ágil a gran escala con base en los artículos encontrados
Q4. ¿Qué prácticas se proponen para el desarrollo ágil a gran escala?	Establecer las prácticas mínimas a tener en cuenta para desarrollar software de forma ágil a gran escala
Q5. ¿Qué artefactos se proponen para el desarrollo de software ágil a gran escala?	Puntualizar y establecer artefactos ágiles que puedan apoyar las fases del desarrollo ágil a gran escala
Q6. ¿Qué estructura de trabajo y/o roles se han propuesto?	Identificar nuevas estructuras de trabajo y roles propuestos
Q7. ¿Qué factores de éxito y desafíos se pueden identificar en el escalamiento ágil?	Indicar en qué se ha tenido éxito y en qué se ha fracasado
Q8. ¿Se proponen algunas recomendaciones o sugerencias para soportar el escalamiento ágil?	Recopilar recomendaciones y/o sugerencias para el soporte del escalamiento ágil

Estrategia de Búsqueda Para llevar a cabo la búsqueda automatizada de estudios se utilizaron las bases de datos: Scopus, IEEE Xplore y Springer Link, en ellas se introdujo la cadena de búsqueda que se muestra en la Tabla 2, adaptada para cada uno de los buscadores. La cadena de búsqueda utilizó los conectores lógicos AND y OR, OR para unir los términos y sus respectivos sinónimos y AND para concatenar las dos partes entre sí.

Tabla 2. Cadena de búsqueda

Concepto	Sinónimos y términos alternativos
Modelo	(Methods OR Framework OR Model OR Practices OR principles OR values)
A gran escala	("Large scale agile" OR "Large-scale agile" OR "scaling agile")

Criterios de Selección de los Estudios Primarios. Se tuvieron en cuenta los estudios que cumplieron con los siguientes criterios de inclusión: (i) estudios en Inglés que se refieren al desarrollo de software a gran escala y (ii) estudios completos que sean artículos publicados entre 2008 y 2018 en revistas, conferencias, congresos o talleres de prestigio con revisión por pares. Por otro lado, se obviaron aquellos estudios que cumplieran con algunos de los siguientes criterios de exclusión: (i) estudios duplicados, (ii) estudios cuya principal contribución no tenga que ver con el desarrollo a gran escala y (iii) estudios que contemplen el tema de manera superficial. Asimismo, se tuvo en cuenta aplicar el efecto de bola de nieve (snowball), en el cual se revisan los estudios citados en cada uno de los estudios seleccionados como primarios [28].

Criterios de Evaluación de Calidad Con el objetivo de obtener los mejores resultados de los estudios encontrados, se midió la calidad de los estudios para determinar cuáles eran los más destacados y relevantes en desarrollo ágil a gran escala. Para ello se definió una puntuación de tres valores (-1, 0 y +1). Los siguientes criterios fueron los que se consideraron:

1. El estudio contempla una definición clara de desarrollo a gran escala.
2. El estudio propone nuevos principios, definiciones, modelos, prácticas, herramientas, procesos, artefactos, roles, recomendaciones o factores éxito/desafío que influyan o brinden soporte para el escalamiento ágil.
3. El estudio valida la propuesta que plantea.
4. El estudio ha sido publicado en una revista o conferencia relevante (considerando el índice JCR).
5. El estudio ha sido citado por otros autores (según el índice de citas de Google Scholar).

En la Tabla 3 se puede observar la suma de la puntuación obtenida por cada artículo y de acuerdo a cada uno de los criterios de evaluación establecidos. La finalidad de esta evaluación de calidad no es excluir artículos de baja relevancia sino para establecer el impacto de cada uno de los artículos tenidos en cuenta en el desarrollo de la presente revisión.

Estrategia de Extracción de Datos Luego de realizar la selección de los estudios primarios, fue posible comenzar con la extracción de la información más relevante de cada uno de ellos, a partir de una estrategia que se basa en un conjunto de posibles respuestas para cada una de las preguntas de investigación definidas. La estrategia basada en respuestas permite que se aplique el mismo criterio de extracción de datos para todos los estudios primarios seleccionados. Por el límite de espacio no se muestran las posibles respuestas a las preguntas definidas.

Tabla 3. Criterios de evaluación

Artículos primarios	Criterios					Puntuación
	C1	C2	C3	C4	C5	
AP1 [13]	+1	+1	-1	-1	+1	1
AP2 [17]	+1	+1	+1	0	0	3
AP3 [27]	+1	+1	+1	-1	+1	3
AP4 [11]	+1	+1	-1	+1	+1	3
AP5 [4]	+1	+1	+1	+1	+1	5
AP6 [15]	+1	+1	-1	-1	+1	1
AP7 [2]	+1	-1	-1	-1	+1	-1
AP8 [12]	+1	+1	-1	-1	+1	1
AP9 [14]	+1	+1	+1	+1	+1	5
AP10 [19]	-1	+1	+1	-1	+1	1

Método de Síntesis En la fase de ejecución se hizo uso de un formulario para extraer la información de los estudios primarios. Asimismo, se llevó a cabo un análisis cuantitativo, el cual se basó en la representación de la información a través de: (i) el uso de tablas y gráficos con el respectivo porcentaje de los estudios seleccionados y clasificados de acuerdo con las posibles respuestas a las preguntas establecidas, y (ii) mecanismos de representación gráfica para el análisis de la información que permitieran conocer la frecuencia de las respuestas a cada una de las preguntas.

Calendario del Mapeo Sistemático El mapeo sistemático tuvo como inicio el mes de octubre del 2018 y finalizó el mes de diciembre de 2018.

2.2 Etapa de Ejecución

En la etapa de ejecución se llevó a cabo la aplicación del protocolo de revisión definido en la etapa anterior a través de tres fases principales. Se realizaron tres iteraciones, una iteración por cada fuente de búsqueda establecida. La Tabla 4 presenta el total de número de estudios encontrados, relevantes, repetidos y primarios encontrados en las fuentes de búsqueda de Scopus, Springer e IEEE Xplore.

Tabla 4. Conteo de estudios primarios encontrados en cada fuente de búsqueda

Fuentes de búsqueda	Estudios encontrados	Estudios relevantes	Estudios relevantes repetidos	Estudios primarios seleccionados
Scopus	97	17	0	7
Springer	145	18	5	3
IEEE Xplore	40	3	1	0
		Total		10

3 Planteamiento y análisis de preguntas

A continuación se presentan las preguntas planteadas en nuestra investigación con sus respectivas respuestas. En la Tabla 5 se puede observar los aportes de los estudios primarios a la solución de las preguntas de investigación establecidas.

Tabla 5. Aportes de los estudios primarios a la solución de las preguntas de investigación

Pregunta	Artículos primarios										Cantidad (%)
	[13]	[17]	[27]	[11]	[4]	[15]	[2]	[12]	[14]	[19]	
Q1	x	x	x	x	x	x	x	x	x		9 (90%)
Q2	x	x	x	x	x	x	x	x	x	x	10 (100%)
Q3	x									x	2 (20%)
Q4		x	x			x	x		x		5 (50%)
Q5					x						1 (10%)
Q6					x	x					2 (20%)
Q7		x		x					x		3 (30%)
Q8		x							x		2 (20%)
					Total						10 (100%)

3.1 ¿En la comunidad científica que se entiende por desarrollo ágil a gran escala?

Cabe destacar que el aporte de los estudios analizados para esta pregunta de investigación fue del 90%, sin embargo, en la revisión de la literatura no se evidencia una definición común y homogénea para el término "desarrollo ágil a gran escala". Los diferentes trabajos definen el término de acuerdo a cuatro dimensiones o características: (i) duración del proyecto, (ii) número de personas involucradas, (iii) tamaño del proyecto y (iv) número de equipos en un proyecto. La Tabla 6 presenta los artículos organizados en las dimensiones utilizadas para describir "desarrollo ágil a gran escala" y su definición. Además, en la Tabla 6 también se organiza la información concerniente a la referencia del autor, la cantidad de artículos que apoyan una dimensión en particular y su respectivo porcentaje.

Tabla 6. Dimensiones para la clasificación de los artículos

No.	Dimensión	Definición	Referencia	%
1	Duración del proyecto.	Tiempo empleado para la realización de un producto.	[4]	1 (11%)
2	Número de personas involucradas.	Stakeholders, aunque en [4] se refiere netamente la cantidad de desarrolladores.	[4] [17] [11]	3 (33%)
3	Tamaño del proyecto.	Complejidad del proyecto / líneas de código.	[14] [13]	2 (22%)
4	Número de equipos en un proyecto.	Cantidad de equipos multidisciplinares locales y/o globales involucrados en el desarrollo del proyecto.	[4] [15] [2] [27] [13] [11] [12]	7 (77%)

Como se puede observar en la Tabla 6, más de la mitad de los estudios, un 77% (7 artículos), utilizan la dimensión de *número de equipos en un proyecto* para referirse a DAGE, lo que permite observar que es considerado como el factor más importante a tener en cuenta en su definición de acuerdo al análisis de los trabajos encontrados. Por otro lado, el 33\% (3 artículos), usa la dimensión de *número de personas involucradas* en un proyecto. Es importante mencionar que para algunos estudios la combinación de ambas dimensiones (personas - equipos) complementa la definición de DAGE [4] [11]. Otros autores, con un porcentaje de 22% (2 artículos), utilizan la dimensión relacionada con el *tamaño del proyecto* para definir "desarrollo ágil a gran escala". Por último, sólo el 11% (1 artículo), utiliza la dimensión relacionada con *duración del proyecto* para definir el concepto, sin embargo, cabe destacar que el único estudio que usa ésta dimensión considera que DAGE consiste en la configuración de "*25 desarrolladores en múltiples equipos cooperantes que trabajan juntos por un periodo de 9 meses o más*" [4].

3.2 ¿Qué tipos de estudios existen sobre el desarrollo ágil de software a gran escala?

En lo referente a los métodos de investigación o tipos de estudios encontrados sobre la transformación ágil a gran escala, se observa que solamente el 20\% (2 artículos) son revisiones sistemáticas, lo cual indica que si bien existe una falta de investigación sobre el tema [11], también es importante reconocer que es un tema de interés nuevo en la comunidad académica y surge como necesidad de la industria para adaptarse a las nuevas exigencias y estructuras de trabajo global. Por otro lado, un 50\% (5 artículos), son propuestas que describen soluciones como: (i) una taxonomía que clasifica y describe los conceptos a tener en cuenta en el contexto de DAGE [12], (ii) principios ágiles para proyectos a gran escala [13] [19], (iii) un modelos para el soporte de una arquitectura emergente en el desarrollo ágil a gran escala [15] y (iv) artefactos necesarios en el desarrollo ágil de software offshore a gran escala [4], aunque ninguna de dichas propuestas han sido validadas, por ejemplo, con estudios de caso o experimentos. Por último, el 30% (3 artículos), son estudios de caso y uno de ellos presenta un reporte de experiencia de las organizaciones que decidieron escalar.

3.3 ¿Qué principios se proponen para el desarrollo ágil escalado?

El aporte de los estudios analizados para identificar las propuestas sobre principios a gran escala, fue únicamente del 20%. Por un lado, en el Workshop XP2014 [13], se creó una comunidad de investigadores y profesionales interesados en el desarrollo ágil a gran escala, con el fin de identificar posibles principios que describan y guíen este contexto, en el evento se propusieron un conjunto de principios a tener en cuenta para el desarrollo ágil a gran escala [13]: (i) coordinación entre equipos, (ii) gestión de portafolio, (iii) prácticas de escalamiento y (iv) la arquitectura de software. Por otra parte, en [19] se propone un conjunto de 21 principios para el desarrollo ágil escalado, con el cual se busca cubrir todos los aspectos de agilidad presentados en las grandes organizaciones, asimismo, se establece que la agilidad en las organizaciones va más allá de la agilidad del producto que se construye, éste debe cubrir otros aspectos como: la agilidad estratégica, agilidad en el negocio, agilidad en la organización, herramientas ágiles, entre otros.

3.4 ¿Qué prácticas se proponen para el desarrollo ágil a gran escala?

El 50% de los estudios proponen nuevas prácticas relacionadas con DAGE. Por un lado, en [14] se plantea un conjunto de prácticas para escalar, basadas en los resultados de adoptar Scaled Agile Framework (SAFe) en dos organizaciones, teniendo en cuenta que cada empresa adaptó el marco SAFe para que éste fuera más acorde a sus procesos organizativos. Por otro lado, en [17] se presenta un conjunto de prácticas de escalamiento para Scrum en marcos de trabajos escalados como: LeSS y SAFe, con la finalidad de combatir los desafíos únicos generados por el crecimiento de una organización, la cual requiere sincronización entre equipos y la interacción con otras unidades organizativas. Del mismo modo, en [2] se hace una comparación de los frameworks ágiles escalados DAD [10], SAFe, LeSS, Nexus y otros, presentando sus características en común, debilidades y fortalezas. Por último, en [27] se propone un conjunto de prácticas escaladas desde un modelo de madurez basado en SAFe, este modelo se caracteriza por describir niveles de madurez, donde cada nivel de madurez define características o prácticas que deben alcanzarse.

3.5 ¿Qué artefactos se proponen para el desarrollo de software ágil a gran escala?

El aporte de los estudios analizados para esta pregunta fue solamente del 10%. De acuerdo a [4], los artefactos son "*productos tangibles del proceso de desarrollo de software, destinados a garantizar la coherencia en el enfoque de los equipos en el mismo programa de desarrollo*", los cuales generalmente incluyen: modelos, diseños, informes y código fuente. En este mismo artículo [4], se presentan los resultados de la realización de entrevistas a empleados de 9 empresas dedicadas al desarrollo de software offshore a gran escala, además, se presenta el conjunto de artefactos necesarios a lo largo del desarrollo ágil de software a gran escala, dichos artefactos los agrupan en cinco categorías: (i) características (features), (ii) sprint, (iii) lanzamiento (release),

(iv) producto y (v) gobernanza del programa (programme governance). Además, se presenta una taxonomía que describe las relaciones entre artefactos y roles en el proceso de desarrollo de software, teniendo en cuenta el artefacto, su creador, la fuente de información y el consumidor de dicho artefacto.

3.6 ¿Qué estructura de trabajo y/o roles se han propuesto?

Sólo el 20% de los estudios proponen una estructura de trabajo o roles para DAGE. Se observó que generalmente se adoptan los roles propuestos por los frameworks: SAFe, LeSS y Nexus, como por ejemplo: el Product Manager/Product Owner Escalado, el Scrum Master a nivel de programa, el Scrum Master a nivel de equipo y los equipos de desarrollo que para LeSS y Nexus son exclusivamente equipos Scrum [26] y para SAFe los equipos de desarrollo usan otras prácticas además de las de Scrum, como Lean [20] y XP [5]. Además, en [4] se categorizan las relaciones entre artefactos y roles, considerando: artefacto – rol creador – rol consumidor. Por otra parte, en [15] se establecen roles y se sugiere la conformación de ciertos equipos dependiendo de la complejidad de la arquitectura que se maneje en el desarrollo, por ejemplo, para una arquitectura estable, un arquitecto jefe o comunidad de práctica (Community of Practice - CoP); para una arquitectura inestable, un equipo de servicio técnico (Technical Service Team - TST) y para una arquitectura adaptativa, un equipo de consulta técnica (Technical Consulting Team - TCT).

3.7 ¿Qué factores de éxito y desafíos se pueden identificar en el escalamiento ágil?

El desarrollo ágil a gran escala implica enfrentarse a desafíos únicos [11], por ejemplo: alto riesgo en su aplicación, tiempo, dinero, recursos, gestión y la adopción de un marco complejo y diferente a lo tradicional. Estos desafíos representan una oportunidad de mejora para las organizaciones que lo requieran. Es así como el 30% de los estudios ([14], [11] y [17]) describen una serie de factores de éxitos y desafíos relacionados con la transformación ágil a gran escala. En la Tabla 7 se listan los factores de éxito y desafíos encontrados.

3.8 ¿Se proponen algunas recomendaciones o sugerencias para soportar el escalamiento ágil?

El aporte de los estudios analizados para esta pregunta de investigación fue del 20%. En [17] se plantean un conjunto de sugerencias para mejorar el desarrollo a gran escala, tales recomendaciones son: (i) promover mejores prácticas de ingeniería y gestión de la deuda técnica, (ii) cuidado con demasiada especialización sin compartir conocimientos, (iii) utilizar los equipos de características con múltiples funciones y dividir el producto en áreas de desarrollo centradas en el cliente, (iv) apoyar y promover comunidades de práctica y (v) usar métricas para medir el progreso del proceso de desarrollo.

Tabla 7. Factores de éxito y desafíos identificados

No	Factores de éxito	Referencia
1	Capacitar y entrenar al personal.	[14] [11]
2	Informar y tener compromiso con el cambio.	[14] [11]
3	Involucrar a líderes del cambio.	[14] [11]
4	"Elegir y personalizar un enfoque ágil".	[11]
5	Empezar con una adopción piloto.	[11]
6	Contar con un consultor externo.	[11]
7	Preparar el primer evento de planificación del incremento de programa.	[14]
8	Tener un ingeniero de tren de lanzamiento (RTE) de tiempo completo.	[14]
9	Tomar en serio los elementos de mejora.	[14]
10	"Comunicación y transparencia".	[11]
11	"Mentalidad y alineación".	[11]
12	"Autonomía del equipo".	[11]
13	"Gestión de requerimientos".	[11]
14	"Cultura empresarial y previa experiencia en ágil".	[17]
15	Apoyo de la gerencia.	[17] [11] [14]
16	Unificación de vistas y valores.	[17]
	Desafíos	
1	"Resistencia al cambio".	[14] [11] [17]
2	Falta de inversión y apoyo durante la adopción.	[11] [14]
3	"Ágil difícil de implementar".	[11]
4	"Demasiada presión y carga de trabajo".	[17]
5	Coordinación entre equipos en entornos distribuidos.	[11] [17]
6	Ideas diferentes de implementación ágil.	[11]
7	"Gestión jerárquica y límites organizativos".	[11]
8	Ingeniería de requisitos.	[11] [17]
9	Aseguramiento de la calidad.	[11] [17]
10	Integración de ágil con no ágil.	[11] [17]
11	"Falta de compromiso y trabajo en equipo".	[17]
12	"Medir el progreso".	[17]

4 Discusión

En primer lugar, con la realización de este mapeo sistemático, pensamos en la definición de "principio", según la Real Academia Española (RAE) se define como: "*primer instante del ser de algo*", entonces: ¿Por qué no se están teniendo en cuenta unos principios base para el desarrollo a gran escala?, en este estudio se considera que el escalamiento del desarrollo de software involucra una transformación total, la cual se debe empezar desde cero, y hemos hallado que solamente [13] [19] mencionan un conjunto de principios fundamentales a tener en cuenta al momento de escalar, esto indica que falta asimilar el escalamiento tal y como debería ser concebido, bajo un conjunto de características básicas y fundamentales que guíen el escalamiento.

Teniendo en cuenta que no se evidencia una definición genérica que tenga en cuenta las cuatro dimensiones para la definición de DAGE, proponemos a continuación una definición más genérica de DAGE como: desarrollo de software en proyectos de larga duración, con un mínimo de 9 meses, el cual requiere a nivel de proyecto al menos 2 equipos los cuales pueden estar o no distribuidos geográficamente, con un mínimo de 25 personas involucradas y que maneja a nivel de proyecto una complejidad media o alta.

Por otro lado, en [27] se analiza que ninguno de los modelos de madurez ágiles propuestos en la literatura son ampliamente aceptados en la práctica y en el mundo académico, la discusión está influenciada de alguna manera por las ideas del modelo CMMI, el cual describe "*las características de buenas prácticas de desarrollo*", por ende, al compararlo con los enfoques ágiles, es posible observar que estos son más "*un concepto de ciclo de vida*", los cuales pueden coexistir fácilmente pero no reemplazarse entre sí. Además, los creadores de Scrum en [26] sugieren que: "*aunque es posible implementar solo partes de Scrum, el resultado no es Scrum*", por consiguiente, no es aconsejable adoptar Scrum por niveles a menos que se haga en su totalidad. Así que, el adoptar un enfoque ágil como Scrum u otro enfoque, no hace ágil a una organización si la implementación de ese enfoque no está alineada con los principios ágiles.

Con relación a prácticas para soportar el ciclo de vida de un enfoque ágil escalado, no se encontró mayor evidencia, si bien existen varios marcos de trabajo y algunas propuestas, éstas no son detalladas y no quedan claros ciertos elementos, como por ejemplo los artefactos para establecer valor compartido entre los participantes de un equipo de trabajo para facilitar la coordinación entre ellos [4]. Como se plantea en [4], el incluir nuevos artefactos y nuevas reuniones pueden desviar el "*enfoque saludable*" y ágil de una organización, sin embargo, dichos artefactos son necesarios para favorecer la coordinación, revisión y supervisión en el desarrollo de software ágil a gran escala.

Por otra parte, en [14] se describe una serie de buenas prácticas que se recomiendan ser tenidas en cuenta para escalar una solución, en este sentido, se considera que con la recopilación de prácticas, herramientas y artefactos de los trabajos analizados, se podría llegar a un modelo de referencia, el cual indique los atributos/requisitos necesarios a tener en cuenta para evaluar el estado de una organización con relación al desarrollo ágil a gran escala, con la finalidad de obtener un mayor nivel de éxito.

Finalmente, en cuanto a las limitaciones de este trabajo, si bien este mapeo sistemático ha arrojado resultados relevantes, éstos los consideramos como preliminares para su extensión en una versión posterior. Cabe señalar que en este trabajo, aunque puede tener relación con el área de desarrollo de software global, sólo nos hemos enfocado en el escalamiento ágil.

5 Conclusiones y trabajos futuros

El escalamiento de soluciones en el desarrollo de software ágil es un proceso que implica una transformación ágil total, no sólo se trata de adoptar o ajustar ciertas reuniones o características propias del desarrollo ágil, es por ello que algunos autores proponen principios ágiles escalados, otros extraen las mejores prácticas de algunos frameworks de desarrollo ágil escalados, otros proponen prácticas basadas en el empirismo, nuevos artefactos, factores que favorecen el éxito de la transformación a gran escala, recomendaciones, entre otros.

Si bien, hay propuestas que han sido bien acogidas por la comunidad científica, se puede observar que la mayoría de estas propuestas no son validadas por profesionales en el tema o por medio de algún método científico. Por otro lado y como ya se mencionó, el desarrollo ágil a gran escala es una transformación total la cual debe impactar: no solo a los procesos organizativos, sino también a la cultura organizacional y herramientas utilizadas, lo cual es importante para que la industria de software tenga claridad en todos estos aspectos que permitan que esa transformación se realice de la forma más adecuada y apropiada posible.

Como trabajo futuro, se plantea ampliar esta investigación añadiendo nuevas herramientas de búsqueda y/o bases de datos que permitan encontrar nuevos estudios para complementar la investigación y llenar vacíos que hayan podido surgir en el desarrollo de la misma. Asimismo, ya estamos trabajando sobre la definición de: un modelo de referencia para el desarrollo ágil a gran escala, basado en atributos/requisitos fundamentales que permitan ser tenidos como referencia para la evaluación del nivel de calidad de un enfoque que se quiera escalar o que ya lo haya hecho.

6 Agradecimientos

El profesor César Pardo agradece la contribución de la Universidad del Cauca, donde trabaja como profesor Asociado.

Referencias

1. Almutairi, A.M., Qureshi, M.R.J.: The proposal of scaling the roles in scrum of scrums for distributed large projects. International Journal of Information Technology and Computer Science (IJITCS) 7(8), 68-74 (2015).
2. Alqudah, M., Razali, R.: A review of scaling agile methods in large software development. International Journal on Advanced Science, Engineering and Information Technology 6(6), 828-837 (2016).
3. Amir, M., Khan, K., Khan, A., Khan, M.: An appraisal of agile software development process. International Journal of Advanced Science & Technology 58(56), 75-86 (2013).
4. Bass, J.M.: Artefacts and agile method tailoring in large-scale o shore software development programmes. Information and Software Technology 75, 1-16 (2016).
5. Beck, K.: Extreme Programming. A Gentle Introduction, https://bit.ly/1d2TP1e, last accessed: 2019/04/17.
6. Bocco, G., Fabiana, M., Antonio, C.L.J., Velthuis, M.P.: Métodos de investigación en ingeniería del software. RA-MA Editorial, España, 1 edn. (2014).
7. Budgen, D., Turner, M., Brereton, P., Kitchenham, B.: Using mapping studies in software engineering. In: Proceedings of PPIG 2008. vol. 2, pp. 195-204 (2008).
8. Caffery, F.M., Taylor, P.S., Coleman, G.: Adept: A unified assessment method for small software companies. IEEE Software 24(1), 24-31 (2007).
9. Craig, L., Bas, V.: LeSS Framework - Large Scale Scrum (LeSS), https://bit.ly/2BKJU78, last accessed: 2019/04/17.
10. DAD: Disciplined Agile Delivery, https://bit.ly/2XoRcWI, last accessed: 2019/04/18.

11. Dikert, K., Paasivaara, M., Lassenius, C.: Challenges and success factors for large scale agile transformations: A systematic literature review. Journal of Systems and Software 119, 87-108 (2016).
12. Dingsøyr, T., Fægri, T.E., Itkonen, J.: What is large in large-scale? A taxonomy of scale for agile software development. In: International Conference on Product-Focused Software Process Improvement. pp. 273-276. Springer, Cham (2014).
13. Dingsøyr, T., Moe, N.B.: Towards principles of large-scale agile development. In: International Conference on Agile Software Development. pp. 1-8. Springer, Cham (2014).
14. Ebert, C., Paasivaara, M.: Scaling agile. IEEE Software 34(6), 98-103 (2017).
15. Eckstein, J.: Architecture in large scale agile development. In: International Conference on Agile Software Development. pp. 21-29. Springer, Cham (2014).
16. Javdani Gandomani, T., Ziaei, M.: Agility assessment model to measure agility degree of agile software companies. Indian Journal of Science and Technology 7(7), 955-959 (2014).
17. Kalenda, M.: Scaling Agile Software Development in Large Organizations. Ph.D. thesis, master's thesis, Faculty of Informatics, Masaryk Univ (2017).
18. Kitchenham, B., Charters, S.: Guidelines for performing systematic literature reviews in software engineering (2007).
19. Laanti, M.: Characteristics and principles of scaled agile. In: International Conference on Agile Software Development. pp. 9-20. Springer, Cham (2014).
20. Lean.org: Principles of Lean, https://bit.ly/2mpaDzd, last accessed: 2019/04/17.
21. Leffingwell, D.: Scaled Agile Framework - SAFe for Lean Enterprises, https://bit.ly/2FAcOu5, last accessed: 2019/04/17.
22. Petersen, K., Feldt, R., Mujtaba, S., Mattsson, M.: Systematic mapping studies in software engineering. In: Proceedings of the 12th EASE'08. pp. 68-77. BCS Learning & Development Ltd., Swindon, UK (2008).
23. Portela, L.T., Borrego, G.: Scrumconix: Agile and documented method to agsd. In: 2016 IEEE 11th ICGSE. pp. 195-196. IEEE, Irvine, USA (2016).
24. Romero, J.D.P., Velthuis, M.G.P.: Modelos de madurez de green it: un mapeo sistemático. International Journal of Information Systems and Software Engineering for Big Companies: IJISEBC 4(2), 53-61 (2017).
25. Guide - The Definitive Guide to scaling Scrum with Nexus: The Rules of the Game (2018), https://bit.ly/2GNKKoe, last accessed: 2019/04/17.
26. Schwaber, K.: Nexus Schwaber, K., Sutherland, J.: The Scrum Guide: The definitive the rules of the game (2017), https://bit.ly/2UZMf9h, last accessed: 2019/04/17.
27. Stojanov, I., Turetken, O., Trienekens, J.J.: A maturity model for scaling agile development. In: 2015 41st Euromicro Conference on Software Engineering and Advanced Applications. pp. 446-453. IEEE, Funchal, Portugal (2015).
28. Wohlin, C.: Guidelines for snowballing in systematic literature studies and a replication in software engineering. In: 18th EASE. pp. 1-10. ACM, New York, USA (2014).

Technology mediated education in México: an approach to the state of knowledge 2009 – 2018

Martha Olivia Ramírez Armenta[1], Ramona Imelda García López[2], Rubén Edel Navarro[3], Sonia Verónica Mortis Lozoya[4]
[1]Doctorado en Sistemas y Ambientes Educativos, Instituto Tecnológico de Sonora, 5 de Febrero 818 sur, Sonora, México.
[2] Departamento de Educación, Instituto Tecnológico de Sonora, 5 de Febrero 818 sur, Sonora, México.
[3]Universidad Veracruzana. Facultad de Pedagogía. Boca del Río, Veracruz
[4] Departamento de Educación, Instituto Tecnológico de Sonora, 5 de Febrero 818 sur, Sonora, México.
[1]martha.ramirez@potros.itson.edu.mx [2] igarcia@itson.edu.mx [3]redel@uv.mx
[4]smortis@itson.edu.mx

Summary. The objective of this paper is to establish the areas of research, the methodological approach and the level of studies to which scientific production in Mexico is directed in terms of technology mediated education. This was done through a systematic review of repositories and databases in the period of 2009 – 2018. To this end, the categories of analysis were established and the frequencies of productivity on the field of knowledge were determined. The results show that a large part of the studies focus on reporting the digital competences of the actors of the educational process; they are oriented at the university level and the generality corresponds to studies with a quantitative approach. It concludes the need to continue generating studies that address the knowledge gaps in this area from more holistic approaches that allow us to deepen the topic.

Keywords: Education, Digital Competence, Information and Communication Technologies, Use of technology in education.

1. Introducción

En la actualidad, el mundo se desarrolla principalmente mediante el uso de una gran diversidad de recursos y servicios digitales, a partir de la incorporación de la tecnología en la llamada sociedad del conocimiento se ha generado un impacto significativo en las diversas formas de convivencia, comunicación, gestión y desarrollo de proyectos. En ese sentido, las Tecnologías de la Información y la Comunicación (TIC) constituyen uno de los pilares más importantes en el ámbito social y escolar; su inserción ha generado cambios significativos en el proceso de enseñanza aprendizaje, ya que permiten incorporar nuevos y diferentes dispositivos electrónicos y el uso de Internet, como recursos básicos para aprender y comunicarse [1].

Ante este hecho, las instituciones educativas han tenido que adaptarse a los avances tecnológicos y necesidades sociales y apostar por la incorporación de las TIC en todos sus procesos (académicos, formativos, de gestión, etc.), de tal forma que les permita mejorar la calidad de sus servicios e impactar positivamente en el contexto en el que se desarrollan. Estos nuevos contextos educativos requieren de una reflexión crítica hacia el uso e incorporación de la tecnología, en la que se defina el qué, por qué y para qué de su inclusión y aprovechamiento [2].

De esta forma, y dado que la integración de la tecnología es un factor determinante en la creación de ambientes educativos innovadores, se han generado una diversidad de estudios que muestran la importancia, la incidencia o la afectación que la inserción de TIC generan en el ámbito académico: en las funciones que desempeñan cada uno de los actores involucrados en el nuevo modelo de sociedad, en las herramientas y habilidades necesarias para su uso, en la percepción hacia ellas, en el cambio del modelo del diseño de la instrucción, pasando del centrado en objetivos al centrado en competencias y capacidades, entre otros [3].

Por lo anterior, y con el propósito de identificar qué se ha investigado en la última década sobre la educación mediada por tecnología en México, se plantea este estudio documental donde se presenta un análisis de la producción encontrada en artículos, memorias de congreso y tesis, a fin de determinar directrices que permitan generar líneas de investigación acordes a la realidad de los contextos educativos.

1.1 Objetivo general

Realizar una revisión sistemática sobre el estado del conocimiento de la educación mediada por tecnología en México en la década 2009-2018 con el fin de determinar las tendencias y retos.

2. Método

Se realizó un estudio documental, cuantitativo descriptivo, ya que se analizaron diferentes repositorios que contenían artículos relacionados con la educación y tecnología; a partir de ellos, se establecieron criterios que orientaron la búsqueda (líneas de investigación, población y enfoque metodológico) y posteriormente se obtuvieron frecuencias en las diferentes categorías. Para el logro del objetivo se estableció el siguiente procedimiento (su representación gráfica se muestra en la figura 1):

1. Se identificaron las fuentes de información que se consideraron espacios representativos donde se puede localizar la actividad académica del país: (a) la base de datos Red de Revistas Científicas de América Latina y el Caribe, España y Portugal (Redalyc), ya que en ella se conjuntan las publicaciones de las revistas científicas de Iberoamérica en el área de Ciencias Sociales y Humanidades. Su plataforma permite realizar búsquedas avanzadas, ya sea por año, país, idioma y disciplinas; (b) el repositorio de tesis de la Universidad Nacional Autónoma de México (UNAM), en virtud de ser la universidad más importante del país, en cuanto a la cantidad de alumnos, investigadores y áreas del conocimiento de sus programas educativos, así como por su prestigio e impacto nacional e internacional; (c) las memorias del Congreso Nacional de Investigación Educativa (desarrollado por el Consejo Mexicano de Investigación Educativa, [COMIE]), por ser el evento académico más reconocido en cuanto a que congrega una gran cantidad de investigadores mexicanos en el área de la educación, cuya producción científica es un referente importante para el desarrollo de los estados del conocimiento de las diferentes líneas de investigación que lo conforman.

2. Se procedió a realizar la búsqueda de los documentos dentro de las plataformas mediante las palabras clave TIC y Educación.

3. Se trabajó con el sistema de filtros que proporcionan los buscadores para ajustar la exploración a los criterios de selección preestablecidos. Estos fueron: (a) documentos publicados del año 2009 al 2018, (b) trabajos realizados en México y (c) que siguieran una metodología de investigación.

4. Se elaboró una base de datos en Excel con el fin de organizar la información recolectada y agregar categorías de análisis. Estas fueron:

- Año de publicación: que cumpliera con el parámetro establecido.
- Título del trabajo: como información general.
- Diseño metodológico (cualitativo, cuantitativo o mixto): se clasificó así ya que solo se consideraron los trabajos orientados a la investigación.
- Grado educativo o población al que se dirigía el estudio: preescolar, primaria, secundaria, educación básica (en México, la educación básica contempla preescolar, primaria y secundaria, pero fue necesario considerar esta categoría debido a que había estudios que no especificaban el nivel, solo reportaban que la investigación se realizó en dicho nivel); preparatoria, licenciatura, posgrado y adultos (algunos estudios no determinaban la edad o nivel de la población, solo especificaban trabajar las cuestiones tecnológicas en adultos).
- Tipo de estudio según la fuente de consulta: artículo de revista, memoria de congreso (ponencias) o tesis.

5. Posteriormente, los trabajos recolectados se clasificaron en una de las Líneas de Generación y Aplicación del Conocimiento (LGAC) adaptadas por los autores de este trabajo partiendo de las líneas propuestas por Edel y Navarro en el año 2015 en la publicación Entornos Virtuales de aprendizaje 2002-2011 [4] y de las áreas de investigación consideradas en el Doctorado Interinstitucional en Sistemas y Ambientes Educativos. Las líneas de investigación que se utilizaron para la categorización fueron las siguientes:

- **Actitudes, percepciones y creencias hacia las TIC en el proceso educativo:** se incluyeron los registros que contenían, creencias, percepciones y valoraciones de las TIC en el proceso de enseñanza – aprendizaje por parte de los actores involucrados.
- **Competencias digitales en los diversos actores del proceso educativo**: trabajos que abordan las necesidades de capacitación detectadas en los actores inmersos en el proceso de enseñanza aprendizaje; así como las habilidades o capacidades que poseen los mismos.
- **Estudios sobre modelos, procesos y modalidades de educación mediada por tecnología:** se clasificaron los estudios que realizaban aportaciones sobre impactos de los métodos o evaluación de las modalidades que convergen dentro del proceso educativo.
- **Política educativa y cambio social:** se incluyeron los trabajos que abordaban temas orientados a las políticas desarrolladas para la educación mediada por las TIC y las acciones que buscan integrar a todas las personas dentro de la sociedad del conocimiento.
- **Tutoría online:** archivos que contemplaban la labor de monitoreo, acompañamiento, orientación y valoración que realiza un profesor hacia un alumno mediante las TIC.

• **Uso de TIC en el proceso educativo**: en esta categoría se incorporaron todos los estudios que analizan los distintos usos que le dan a la tecnología para apoyar el proceso de enseñanza – aprendizaje (foros, correo electrónico, videos, *podcast*, etc.).

• **Uso de redes sociales en el proceso educativo:** Trabajos que utilizan las aplicaciones o espacios que fueron creadas con fines de comunicación o convivencia social dentro del proceso de enseñanza aprendizaje.

• **Multimedia y desarrollo educativo:** trabajos que aborden temáticas sobre aportaciones tecnológicas, desarrollo de *software*, simuladores, laboratorios educativos, entre otros, y la incidencia de estos en la calidad educativa.

6. Los datos se procesaron mediante un estudio descriptivo para determinar las frecuencias y porcentajes de las categorías señaladas.

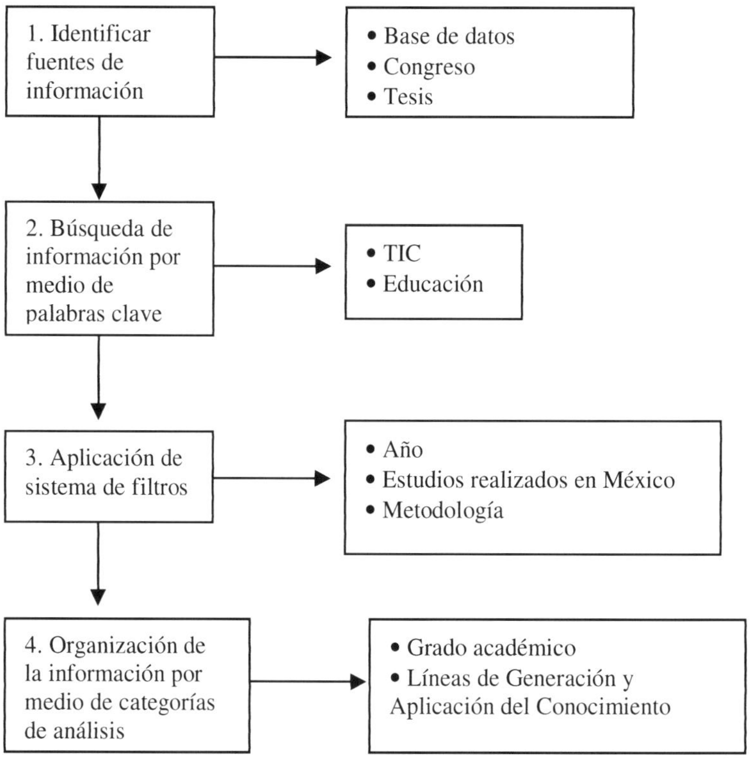

Figura 1. Flujo de información a través de las diferentes fases de la revisión sistemática. Adaptado a partir de Monroy y Hernández [5].

3. Resultados

Con la finalidad de conocer la producción científica en México sobre la incorporación de las TIC en el contexto educativo de la última década se analizaron los 366 documentos que sí cumplían con los criterios de selección. De los trabajos recopilados 210 (57.37%) corresponden a artículos de investigación divulgados en revistas indexadas en la base de datos REDALyC; 117 a ponencias presentadas en el COMIE (31.96%) y 39 (10.65%) a tesis realizadas en la UNAM.

Respecto al grado educativo o población en la que se llevaron a cabo los estudios, predominaron en el nivel universitario, donde el 56.55% corresponden a investigaciones en licenciatura, seguido por educación media superior con el 20.76%. El nivel con menor interés por parte de los investigadores mexicanos corresponde a preescolar, con solo 0.54%. La distribución de los porcentajes en los distintos grados escolares se muestra en la Tabla 1.

Tabla 1. Registros agrupados por población

Grado	Documentos	%
Preescolar	2	0.54 %
Primaria	22	6.01 %
Secundaria	9	2.45 %
Educación Básica	7	1.91 %
Preparatoria	76	20.76 %
Licenciatura	207	56.55 %
Posgrado	38	10.38 %
Adultos	5	1.36 %
Total	**366**	**100%**

Por otra parte, en cuando a las LGAC que se desarrollan en México, se encontró que en general la mayoría de los estudios se concentran en la línea de competencias digitales que dominan o carecen los diversos actores del proceso educativo con el 25.13%. Y la línea con menos abordaje en la literatura fue la tutoría con el 3.55% (Tabla 2).

En cuanto al diseño metodológico, el análisis señala que la mayor producción estuvo dirigida a la investigación cuantitativa con un total de 162 (44.26 %) documentos. Los estudios cualitativos encontrados fueron 149 (40.71 %) y solo 55 (15.02 %) utilizaron un enfoque mixto (Tabla 3).

4. Conclusiones

Uno de los objetivos primordiales de la inclusión de las TIC en el contexto académico es impactar en la calidad educativa [6]. Si bien la educación siempre es un área en constante evaluación para determinar sus efectos, con la incorporación de las TIC y las nuevas necesidades dentro de la sociedad del conocimiento es determinante analizar qué es lo que se ha hecho en materia de tecnología educativa y cuáles áreas son importantes investigar.

Tabla 2. Registros agrupados por LGAC

LGAC	Artículos	Ponencias	Tesis	Total	%
1. Competencias digitales en los diversos actores del proceso educativo	56	23	13	92	25.13 %
2. Actitudes, percepciones y creencias hacia las TIC en el proceso educativo	37	28	11	76	20.76 %
3. Estudios sobre modelos, procesos y modalidades de educación mediada por tecnología	32	22	7	61	16.66 %
4. Uso de TIC en el proceso educativo	36	16	8	60	16.39 %
5. Uso de redes sociales en el proceso educativo	17	10	0	27	7.37 %
6. Multimedia y Desarrollo educativo	12	8	0	19	5.46 %
7. Política educativa y cambio social	11	6	0	17	4.64 %
8. Tutoría online	9	4	0	13	3.55 %
Total	**210**	**117**	**39**	**366**	**100 %**

Según los resultados del presente trabajo se puede observar cómo aún se encuentran vacíos de conocimiento en cuanto a tecnología en el área de la educación. La gran parte de la producción generada en la última década está enfocada en el nivel universitario (56.55%). Esto pudiera deberse a la *facilidad* de acceso a dicho nivel, ya que la mayoría de los investigadores laboran en instituciones de educación superior; sin embargo, es importante que se realicen estudios en los niveles educativos previos y sobre todo reflexionar sobre el equipamiento, las competencias digitales de los diferentes actores y las políticas, entre otros factores, en educación preescolar y básica. Lo anterior es necesario para determinar si la formación que reciben los infantes mexicanos es compatible o competitiva respecto al resto de los países del mundo y si tales aprendizajes los prepara para la sociedad del conocimiento. Estos resultados se asemejan a los obtenidos en el estudio *Entornos virtuales de aprendizaje: Estado del conocimiento* donde desde otra perspectiva y metodología se encargó de determinar la productividad existente solo en los Entornos Virtuales de Aprendizaje (EVA) y donde se encontró de igual forma que en esta línea de investigación la mayoría de la productividad se encontraba en el nivel universitario [7]. Esto también coincide con lo encontrado por Olivares, Angulo, Torres y Madrid [8] y Navarro, Cuevas y Martínez [9].

Tabla 3. Registros agrupados por diseño metodológico

Tipo de estudio	Artículos	Ponencias	Tesis	Total	Porcentaje
Cualitativo	86	42	21	149	40.71%
Cuantitativo	93	56	13	162	44.26%
Mixto	31	19	5	55	15.02%
Total	210	117	39	366	100%

En cuanto a las LGAC analizadas, la de mayor producción fue la de competencias digitales de los diversos actores del proceso educativo; tanto en su nivel de habilidades como en las necesidades de capacitación en dicho rubro. La mayoría de los estudios se centran en las capacidades tanto de maestros como de estudiantes (y en menor medida de directivos); si bien lo anterior es necesario, también lo es el orientar las investigaciones al resto de los actores tales como los padres de familia y personal administrativo. Al respecto, las orientaciones que pudieran tener dichos trabajos podrían responder las siguientes interrogantes: ¿Qué habilidades digitales tienen y cuál es su nivel de desarrollo? ¿Para qué, cómo y con qué frecuencia las utilizan? ¿Qué importancia le dan a su uso? ¿Qué tan dispuestos están a utilizarlas y mantenerse actualizados en esa área? Asimismo, se le da una notable importancia a los estudios sobre actitudes y percepciones de los distintos actores sobre las cuestiones tecnológicas dentro del proceso educativo; estudios en los cuales también se orientan en su mayoría a los docentes y discentes.

Cabe mencionar que en este hallazgo hay diversidad de posturas; tal es el caso de Navarro, Cuevas y Martínez [9] quienes señalan que la línea con mayor producción es la relacionada con los recursos virtuales de aprendizaje y su contribución a la educación; por su parte, Sotelo, García, Vales y Angulo [10] y Olivares, Angulo, Torres y Madrid [8] mencionan que es la influencia y el uso de TIC en el proceso educativo y las competencias digitales de los docentes y alumnos. Madrid, Angulo, García y Olivares [11] identificaron que las investigaciones se orientan a los entornos virtuales de aprendizaje.

Al respecto, puede observarse la variedad de líneas de investigación en la educación mediada por tecnología, lo que denota la riqueza de conocimiento generado, lo que a su vez representa nuevos retos para fortalecer el área y mejorar los procesos para la incorporación, adopción y apropiación tecnológica para promover entornos de aprendizaje innovadores y creativos.

En cuanto a las líneas con menos presencia en la productividad fueron las de política educativa y cambio social, y la tutoría online; esto coincide con los resultados del estudio de Sotelo, García, Vales y Angulo [10]. En cuanto al establecimiento de políticas se requiere de mayor atención para iniciar (en niveles específicos) y evaluar (de manera diferenciada) cuestiones como la infraestructura tecnológica con la que cuentan los centros educativos. En las instituciones que ya tienen equipo analizar el impacto de su inserción; aspectos determinantes como las brechas digitales entre los diversos actores y entre los del mismo nivel que por diferentes factores (económicos, sociales, de aprendizaje) no poseen conocimientos y habilidades a la par del resto de sus compañeros; acceso a poblaciones vulnerables a la educación a distancia, etc. Por otro lado, en la tutoría es necesario analizar qué se hace en el acompañamiento a través de las plataformas digitales, los recursos que se utilizan, la formación de habilidades para aprender a aprender a través de los cursos y recursos online, etc.

Relacionado con el diseño metodológico empleado en los estudios, se obtuvo que la mayoría de ellos se realizaron desde el enfoque cuantitativo (donde utilizó principalmente la encuesta como instrumento de recolección de información); estos resultados son similares a los encontrados por Sotelo, García, Vales y Angulo [10] pero difieren de los hallazgos de Navarro, Cuevas y Martínez [9], quienes señalan que el 79.37% de los documentos analizados son cualitativos. Con lo anterior, sería oportuno comentar que es necesario diversificar los enfoques en los estudios para generar información más holística que permita profundizar en el tema y generar propuestas con mayor fundamento para el mejoramiento académico.

Finalmente, cabe mencionar que gran parte de la literatura actual aborda los procesos de enseñanza-aprendizaje y el desarrollo de habilidades para la era digital. Aunque lo anterior resulta relevante, se considera necesario realizar estudios sobre la formación académica de estas nuevas generaciones a quienes la manera tradicional de enseñanza les queda descontextualizada, debido a que en su mayoría están siendo formados por docentes y directivos que consideran que el uso de tecnología no es necesaria para aprender.

De acuerdo con lo anteriormente expuesto, resulta oportuno reflexionar ¿ante qué situaciones se enfrentan las personas insertas en el campo laboral que no pertenecen a una generación dotada de habilidades innatas para la tecnología, y que forzosamente tienen que desempeñarse en un contexto cargado de tecnología, dispositivos y uso de Internet? ¿Qué sucede con los maestros y/o directores que se ven rebasados (muchas veces) por el conocimiento que sus alumnos tienen para el manejo de tecnología de la que ellos carecen? ¿Qué tipo de políticas deben plantearse en los sistemas educativos que garanticen la igualdad de oportunidades en el uso de la tecnología? ¿Cuál es la visión que deberían de tener los implicados en el proceso educativo y los tomadores de decisiones para desarrollar estrategias viables y factibles que permitan el fortalecimiento de la educación mediada por tecnología?

Estas y otras preguntas conllevan nuevos retos y líneas de investigación que deberán abordarse formal y sistemáticamente en el corto plazo para abonar la parcela del conocimiento sobre la educación mediada por tecnología.

Asimismo, es importante visualizar u orientar la investigación en el área de Tecnología Educativa hacia el "cómo" o las formas en las que su incorporación abone a la calidad o mejora educativa equitativamente. Para ello, se tiene que considerar elementos como: (a) políticas públicas e institucionales que enmarquen su uso dentro de los procesos educativos, (b) la infraestructura y sostenimiento económico de cada centro o institución educativa en sus diferentes niveles, (c) las características individuales de cada actor del proceso formativo y (d) por último, los elementos socio culturales, económicos y de usos y costumbres que vinculen al estudiante a un contexto internacional respetando sus raíces.

Referencias

1. Organización de las Naciones Unidas para la Educación la Ciencias y la Cultura: *Tecnologías digitales al servicio de la calidad educativa. Una propuesta de cambio centrada en el aprendizaje para todos*. UNESCO, pp. 1-48 (2016)

2. Cabero, J.: Las necesidades de las TIC en el ámbito educativo: oportunidades, riesgos y necesidades. *Tecnología y comunicación educativa*, Vol. 21, No. 45, pp. 4 – 19 (2016)
3. Cabero, J., Llorente, M. C.: Tecnologías de la Información y la Comunicación (TIC): escenarios formativos y teorías del aprendizaje. *Revista Lasallista de Investigación,* vol. 12, No. 2, pp. 186-193 (2015)
4. Edel, R., Navarro, Y.: Entornos Virtuales de aprendizaje 2002-2011, ANUIES México (2015)
5. Monroy, F., Hernández F.: Factores que influyen en los enfoques de aprendizaje universitario. Una revisión sistemática. *Educación,* vol. XX1, 17 No. 2, pp. 105-124. doi: 10.5944/educxx1.17.2.11481
6. Brocca, D., Mauri, I., & Sajoza, V.: Las TIC en el desarrollo de una educación inclusiva de calidad. Signos universitarios: Revista de la Universidad del Salvador, Vol. 2, No.2, pp. 243-254 (2014)
7. Edel, R.: Entornos virtuales de aprendizaje: Estado del conocimiento. *Communication, Technologie et Développement,* vol. 1, pp. 23-33 (2014)
8. Olivares, K. M., Angulo, J., Torres, C., Madrid, E. M.: Las TIC en educación: meta-análisis sobre investigación y líneas emergentes en México. *Revista Apertura*, Vol. 8 No. 2, pp. 100-115 (2016)
9. Navarro, L. A., Cuevas, O., Martínez, J.: Meta-análisis sobre educación vía TIC en México y América Latina. *Revista Electrónica de Investigación Educativa*, vol. 19, No. 1, pp. 10-20 (2017)
10. Sotelo, M., García, R.I., Vales, J.J., Angulo, J.: Meta-análisis de la educación mediada por tecnología: estado del conocimiento 2010-2014 en México. En: Madueño, M., García, R., Márquez, L., Galván, L., Rojas, G. (comp): Prácticas y procesos en contextos socioeducativos, Tabook México (2015) 155-167
11. Madrid, E.M., Angulo, J., García, R.I., Olivares, K.M: Estado del conocimiento de la educación mediada por tecnología. En: Prieto, M., Pech, S. (eds.): La tecnología como instrumento para potenciar el aprendizaje, CIATA México (201) 24-31.

Risk-Based Testing: Preliminary Findings Obtained From A Systematic Mapping Study of the Literature

María Bastidas[1], César Pardo[1], Carlos Ardila[1]

[1]Grupo de Investigación GTI. Facultad de Ingeniería Electrónica y Telecomunicaciones. Programa de Ingeniería de Sistemas. Universidad del Cauca. Calle 5 # 4 70, Popayán, Colombia

{mariaisabelb, cpardo, cardila}@unicauca.edu.co

Abstract: In recent years, organizations begin to incorporate software quality practices to ensure that the product meets the requirements for the user or client. Risk-based tests are a type of test that helps to identify risks from the beginning of development, incorporating metrics as the case may be, or simply giving a priority to the risks, so that it also allows creating test cases according to that prioritization and then be executed during the development of the product. This type of tests helps to detect faults at early moments of the development process, which would increase the chances of a greater degree of quality in the software product.

Keywords: *Software Testing, Risk-Based Testing, Systematic Mapping*

1. Introducción

Las organizaciones de desarrollo software, crean productos que cumpla con el grado de calidad que requiere el usuario o cliente, incorporando pruebas de software para garantizar que las funcionalidades sean realizadas con lo requerido. Un tipo de pruebas que se está empezando a incorporar, son las pruebas basadas en riesgos que enfoca las actividades de pruebas en aquellas áreas que desencadenan las situaciones más críticas para un sistema de software [3]. Además, toma en cuenta los riesgos del producto de software como un factor de guía para resolver los problemas de decisión en el diseño, selección y priorización en los casos de prueba [1].

Se han realizado propuestas con relación a pruebas basadas en riesgos identificándose: procedimiento, método, técnicas, enfoques, predicción de defectos, modelo, metodología y framework, que al incorporar este tipo de pruebas, se optimiza la asignación de recursos (presupuesto, tiempo y personas) y ayudan a constituir un medio para: mitigar los riesgos, ayudando a identificar áreas críticas y proporcionar apoyo para la toma de decisiones en la gestión de los proyectos [1]. Realizar pruebas basadas en riesgos ayuda a detectar fallas tempranas a través de la detección de riesgos en el ciclo de vida del proyecto desde las etapas iniciales del desarrollo software, realizando seguimiento hasta que se garantice la no afectación del riesgo identificado en el producto final [2].

Este trabajo presenta un mapeo sistemático de la literatura acerca de las iniciativas y trabajos relacionados llevados a cabo en pruebas basadas en riesgos. Además de la presente introducción, el artículo está organizado de la siguiente manera: en la Sección 2, se lleva a cabo la planificación de la revisión. En la Sección 3, se presenta la ejecución de la revisión sobre las fuentes seleccionadas. En la sección 4, se analizan e interpretan los resultados obtenidos. Finalmente, la sección 5 presenta las conclusiones y trabajos futuros.

2. Protocolo de Investigación

Un mapeo sistemático es un método para investigar, recopilar y categorizar toda información existente acerca de un tema específico de investigación. El presente mapeo sistemático se ha llevado a cabo siguiendo las guías presentadas en los siguientes trabajos: Piattini et al. [16], Bocco et al. [17], Kitchenham [18], Petersen et al. [19] y Budgen et al. [20]. El mapeo sistemático se establece en tres etapas: Planificación, Ejecución y Documentación. Las dos primeras etapas se describen en las siguientes subsecciones y la etapa de documentación se corresponde en la sección 3.

2.1 Etapa de Planificación

En esta etapa se describen subapartados de cada una de las actividades llevadas a cabo.

1. Establecimiento de las preguntas de investigación.
2. Definición de la estrategia de búsqueda.
3. Establecimiento de los criterios de selección de los estudios primarios.
4. Establecimiento de los criterios de evaluación de calidad.
5. Definición de la estrategia de extracción de datos.
6. Selección de los métodos de síntesis.
7. Calendario del Mapeo Sistemático.

2.1.1 Preguntas de Investigación

El objetivo principal de este mapeo sistemático se basa en identificar y determinar iniciativas, examinando el estado del arte de las publicaciones relacionadas con las pruebas basadas en riesgos. Por ello, se describen las preguntas de investigación en la Tabla 1.

Tabla 1. Preguntas de investigación

Pregunta de investigación	Motivación
Q1. ¿Qué se entiende por pruebas basadas en riesgos en la comunidad científica?	Conocer la definición de las pruebas basadas en riesgos según artículos de la revisión.
Q2 ¿Qué estudios existen sobre pruebas basadas en riesgos?	Determinar el número de publicaciones desde el año 2000 hasta la fecha con relación a las pruebas basadas en riesgos para la industria software.
Q3. ¿Qué métricas se han propuesto para las pruebas basadas en riesgos?	Determinar las métricas que fueron utilizadas y el contexto en el cual fueron aplicadas.
Q4. ¿Cuáles son los beneficios y limitaciones que se presentaron en las propuestas sobre pruebas basadas en riesgos?	Determinar cuáles son los beneficios en la creación de propuestas y las limitaciones que se han presentado para su ejecución.

Con las preguntas descritas anteriormente, se realizó una categorización de la información existente sobre pruebas basadas en riesgos, con el fin de poder determinar el estado del arte en área de conocimiento relacionado a las pruebas basadas en riesgos, identificando las soluciones, carencias existentes y oportunidades de proponer nuevas líneas/trabajos futuros de investigación.

2.1.2 Estrategia de Búsqueda

Para llevar a cabo la búsqueda de información automatizada se utilizaron las bases de datos Scopus y Springer, realizando una combinación con el conector lógico "AND" sobre las palabras clave identificadas: software, testing, risks-based testing, puesto que es un tema muy específico para calidad de software y fueron obtenidas de la literatura gris. La cadena estuvo conformada por dos partes, una relacionada con las pruebas de software y otra con pruebas basadas en riesgos. En la Tabla 2 se muestra la siguiente cadena de búsqueda básica que fue adaptada al ejecutar la revisión en los motores de búsqueda.

Tabla 2. Cadena básica de búsqueda

No	Cadena de búsqueda básica
1	"Software testing" AND "Risk-based Testing"

Debido a que existen pocos trabajos relevantes en procesos de pruebas basadas en riesgos, se decide no utilizar el operador lógico OR entre las palabras claves ya que se obtendrían resultados no coherentes relacionados con el tema de investigación y no se quieren omitir trabajos que puedan resultar útiles para nuestra investigación. Además, se realizó la búsqueda de información acerca de lo que se ha publicado en las últimas dos décadas (entre 2000 hasta marzo de 2019) ya que con los estudios encontrados se puede apreciar avances en este ámbito. Por otra parte, notamos que la temática está siendo investigada como parte de un proceso de prueba que ayuda a las empresas a identificar riesgos en el desarrollo del producto [2] y proponer tipos de aportes para realizar pruebas basadas en riesgos, aumentando interés el interés por parte de la comunidad científica.

2.1.3 Criterios de Selección de los Estudios Primarios

En los estudios recopilados en la búsqueda automatizada se van a evaluar teniendo en cuenta el título, resumen (abstract) y palabras clave (keywords) de cada artículo, con el fin de determinar si se incluyen o no entre los estudios potenciales que serán analizados posteriormente. Por ello, se tendrán en cuenta los estudios que cumplan con los siguientes criterios de inclusión:

- **I1:** artículos en inglés que se refieran a Risk-based Testing.
- **I2:** artículos publicados desde el año 2000 hasta marzo de 2019 en revistas, conferencias y libros.

Como criterio de exclusión para cada estudio, se hizo una lectura detallada del resumen (abstract), trabajo a futuro y conclusiones. En algunos casos donde no había una claridad con lo mencionado anteriormente, fue necesario extender la lectura más detallada en otras secciones del artículo. Con este criterio se pudo llevar a cabo la selección y análisis de los documentos e identificar su importancia y aportes del tema para seleccionarlo como estudio primario.

Por otro lado, se obviarán aquellos estudios que cumplan con algunos de los siguientes criterios de exclusión:

- **E1**: Estudios duplicados (siempre considerando el artículo más completo y reciente).
- **E2**: Estudios cuya principal contribución no se relacione con pruebas basadas en riesgos.
- **E3**: El estudio contemple el tema de manera superficial.

2.1.4 Criterios de evaluación de calidad

Con el objetivo de obtener los mejores resultados de los estudios seleccionados, se medirá la calidad de los estudios para determinar cuáles son los más destacados y relevantes en pruebas basadas en riegos, Para ello, se realiza un cuestionario teniendo en cuenta las preguntas de investigación mencionadas anteriormente con una puntuación de tres valores -1 (No), 0 (Parcialmente) y +1 (Si). El cuestionario está formado de los siguientes criterios de evaluación:

a. El estudio presenta una definición clara de pruebas basadas en riesgos.
b. El estudio presenta una descripción detallada sobre como incorporar las pruebas basadas en riesgos.
c. El estudio contiene pasos detallados de cómo implementar cada una de las propuestas con pruebas basadas en riesgos.
d. El estudio expone de manera clara y detallada los resultados obtenidos tras realizar pruebas basadas en riesgos.
e. El estudio ha sido citado por otros autores.

A continuación, en la Tabla 3 se presenta la evaluación de cada uno de los estudios con los criterios descritos anteriormente.

Tabla 3. Criterios de evaluación

	Criterios					
Estudio primario	**a**	**B**	**c**	**d**	**e**	**Puntuación**
[1]	+1	0	0	+1	+1	3
[2]	+0	0	0	+1	+1	2
[3]	+1	-1	-1	0	+1	0
[4]	0	0	0	+1	-1	0
[5]	+1	0	0	0	+1	2
[6]	0	0	0	+1	+1	2
[7]	0	-1	-1	0	+1	-1
[8]	+1	0	0	+1	+1	3
[9]	0	-1	-1	-1	+1	-2
[10]	+1	0	0	+1	+1	3
[11]	+1	0	0	+1	+1	3
[12]	0	0	+1	0	+1	2
[13]	+1	0	0	+1	+1	3
[14]	+1	+1	0	0	+1	3
[15]	0	+1	0	0	0	1

La suma de la puntuación de cada criterio conformará la puntuación final de calidad sobre el estudio en cuestión. La finalidad de esta evaluación de calidad no es excluir artículos de baja relevancia, sino presentarle al lector los estudios más representativos y relevantes tenidos en cuenta en el desarrollo de la presente revisión, es por ello, que algunos artículos los cuales resultaron con una puntuación relativamente baja [3][4][7][9] no se excluyen porque a nuestro criterio aportan a esta investigación.

2.1.5 Estrategia de extracción de datos

La estrategia de extracción de datos se basará en una serie de posibles respuestas para cada una de las preguntas de investigación ya definidas. Esto permitió asegurar la aplicación de los mismos criterios de extracción de datos para todos los trabajos seleccionados. A continuación, en la Tabla 4 se establece cada una de las estrategias que se evidencian en las preguntas de investigación definidas.

Tabla 4. Esquema de clasificación

Pregunta de investigación	Respuestas
Q1. ¿Qué se entiende por pruebas basadas en riesgos en la comunidad científica?	Revisión de definiciones en los trabajos relacionados.
Q2 ¿Qué estudios existen sobre pruebas basadas en riesgos?	Propuesta, estudiode caso, encuestas, experimentos, revisión sistemática, entre otros.
Q3. ¿Qué métricas se han propuesto para las pruebas basadas en riesgos?	Métricas a nivel de: requisitos, funcional, arquitectura, desarrollo, seguridad, progreso, probabilidad de fallo.
Q4. ¿Cuáles son los beneficios y limitaciones que se presentaron en las propuestas sobre pruebas basadas en riesgos?	Beneficios en cuanto a costo, tiempo, productividad, eficiencia.

2.1.6 Selección de los métodos de síntesis

Para la realización de la síntesis de datos, se decidió utilizar la representación de la información a través del uso de tablas, números y/o porcentaje y/o referencias de los estudios seleccionados y clasificados de acuerdo con las posibles en cada una de las preguntas de investigación.

2.1.7 Calendario del Mapeo Sistemático

El mapeo sistemático tuvo como inicio noviembre de 2018 y finalizó en marzo de 2019.

2.2 Etapa de Ejecución

En la etapa de ejecución se llevó a cabo la aplicación del protocolo de revisión definido en la etapa anterior. El número de iteraciones realizado fue dos, una iteración por cada fuente de búsqueda establecida. La Tabla 5 presenta el total de número de estudios encontrados, relevantes, repetidos y primarios encontrados en las fuentes de búsqueda de Scopus y Springer.

Tabla 5. Conteo de los estudios encontrados en cada fuente de búsqueda

Fuentes de búsqueda	Estudios encontrados	Estudios relevantes	Estudios relevantes repetidos	Estudios primarios seleccionados
Scopus	49	15	0	14
Springer	403	9	5	1
Total				**15**

3. Resultados

A continuación, se muestran los resultados obtenidos en cada una de las preguntas de investigación, así como el mapeo sistemático en general.

3.1 Pregunta Q1: ¿Qué se entiende por pruebas basadas en riesgos en la comunidad científica?

En la revisión sistemática realizada en los 15 artículos estudiados, se puede apreciar que solo el 73.3% de los estudios analizados usan una definición común o única para el término de "pruebas basadas en riesgos". En la Tabla 6, se presenta las definiciones encontradas representada según la referencia del artículo, cantidad y porcentaje.

Tabla 6. Definición de Pruebas basadas en riesgos

No.	Definición	Referencia Artículos	Cantidad	%
1	Enfoque basado en pruebas para la gestión de riesgos.	[1]	1	8,3
2	Es un tipo de prueba de software que considera los riesgos del producto de software como el factor guía para resolver problemas de decisión en el diseño, selección y priorización de casos de prueba.	[1], [11], [13], [14]	4	33,3
3	Es un tipo de prueba de software que considera explícitamente los riesgos del producto de software como el factor guía para resolver problemas de decisión en todas las fases del proceso de prueba, es decir, la planificación, el diseño, la ejecución y la evaluación de la prueba.	[3] [10]	2	16,7
4	Es un enfoque de prueba que considera los riesgos del producto de software como el factor guía para respaldar las decisiones en todas las fases del proceso de prueba.	[5], [8]	2	16,7
5	Es un enfoque de prueba que considera los riesgos del producto de software como el factor guía para apoyar las decisiones en todas las fases del proceso de prueba.	[6], [7], [9]	3	25

3.2 Pregunta Q2: ¿Qué estudios existen sobre pruebas basadas en riesgos?

En la ventana de tiempo establecida y presentada en la Figura 4, se puede observar que a partir del año 2000 se comienza a tener interés en las pruebas basadas en riesgos, incrementando la investigación desde el año 2012 hasta la actualidad. El porcentaje de estudios utilizando el método de exclusión para el mapeo sistemático es: 6,7% correspondiente a un artículo por cada uno de los siguientes años: 2000 [4], 2005[12], 2012 [13], 2013 [11], 2017 [8]. El 53,4% de los estudios corresponden a ocho artículos distribuidos de la siguiente manera, cuatro artículos publicados tanto en el 2014 [1][3][5][14] como en el 2016 [2][7][9][10]. El 13,3% de los estudios corresponden a dos artículos en el 2018[6][15]. Por último, en los años comprendidos entre 2001 a 2004 y 2006 a 2011, no se presentan estudios relacionados, como se observa en la Figura 1.

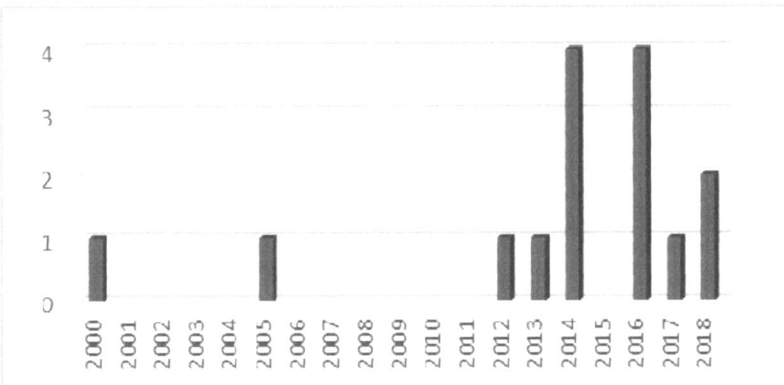

Figura 1. Publicaciones por año

En la Tabla 7, se muestra los tipos de estudios encontrados sobre pruebas basadas en riesgos durante el mapeo sistemático. Asimismo, presenta una descripción general de lo que propone cada estudio y el número de artículos relacionados. Además, se puede observar que las técnicas representan el 20% de los estudios, el 20% corresponden a trabajos donde se realizaron estudios de caso, el 13,3 % corresponden a Enfoques propuestos y el 46,9% corresponde a un estudio que contiene: Procedimiento, método, predicción de defectos, revisión exploratoria, modelo, metodología y Framework.

Tabla 7. Tipo de soluciones en pruebas basadas en riesgos

Tipo	Descripción	Artículo	%
Procedimiento	Presenta un procedimiento definido a partir de la revisión de las propuestas de diferentes autores y que incorpora las etapas propuestas por el Estándar ISTBQ. (International Software Testing Qualifications Board).	[1]	6,7
Método	Presenta un método de priorización de casos de pruebas basada en pruebas basadas en riesgos y priorización de casos de pruebas utilizando sistema difuso.	[2]	6,7
Estudio de caso	Se realiza estudio de caso con tres organizaciones de industria para proporcionar en cada una de ellas mejoras en el uso de riegos para las pruebas.	[3]	20
	Se usa el método de métricas en estudios de caso para predecir fallos teniendo en cuenta métricas ya establecidas.	[4]	
	Se realiza estudio de caso a través de las conclusiones de pruebas basadas en riesgos en grandes empresas obtenida en el artículo [3], se identifican las ventajas para empresas PyMEs a través del estudio de caso relacionado.	[7]	
Técnica	Presenta una taxonomía de pruebas basadas en riesgos que proporciona un marco para entender, categorizar y evaluar.	[5]	20
	Introducen técnicas de pruebas basadas en riesgos para su aplicación en la planificación de pruebas.	[12]	
	Introduce una técnica basada en el riesgo FMEA (Failure Mode Analysis and Effects) con métricas para realizar pruebas de software.	[15]	
Enfoque	A través de la evaluación de calidad basada en el modelo de calidad QuaMoco (Quality Modeling and Control), se realizan dos enfoques para ser integradas en las pruebas basadas en riesgos.	[6]	13,3
	Se realiza un enfoque ligero para la estimación de probabilidades de riesgo en las pruebas de software basadas en riesgo ayudando a ser fácilmente su implementación sin requerimientos previos específicos.	[8]	
Predicción de defectos	A través del método de predicción y pruebas basadas en riesgos se realiza una serie de requisitos para tener una mejor predicción en pruebas.	[9]	6,7
Revisión exploratoria	Se explora cómo la estimación del riesgo se lleva a cabo en los enfoques de prueba basados riesgos.	[10]	6,7
Modelo	Presenta un modelo de evaluación de riesgos y un procedimiento de evaluación de riesgos basado en un proceso de prueba de riesgo genérico.	[13]	6,7
Metodología	Presenta una metodología de prueba genérica basada en el riesgo y un procedimiento sobre cómo se puede introducir en un proceso de prueba.	[11]	6,7
Framework	Propone un Framework para el proceso de prueba basado en el riesgo que configura y proporciona retroalimentación para el modelo de evaluación de riesgos	[14]	6,7

3.3 Pregunta Q3: ¿Qué métricas se han propuesto para las pruebas basadas en riesgos?

En la Tabla 8, se describen de manera general las métricas propuestas en: [1], [2], [4] y [13]. En este sentido, no todos los 15 artículos primarios analizados proponen métricas, sólo el 28,6% de las propuestas lo hacen (4 artículos).

Tabla 8. Métricas propuestas para pruebas basadas en riesgos

Articulo	Métrica	Descripción	Aspectos a medir
[1]	Punto de vista funcional	Permite identificar los requisitos del usuario y criterios de aceptación derivados relevantes para establecer prioridades en las pruebas.	Necesidades de los usuarios, criterios de aceptación.
	Punto de vista arquitectónico	Permite identificar los componentes, bibliotecas compartidas y la implementación que hacen parte de la arquitectura.	Arquitectura cliente/servidor.
	Punto de vista de desarrollo	Permite identificar el grado de conocimiento tecnológico, soporte de herramientas disponibles o medidas de garantía de calidad.	Tecnologías de desarrollo.
[2]	Complejidad de Requisito (RC)	Permite identificar los requisitos que necesitan funcionalidades complejas durante la implementación tienden a introducir más fallos.	Requisitos, funcionalidades.
	Tamaño de Requisito (RS)	Permite identificar el tamaño de las funciones que podría afectar el número de fallos en un sistema.	Requisitos.
	Estado de Modificación de Requisito (RMS)	Permite ver el estado de modificación general de cada requisito. RMS representa el grado de modificación de un requisito comparando el mismo requisito con la versión anterior.	Requisitos.
	Amenazas potenciales de seguridad (PST)	Permite ver las amenazas de seguridad potenciales (PST), se utiliza como un indicador de los riesgos relacionados con la seguridad que residen en los requisitos.	Confidencialidad, integridad y disponibilidad.
[4]	Métricas para Seguimiento de los progresos	Permite identificar el # de pruebas planeado, ejecutado y completado, el # de fallos por función, el # de horas utilizados en las pruebas por culpa encontrado y el # de horas de uso en la fijación por defecto (para corregir el error y devolver la función de re-test).	Funcionalidad, pruebas.
	Métricas para predecir la probabilidad de fallos	Permite identificar el cambio funcionalidad desde el lanzamiento anterior, el tamaño de la función (es decir, número de líneas de código), la complejidad (esto podría ser complejidad funcional o complejidad estructural) y la calidad de la documentación de diseño.	Funcionalidad, integración.
[13]	Métricas automatizadas	Permite definir las métricas de complejidad de código.	Código.
	Métricas semiautomatizadas	Permiten medir la complejidad funcional, por ejemplo, la longitud de la descripción textual de un algoritmo.	Funcionalidad, integración.
	Métricas manuales	Permite ver la frecuencia de uso y la importancia para el usuario.	Funcionalidad.

3.4 Pregunta Q4: ¿Cuáles son los beneficios y limitaciones que se presentaron en las propuestas sobre pruebas basadas en riesgos?

A continuación, se presentan los beneficios y limitaciones identificados en los estudios analizados:

Beneficios identificados:

- Ayuda a ser más fiable la calidad de los entregables, así como la optimización del proceso de prueba [1].
- Mejora la calidad de liberación y optimización del proceso de pruebas [4].
- Mejora la confianza y rentabilidad de las organizaciones [2].
- Ayuda a detectar los defectos mas críticos desde el comenzó y reducción de costo y tiempo [3].
- El cumplimiento del plazo de producción se reduce [6].

Limitaciones:

- Tiempo en la evaluación de riesgos cuando lo sistemas son complejos [1].
- Disponibilidad de expertos durante el proceso de estimación del riesgo [1].

- Uso de estudios de caso con alcance controlable para evaluar las propuestas presentadas [6][8].

3.5 Resultado del mapeo sistemático

Una vez analizadas cada una de las preguntas en el mapeo sistemático, se identifica lo siguiente:

- En las definiciones del término "pruebas basadas en riesgos", se puede identificar a manera general que los riesgos del producto es un factor guía para apoyar todo el proceso de pruebas durante el ciclo de vida del desarrollo.
- La mayoría de las propuestas estudiadas, realizan revisiones de la literatura o mapeo sistemático sobre pruebas basada en riesgos para poder definir algún tipo de solución para las organizaciones de desarrollo software. Asimismo, algunas de los autores realizan estudio de caso para evidenciar la importancia, los beneficios y los aportes a la industria de software, lo que demuestra un gran interés por este tipo de pruebas.
- Las métricas propuestas en algunos estudios ayudan a definir la estimación del software, identificando posibles riesgos a nivel de: arquitectura, funcionalidad, requerimientos, desarrollo y seguridad. En este caso, las métricas fueron usadas según la necesidad del estudio o propuesta a desarrollar.
- En algunas propuestas se proponen soluciones para ser aplicadas a la industria del software, sin embargo, no se detallada información que describan los elementos de proceso propuestos como: fases, actividades, roles, artefactos de entradas y salida.
- Algunos autores realizan un estudio de caso para incorporar su solución en la industria del software. De esta manera, poder determinar los beneficios, las ventajas y las limitaciones encontradas con relación a la obtención de datos e información durante su ejecución. Sin embargo, no se visualizan las herramientas necesarias que usaron para recolectar la información al aplicar los tipos de propuestas en esos estudios.
- Para los estudios de caso toman en cuenta revisión de la literatura o mapeo sistemático para poder evaluar en empresas el uso de las pruebas basadas en riesgos sin realizar alguna propuesta detallada.
- En [5] la taxonomía no realiza estudios de casos reales para aplicar esta técnica y no esta manifestada como trabajo a futuro. No es claro cuáles son los pasos necesarios o de donde parte para poder dar aporte en cada uno de los artículos propuestos para mirar el contexto.
- En [7] no es claro cuáles fueron las variables para tener en cuenta para analizar y comprar los resultados de las entrevistas abiertas y los documentos entregados por las empresas Pymes.
- En [9] No hacen un ejemplo de la experiencia con estudios de casos en proyectos industriales, solo estudios empíricos que proporcionan evidencia de defectos para apoyar actividades de pruebas de software.

4. Discusión

4.1 Observaciones Principales

El objetivo del mapeo sistemático es conocer las propuestas o iniciativas actuales en el tema de pruebas basadas en riesgos. Una vez analizado los estudios encontrados, se observa lo siguiente:

- Se evidencia muy pocos estudios en lo referente a las pruebas basadas en riesgos, realizando un mapeo sistemático desde el año 2000 hasta la actualidad para poder identificar la importancia del tema en el campo científico, demostrando que es una línea de investigación que sigue siendo investigada.
- Dada las propuestas presentadas en algunos artículos, los autores han realizado esfuerzos en realizar estudios de casos para poder evidenciar los beneficios que puede tener una organización al aplicar las pruebas basadas en riesgos en pequeñas y grandes organizaciones.

4.2 Limitaciones del Mapeo Sistemático

- Al realizar la cadena de búsqueda, fue necesario usar las palabras risk-based Testing únicamente ya que estas arrojaban resultados contundentes en los motores de como Scopus y Springer.
- La búsqueda de artículos se realizó hasta marzo de 2019 ya que no se encontraban anteriormente publicaciones correspondientes al 2018.

4.3 Trascendencia para la Investigación y la Práctica

Este mapeo sistemático tiene una gran importancia para personal en TI que quiera incorporar pruebas basada en riesgos en proyectos de desarrollo , permitiendo identificar los riesgos del producto, realizar casos de pruebas y garantizar la calidad del producto.

Para los investigadores que deseen continuar con esta línea de investigación, es un área que va teniendo mayor interés en lo que respecta a la calidad del producto. Además, existen varias trabajos a futuro que plantean los autores de los artículos para seguir trabajando en este tema.

Las organizaciones se verán beneficiadas al utilizar este tipo de pruebas y ver que existen más iniciativas o propuestas que ayuden a incorporar las pruebas basadas en riesgos.

5. Conclusiones y Trabajo Futuro

En los últimos años, las pruebas basadas en riesgo empiezan a ser un tema interesante para las organizaciones ya que es un tipo de prueba software que involucra los riesgos del producto como parte fundamental durante el ciclo de vida del producto. Aunque se trata de un tema relativamente joven, existen propuestas que brindan solución para realizar este tipo de pruebas en la industria software. Sin embargo, no es claro como incorporar este tipo de pruebas en las organizaciones ya que no especifican roles, tareas, artefactos de entradas y salidas que permitan implementarla o incorporarla.

Los resultados obtenidos en este mapeo sistemático demuestran la importancia de las pruebas basadas en riesgos y de los beneficios que pueden tener las organizaciones al utilizar las propuestas planteadas por los autores. Algunas propuestas proponen procedimientos, métodos, metodología, framework y técnicas, los cuales describen las fases o actividades para ser utilizada. Por otra parte, otras propuestas incorporan técnicas de priorización de casos de prueba, las cuales proporcionan beneficios en cuanto a ajustar sus esfuerzos de prueba por tiempo, costo y presupuesto [2]. Además, el uso de métricas ayuda a identificar los riesgos que se pueden presentar durante la fase de arquitectura, análisis y desarrollo del ciclo del software, logrando tener así, listar riesgos para ser evaluados, realizar casos de pruebas, ejecutar y seguir realizando seguimiento.

Como trabajo futuro, se plantea ampliar esta investigación añadiendo nuevas herramientas de búsqueda y/o bases de datos que permitan encontrar nuevos estudios para complementar la investigación y llenar vacíos que hayan podido surgir en el desarrollo de esta. Asimismo, ya estamos trabajando sobre la definición de: una guía que proporcione sugerencias, pasos, roles y actividades necesarias para incorporar las pruebas basadas en riesgos para micro, pequeñas y medianas empresas de software.

Agradecimientos

Los profesores Phd. César Pardo y Msc. Carlos Ardila agradecen la contribución de la Universidad del Cauca, donde trabajan como profesor Asociado y Titular, respectivamente.

Referencias

[1] Felderer, M., Ramler, R. Integrating risk-based testing in industrial test processes. Software Quality Journal (2014) 543-575.
[2] Hettiarachchi, C., Do, H., Choi, B.Risk-based test case prioritization using a fuzzy expert system. Information and Software Technology. 1 August 2015. (2016) 1-15.
[3] Felderer, M., Ramler, R. "A multiple case study on risk-based testing in industry". International Journal on Software Tools for Technology Transfer. (2014) 609-625.
[4] Ståle ARisk-based testing: Risk analysis fundamentals and metrics for software testing including a financial application case study. Journal of Systems and Software (2000).
[5] Felderer, M., Schieferdecker, I. A taxonomy of risk-based testing. International Journal on Software Tools for Technology Transfer (STTT). Volume 16 Issue 5, October (2014), 559-568.
[6] Foidl, H., Felderer, M. Integrating software quality models into risk-based Testing. Software Quality Journal (2018) 809-847.
[7] Felderer, M., Ramler, R. Risk orientation in software testing processes of small and medium enterprises: an exploratory and comparative study. Software Quality Journal (2016) 519-548.
[8] Ramler, R., Felderer, M., Leitner, M. A lightweight approach for estimating probability in risk-based software testing .Lecture Notes in Computer Science (including subseries Lecture Notes in Artificial Intelligence and Lecture Notes in Bioinformatics), 10224 LNCS (2017) 115-128.
[9] Ramler, R., Felderer, M. Requirements for Integrating Defect Prediction and Risk-Based Testing. Proceedings - 42nd Euromicro Conference on Software Engineering and Advanced Applications, SEAA (2016) 359-362.

[10] Felderer, Michael & Haisjackl, Christian & Pekar, Viktor & Breu, Ruth. An Exploratory Study on Risk Estimation in Risk-Based Testing Approaches. Lecture Notes in Business Information Processing (2016).
[11] Felderer M., Ramler R. Experiences and Challenges of Introducing Risk-Based Testing in an Industrial Project. In: Winkler D., Biffl S., Bergsmann J. (eds) Software Quality. Increasing Value in Software and Systems Development. SWQD (2013).
[12] Redmill, F. Theory and practice of risk-based testing. Softw. Test., Verif. Reliab., 15, (2005) 3-20.
[13] Felderer M., Haisjackl C., Breu R., Motz J. Integrating Manual and Automatic Risk Assessment for Risk-Based Testing. In: Biffl S., Winkler D., Bergsmann J. (eds) Software Quality. Process Automation in Software Development. SWQD (2012).
[14] Felderer M., Haisjackl C., Pekar V., Breu R. A Risk Assessment Framework for Software Testing. In: Margaria T., Steffen B. (eds) Leveraging Applications of Formal Methods, Verification and Validation. Specialized Techniques and Applications. ISoLA Lecture Notes in Computer Science, vol 8803. Springer, Berlin, Heidelberg. (2014).
[15] R. Chamarthi and A. P. Reddy, Empirical Methodology of Testing Using FMEA and Quality Metrics, International Conference on Inventive Research in Computing Applications (ICIRCA), Coimbatore, (2018) 85-90.
[16] Patón-Romero, J. D.; Piattini, M. Modelos de madurez de Green IT: un mapeo sistemático. International Journal of Information Systems and Software Engineering for Big Companies (IJISEBC), United Academic Journals. (2017) 53-61.
[17] Genero, M., Cruz-Lemus, J. A., Piattini, M.: Métodos de nvestigación en Ingeniería del Software. RaMa (2014).
[18] Kitchenham, B.: Guidelines for Performing Systematic Literature Reviews in Software Engineering, Version 2.3. EBSE Technical Report, Keele University, UK (2007).
[19] Petersen, K., Feldt, R., Shahid, M., Mattsson, M.: Systematic mapping studies in software engineering. In: 12th International Conference on Evaluation and Assessment in Software Engineering (EASE). Department of Informatics, University of Bari, Italy (2008).
[20] Budgen, D., Turner, M., Brereton, P., Kitchenham, B.: Using mapping studies in software engineering. In: Proceedings of PPIG . Lancaster University (2008) 195-204.

Bastidas, Pardo and Ardila, 2019

Comparison of the Performance of SQL and NoSQL Database Models for a Transactional Product Software

Fátima Rouillon[1] and Brian Pando[1]

Universidad Nacional Agraria de la Selva
Tingo María, Perú
{fatima.rouillon, brian.pando}@unas.edu.pe

Abstract. This research analyzes two databases models (SQL and NoSQL), regarding the response times. The aim of the study was to test the most important database tables of a given system with data volumes from 10 to 10,000 tuples. The performance of insertion, reading, modification and delete operations (CRUD) was evaluated with a case study in a transactional system. The results show that SQL performance is more suitable for insertion, modification and delete instructions. We note that NoSQL obtained better results in reading instructions of a single object.

Keywords: NoSQL, SQL, Database, Model, Comparison, CRUD.

1 Introducción

Un modelo de base de datos, en esencia, es un conjunto de herramientas conceptuales para describir la representación de la información en términos de datos del mundo real [1]. El modelo de base de datos es fundamental en cualquier sistema de información [2], [3]. Su correcta definición garantiza la integridad de datos y mejora el rendimiento [4]. En los últimos años ha aumentado el interés por las bases de datos NoSQL [5]–[7]. Empresas como Facebook, Amazon, Twitter, LinkedIn [8] y otras aplicaciones [9] usan el modelo NoSQL, convirtiéndolo en una nueva tecnología que contribuye al almacenamiento y gestión de la información [10]. Sin embargo, el uso de SQL como un modelo de base de datos relacional, es el modelo de más éxito entre los sistemas de gestión de bases de datos comerciales [11]. Habiéndose proyectado a ser una de las herramientas más difundidas [12], continúa siendo el modelo más utilizado.
En los antecedentes revisados se encontraron trabajos que analizan la probabilidad de utilizar NoSQL. En [1], se hace una comparación del rendimiento entre Cassandra, MongoDB y PostgreSQL, utilizando un caso con un programa Java, haciendo consultas de escritura y lectura. En [13], buscan la forma de incrementar el rendimiento de

una aplicación al mostrar datos utilizando base de datos no relacionales. Por último, en [14] analizan características de NoSQL que permitirían usarla en vez de SQL.
Las bases de datos se pueden evaluar de distintas formas, las más utilizadas son las pruebas de rendimiento según tiempos de respuesta [15], [16] , teorema de CAP [17] y propiedades ACID [18]. En este trabajo, se utiliza los gestores PostgreSQL y MongoDB con consultas CRUD que van aumentando gradualmente desde 10 hasta 10 000 tuplas, usando el administrador de base de datos Navicat. Se compara los tiempos de respuesta para encontrar el modelo ideal de base de datos en un sistema transaccional comercial de 47 tablas con 5 años en el mercado.
En la sección 2 se presenta la visión general de los modelos de base de datos SQL y NoSQL. En la sección 3 se muestra los trabajos relacionados. En la sección 4 se presentan los materiales y métodos. Seguidamente, en la sección 5, se indica los resultados y discusiones de acuerdo a los tiempos de respuesta encontrados por consulta. Por último, en la sección 6 las conclusiones y recomendaciones.

2 Visión General de los Modelos SQL y NoSQL

El enorme crecimiento de los datos ha llevado a buscar alternativas de solución para su almacenamiento y gestión, allí apareció NoSQL [19]. Sin embargo, los modelos de base de datos relacional (RDBMS) siguen siendo más eficientes en diversos escenarios. Por ello es necesario comprender las características de cada modelo [20].

Tabla 1. Diferencias de modelo de base de datos [20]

NoSQL	RDBMS
Almacenamiento no estructurado de los datos.	Almacenamiento estructurado de los datos.
El almacenamiento no depende de la memoria física del sistema.	El almacenamiento depende de la memoria física del sistema.
Es efectivo trabajando con millones de registros.	Es efectivo trabajando con miles de registros.
No es recomendable para gestión de transacciones.	Es recomendable para gestión de transacciones.
El tiempo de procesamiento depende de la cantidad de máquinas clúster.	El tiempo de procesamiento depende de la configuración del servidor.
La disponibilidad es más importante que la consistencia.	La consistencia es más importante que la disponibilidad.
Guiado por el teorema CAP.	Guiado por las propiedades ACID.
Escalado horizontal y vertical.	El escalado vertical es mejor.
No necesita normalización.	Las tablas deben ser normalizadas.
No necesita un esquema estricto definido.	Necesita un esquema estricto definido.

Los modelos de base de datos SQL pueden ser relacionales, en las cuales tiene tipos de relaciones uno a uno, uno a muchos, muchos a muchos. Una base de datos relacional siempre está compuesta por tablas que se conectan entre sí para compartir la información [3].

Por otro lado, los modelos de base de datos NoSQL tienen categorías que están orientadas a clave-valor, donde existen contenedores que almacenan los datos, orientadas a columnas, donde se almacenan los datos por columnas, orientadas a documentos, que permiten almacenar datos que se define como documentos y orientado a grafos, que representa la información como nodos de un grafo(entidades) y sus relaciones con las aristas de este(relaciones) [21].

3 Trabajos Relacionados

3.1 Almacenamiento de Datos

Según [1] las bases de datos SQL tradicionales se han utilizado durante mucho tiempo, el trabajo compara el rendimiento de 3 bases datos. Una base de datos SQL de código abierto con PostgreSQL y dos bases de datos NoSQL de código abierto, Cassandra y MongoDB. La comparación se hace en un servidor físico y en una máquina virtual, concluyendo que Cassandra es la mejor opción para grandes aplicaciones de almacenamiento crítico, pero el rendimiento de lectura se ve afectado por la virtualización. MongoDB es la mejor opción para una aplicación de almacenamiento no crítico, especialmente cuando el rendimiento de escritura es importante, además el impacto no es notorio cuando se utiliza la virtualización. PostgreSQL es la mejor opción cuando se necesitan capacidades de consultas flexibles como la lectura, sin embargo, las escrituras son lentas, por último, el rendimiento se ve afectado positivamente por la virtualización [22], [23].

3.2 Comparaciones en la Industria

En [13] hicieron uso de bases de datos no relacionales, buscaron la forma de incrementar el rendimiento de la aplicación al momento de mostrar datos al usuario sin la necesidad de modificar el hardware. Concluyeron que los sistemas NoSQL se han mostrado mucho más eficientes a la hora de gestionar grandes cantidades de datos, determinando que mientras más grande era el número de variables y el periodo de selección de datos, mejor rendimiento ofrecía respecto a sus homólogos SQL.

3.3 NoSQL como Alternativa a SQL

Las bases de datos no relacional son capaces de administrar volúmenes gigantescos de datos [21], [24]. NoSQL se usa a menudo como una alternativa a las bases de datos relacionales, especialmente cuando es necesario proporcionar un dimensionamiento adecuado del sistema [25]. La investigación [14] presenta las características de una base de datos NoSQL que permitirían utilizarla en vez de una base de datos SQL. Concluyeron que NoSQL presenta varias alternativas, siendo las de pago las que mayores beneficios traerían a una empresa.

3.4 Comparación en otros contextos

En [12] hicieron estudios de la comparación de base de datos relacionales y no relacionales en aplicaciones web no transaccionales, donde usaron los gestores de base de datos MySQL y MongoDB, realizaron pruebas de visualización, y tenían que cumplir con las propiedades ACID, resultando NoSQL como mejor opción.

Un requisito importante que los sistemas de información empresariales deben abordar es el uso de datos. Esto ha llevado a la necesidad de diseñar una base de datos lógica única, que incluya componentes SQL y NoSQL, aprovechando ambas tecnologías, la llamada base de datos híbrida SQL / NoSQL [26].

4 Materiales y Métodos

La investigación se desarrolló bajo los siguientes pasos:

Identificar la base de datos relacional. Al ser un caso de estudio, se contaba con la base de datos relacional en PostgreSQL accedido mediante administrador de base de datos Navicat Premium. Esta base de datos contaba con 47 tablas de las cuales 5 eran las más importantes.

Migrar de base de datos relacional a NoSQL. Con la base de datos relacional en Navicat, se exportaron las tablas en archivos de formato JSON. Luego, con Navicat for MongoDB se importaron estos archivos en una base de datos creada para las pruebas.

Homologar los entornos para la ejecución de consultas. Se debía asegurar que los entornos de ejecución sean iguales, por lo que desplegaron las bases de datos en equipos de las mismas características en hardware y software conectado a una red local wifi para ambos casos, asegurando que no haya otras conexiones en la red.

Preparar las consultas SQL y NoSQL. Se elaboraron las consultas tanto para la base de datos SQL como para NoSQL, considerando cantidad de usuarios y tipos de consultas.

Tabla 2. Consultas para la ejecución de las pruebas

N	Usuarios	Tipo de Consulta	Ejecución	Abrev.
C1	1 U	1 escritura tipo inserción	Local	1 I
C2	1 U	1 escritura tipo modificación	Local	1 U
C3	1 U	1 escritura tipo borrado	Local	1 D
C4	1 U	1 lectura	Local	1 R
C5	1 U	Múltiples escrituras tipo inserción	Local	1m I
C6	1 U	Múltiples lecturas	Local	1m R
C7	M U	1 escritura tipo inserción	Remota	MU I
C8	M U	1 escritura tipo modificación	Remota	MU U
C9	M U	1 escritura tipo borrado	Remota	MU D
C10	M U	1 lectura	Remota	MU R
C11	M U	Múltiples escrituras tipo inserción	Remota	MUm I
C12	M U	Múltiples lecturas	Remota	MUm R

Ejecutar las consultas. Las consultas fueron ejecutadas secuencialmente es decir C1 para SQL, luego C1 para NoSQL y así consecutivamente con las demás consultas. Al terminar de recolectar los resultados de los tiempos de respuesta de todas las consultas, se procedió al análisis de resultados, discusiones y conclusiones.

5 Resultados y Discusiones

Los resultados se presentan por tipo de consulta es decir de escrituras y lecturas tanto únicas como múltiples, así como un solo usuario o usuarios en simultáneo interactuando con la base de datos.

Esta investigación fue realizada en la base de datos de un software transaccional. Para las pruebas en simultáneo se utilizaron 2 usuarios conectados a la vez. Además todas las pruebas se realizaron en un red LAN con un máximo de 10 000 registros.

Al comparar los resultados de la escritura de tipo inserción (I), se puede notar que el tiempo de respuesta de NoSQL es mayor al de SQL, pero en el caso de múltiples usuarios y múltiples escrituras el tiempo de ejecución de SQL es mayor. La parte derecha de la Fig. 1 es un acercamiento en el que se observa con más detalle que la variación de los tiempos de NoSQL es mayor que SQL, entendiendo que SQL resultaría como una mejor opción para este caso.

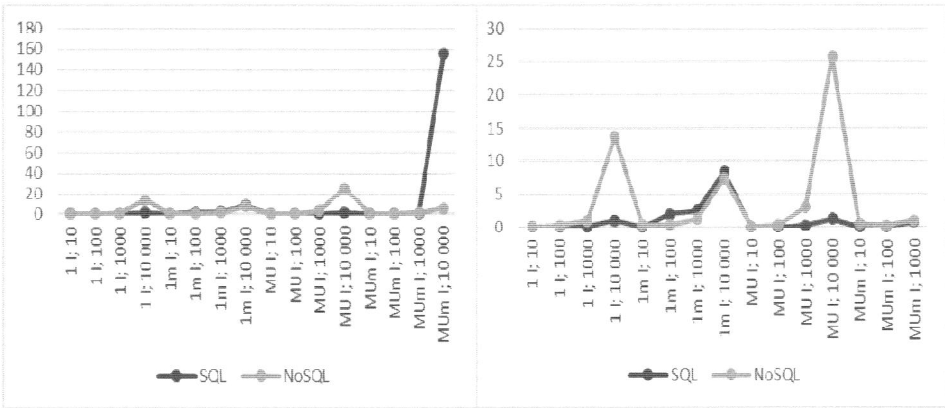

Fig. 1. Tiempos de respuesta para la escritura de tipo inserción de datos en SQL y NoSQL

Al comparar los resultados de la lectura (R), se puede notar el tiempo de respuesta de NoSQL es mayor al de SQL. Sin embargo, la parte derecha de la Fig. 2 es un acercamiento en el que se observa que los tiempos de NoSQL y SQL son parecidos, entendiendo que cuando aumentan las tuplas SQL demora más tiempo.

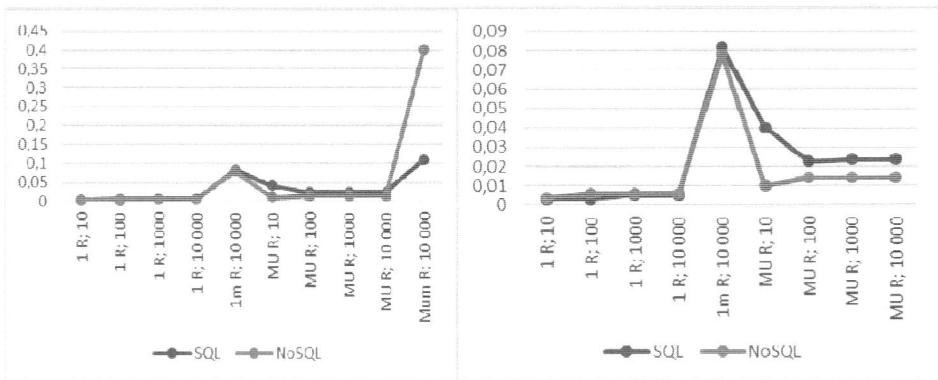

Fig. 2 Tiempos de respuesta para la lectura de datos en SQL y NoSQL

Al comparar los resultados de la escritura de tipo modificación (U), se puede notar que el tiempo de respuesta de NoSQL es mayor al de SQL. La parte derecha de la Fig. 3 es un acercamiento en el que se observa que los tiempos de NoSQL son mayores, entendiendo que SQL resultaría como una mejor opción para este caso.

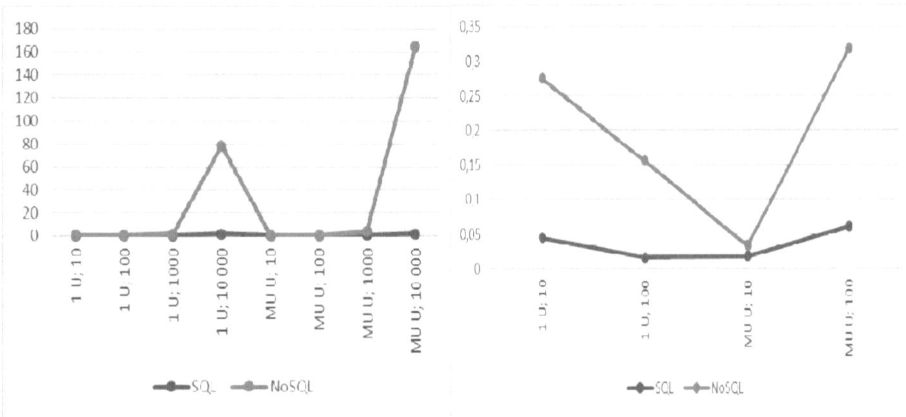

Fig. 3 Tiempos de respuesta para la escritura de tipo modificación de datos en SQL y NoSQL.

Al comparar los resultados de la escritura de tipo borrado (D), se puede notar el tiempo de respuesta de NoSQL es mayor al de SQL. La parte derecha de la Fig. 4 es un acercamiento en el que se observa que los tiempos de NoSQL y SQL son parecidos, sin embargo, se entiende que SQL resultaría como una mejor opción para este caso.

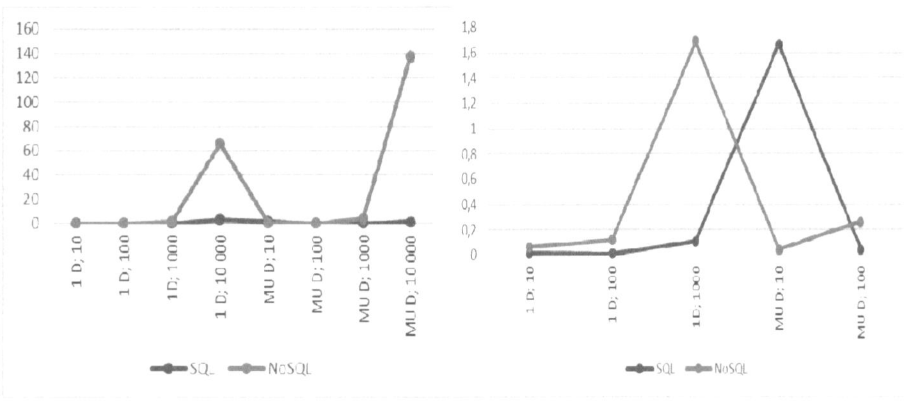

Fig. 4 Tiempos de respuesta para la escritura de tipo modificación de datos en SQL y NoSQL.

Para realizar el cálculo estadístico y toma de decisión se realizó la prueba T de Student resultando el p-valor en R de 0.1028, con un nivel de significancia moderado, del que según [27], se demuestra que en el caso estudiado, que el rendimiento de SQL es mejor al de NoSQL con un nivel de significancia del 5%.

Tabla 3. Estadística descriptiva del rendimiento en R de SQL y NoSQL

Modelo	Mínimo	1er. Q.	Mediana	Media	3er. Q	Máximo
SQL	0.0020	0.0165	0.0620	5.4835	0.7905	155.5220
NoSQL	0.004	0.055	0.362	13.802	2.354	244.999

Los resultados de [1] coinciden con esta investigación en que PostgreSQL es mejor que MongoDB para una escritura. En comparación con [13], el rendimiento de un usuario en cuanto a múltiples escrituras/lecturas, y 2 usuarios una lectura, resulta mejor el modelo NoSQL. En el caso de consultas con 2 usuarios una escritura y 1 usuario con una lectura, es mejor SQL. Los resultados de las encuestas en [14], sugieren que NoSQL sería la mejor opción para un sistema, sin embargo, esta investigación muestra que, para la aplicación transaccional estudiada en el caso, resulta SQL la opción más adecuada.

6 Conclusión y trabajos futuros

Según el caso de estudio, para la inserción, actualización y borrado de datos, resulta mejor opción SQL, tanto para 1 usuario o usuarios en simultaneo, los tiempos pueden variar según el volumen de datos, pero el rendimiento de SQL se mantiene superior en un 90%. En los métodos de lecturas de datos, no hay una diferencia significativa en el rendimiento de SQL y NoSQL.

Se concluye, que para el sistema transaccional comercial estudiado SQL resulta la elección adecuada como modelo de base de datos. Estos resultados confirman lo descrito en los trabajos revisados, en donde se indica que SQL es el modelo ideal para sistemas transaccionales [11]. Además, el volumen de datos del caso estudiado, no llega al millón, que es donde NoSQL consigue superar con mucha ventaja a SQL [24].

Decidir un modelo de base de datos es importante al desarrollar un software, ya que este influye en el rendimiento del sistema. Este trabajo evidencia las capacidades del modelo SQL y NoSQL respecto a tiempos de respuesta cuando de un sistema transaccional se trata.

Continuar la investigación usando distintos gestores de base de datos, con otros tipos de aplicaciones, determinando en qué tipo de aplicaciones resulta mejor NoSQL. Se puede tomar como sugerencias la investigación de [28] para evaluar el rendimiento de base de datos, y [29] para conocer posibilidades, y nuevos métodos para diseñar arquitecturas de base de datos integradas [30], también realizar otras pruebas de rendimiento tomando como sugerencia a [31].

Referencias

[1] J. S. Van der Veen, B. van der Waaij, and R. J. Meijer, "Sensor Data Storage Performance: SQL or NoSQL, Physical or Virtual," in *2012 IEEE Fifth International Conference on Cloud Computing*, 2012, pp. 431–438.

[2] M. Krótkiewicz, "Association-Oriented Database Model — n-ary Associations," *Int. J. Softw. Eng. Knowl. Eng.*, vol. 27, no. 2, pp. 281–320, Mar. 2017.

[3] Y. Klochkov, E. Klochkova, O. Antipova, E. Kiyatkina, I. Vasilieva, and E. Knyazkina, "Model of database design in the conditions of limited resources," in *2016 5th International Conference on Reliability, Infocom Technologies and Optimization (Trends and Future Directions) (ICRITO)*, 2016.

[4] L. Espino, *Modelos de Bases de Datos (Spanish Edition) eBook: Luis Espino: Kindle Store*. 2016.

[5] H.-J. Kim, E.-J. Ko, Y.-H. Jeon, and K.-H. Lee, "Migration from RDBMS to Column-Oriented NoSQL: Lessons Learned and Open Problems," in *Proceedings of the 7th International Conference on Emerging Databases*, 2018, pp. 25–33.

[6] S. Rautmare and D. M. Bhalerao, "MySQL and NoSQL database comparison for IoT application," in *2016 IEEE International Conference on Advances in Computer Applications (ICACA)*, 2016.

[7] M. Lee, S. Jeon, and M. Song, "Understanding User's Interests in NoSQL Databases in Stack Overflow," in *Proceedings of the 7th International Conference on Emerging Databases*, 2018, vol. 461, pp. 128–137.

[8] B. Fowler, J. Godin, and M. Geddy, "Teaching Case Introduction to NoSQL in a Traditional Database Course," *J. Inf. Syst. Educ.*, pp. 99–104, 2016.

[9] H. Gujral, A. Sharma, and P. Kaur, "Empirical Investigation of Trends in NoSQL-Based Big-Data Solutions in the Last Decade - IEEE Conference Publication," in *2018 Eleventh International Conference on Contemporary Computing (IC3)*, 2018.

[10] A. Castro Romero, M. Callejas Cuervo, and J. S. González Sanabria, "Utilidad y funcionamiento de las bases de datos NoSQL Databases NoSQL's Utility and Functioning," pp. 21–32, 2012.

[11] V. Lertnattee and P. Pamonsinlapatham, "Blended Learning for Improving Flexibility of Learning Structure Query Language (SQL)," in *International Conference on Blended Learning*, 2017, pp. 343–353.

[12] R. F. Córdova Espinoza and B. E. Cuzco Sarango, "Análisis comparativo entre bases de datos relacionales con bases de datos no relacionales.," Universidad Politécnica Salesiana, 2013.

[13] V. J. Bas Abad, "Estudio comparativo de BBDD relacionales y NoSQL en un entorno industrial," p. 51, Oct. 2015.

[14] C. A. López Peña, "ANÁLISIS DE LAS BASES DE DATOS NOSQL COMO ALTERNATIVA A LAS BASES DE DATOS SQL," ESCUELA DE INGENIERÍA DE ANTIOQUIA INGENIERÍA INFORMÁTICA, 2012.

[15] A. Flores, S. Ramirez, R. Toasa, J. Vargas, R. U.- Barrionuevo, and J. M. Lavin, "Performance Evaluation of NoSQL and SQL Queries in Response Time for the E-government," in *2018 International Conference on eDemocracy & eGovernment (ICEDEG)*, 2018, pp. 257–262.

[16] H. Schultz Pérez *et al.*, "Evaluación de Desempeño de una Base de Datos Asignatura: Base de Datos Profesor: Integrantes," Osorno, 2012.

[17] Jing Han, Haihong E, Guan Le, and Jian Du, "Survey on NoSQL database," in *2011 6th International Conference on Pervasive Computing and Applications*, 2011, pp. 363–366.

[18] Y. Vazquez Ortíz, L. Mier Pierre, and A. R. Sotolongo León, "Características no relacionales de PostgreSQL: incremento del rendimiento en el uso de datos JSON," *Rev. Cuba. Ciencias Informáticas*, vol. 10, no. 2, pp. 70–81, 2016.

[19] F. Gessert, W. Wingerath, S. Friedrich, and N. Ritter, "NoSQL database systems: a survey and decision guidance," *Comput. Sci. - Res. Dev.*, vol. 32, no. 3–4, pp. 353–365, Jul. 2017.

[20] A. G. Mhmoud Mohmmed and S. E. Fatoh Osman, "SQL vs NoSQL," *J. Multidiscip. Eng. Sci. Stud.*, vol. 3, no. 5, pp. 1790–1792, 2017.

[21] H. Gracia del Busto and O. Y. Enríquez, "Bases de datos NoSQL," *Rev. Telemática*, vol. 11, no. 3, pp. 21–33, Mar. 2013.

[22] P. López Herrera, "Comparación del desempeño de los Sistemas Gestores de Bases de Datos MySQL y PostgreSQL," Universidad Autónoma del Estado de México, 2016.

[23] R. Quintero and J. Gomes, "Postgres como solución NoSQL," *Univ. Cent. Venez.*, p. 5, 2012.

[24] A. C. Manjarrez Antaño, J. M. Martínez Castro, and R. E. Cuevas Valencia, "Migración de Bases de Datos SQL a NoSQL," *Rev. Clamati Sabiduria*, no. 3, pp. 144–148, 2015.

[25] L. Krstić and M. Krstić, "Testing the performance of NoSQL databases via the database benchmark tool," *Vojnoteh. Glas.*, vol. 66, no. 3, pp. 614–639, 2018.

[26] S. Bjeladinovic, "A fresh approach for hybrid SQL/NoSQL database design based on data structuredness," *Enterp. Inf. Syst.*, vol. 12, no. 8–9, pp. 1202–1220, Oct. 2018.

[27] A. Sweeney, W. Estadística, P. Administración, and Y. Economía, *ESTADÍSTICA PARA ADMINISTRACIÓN Y ECONOMÍA*. Santa Fe, 2008.

[28] A. Suárez, C. Patricio, and M. Barco, "Análisis de bases de datos y tendencias tecnológicas," Escuela Politécnica Superior, 2016.

[29] J. Pokorný, "Integration of Relational and NoSQL Databases," in *Asian Conference on Intelligent Information and Database Systems*, 2018, pp. 35–45.

[30] R. G. Mendoza Jayo, C. Raymundo, F. Domínguez Mateos, J. María, and A. Rodríguez, "Modelo de convergencia para la migración de una base de datos relacional a una base de datos NoSQL," *Memorias la décima sexta Conf. inberoamericana en Sist. cibernética e informática*, pp. 138–145, 2017.

[31] ul H. Anwar, T. Mahmood, and N. Ikram, "Performance Comparison of State of Art NoSql Technologies Using Apache Spark," in *Proceedings of SAI Intelligent Systems Conference*, 2019, vol. 869, pp. 563–576.

Prediction of aquifer level in Bodega sector using Artificial Neural Networks

Karina Carvajal Cuello[1], Nataly González Mena[1], and Gonzalo Acuña Leiva[2]

[1] Departamento de Ingeniería Informática y Ciencias de la Computación, Universidad de Atacama, Copayapu 485, Copiapó, Chile
{karina.carvajal, nataly.gonzalez}@uda.cl

[2] Departamento de Ingeniería Informática, Universidad de Santiago de Chile, Avenida Ecuador #3659, Estación Central, Santiago, Chile
gonzalo.acuna@usach.cl

Abstract. The Atacama region presents an obvious water scarcity, especially in the Bodega sector, a town located in the city of Copiapó, Atacama, Chile, where 73% of the productive sector corresponds to agriculture. This scarcity implies searching for new sources of supply and occupying resources efficiently. One way to efficiently use this resource is to estimate the use of water over time. A model of Artificial Neural Networks allows to predict the water levels of the Copiapó River Basin aquifer, using variables of static, dynamic level and flow for five wells in the sector. The contribution of this study is to support the management of water resources, which allows corrective measures to be taken, helping to identify the sectors where water depletion is advancing faster. The performance indicators show that the model is able to estimate the level of the wells very realistically.

Keywords: Artificial Neural Network, predictive model, aquifer level, Copiapó River Basin.

1 Introducción

Debido a la sobreexplotación y sobre otorgamiento de los derechos de agua subterránea, es que actualmente el Valle de Copiapó presenta un fuerte descenso en los niveles del acuífero versus la recarga natural de la cuenca. Los niveles del agua subterránea están disminuyendo a una velocidad de varios metros por año en el sector número 5 del Valle del Río Copiapó. Un estudio realizado por la Dirección General de Aguas (DGA) en el año 2015, observó que este sector es el que tiene mayor porcentaje de caudal otorgado con un 24% (3,556 l/s) de la cuenca del Río Copiapó, por lo tanto es el sector con mayor explotación hídrica [1]. Tomando en cuenta que este sector es principalmente agrícola, lo que abarca el 73% del caudal otorgado a los usuarios de agua (ver Tabla 1), la escasez hídrica podría provocar la disminución o fin de la actividad económica relacionada a la agricultura, según informa la Comunidad de Aguas Subterránea (CASUB) en la asamblea anual de abril del año 2017. Además de esto, pueden aparecer problemas irreversibles de hundimiento, lo que resultaría en una pérdida de porosidad del depósito de agua subterránea (capacidad de almacenamiento). En este contexto, es urgente implementar mecanismos de restricción del uso del agua, a fin de reducir la velocidad a la que disminuye el nivel del agua subterránea y de hacer un uso eficiente de ésta.

Tabla 1. Derechos de agua del sector 5, informado por la CASUB en asamblea 2017.

Derechos	Caudal Sector 5 (l/s)	Porcentaje
Sanitaria	560,00	15%
Minería	427,70	12%
Agrícolas	2.678,98	73%
Industria	-	-
Total	**3.666,68**	**100%**

Al comienzo de la década de los 60, se llevó a cabo una fuerte exploración de los recursos subterráneos, que hasta entonces casi no habían sido empleados. Es así como se perforó y habilitó una serie de pozos profundos, descubriendo en el Valle de Copiapó un acuífero de excelentes condiciones para la extracción de agua, los que vendrían a reforzar la escasez de agua superficial [2]. Poco a poco fue aumentando el uso de las aguas subterráneas, hasta llegar a fines de la década de los 70 a unos 24 millones de metros cúbicos anuales, lo que se traduce a 0,76 m3/s de caudal continuo en extracción. De este caudal, cerca de la mitad se utilizaba en riego, poco menos de un tercio en agua potable y el resto en la minería [3].

En la época de los años 70, hubo un cambio violento, producto de un nuevo enfoque que se daba a la agricultura de todo el país, abriendo la producción hacia mercados extranjeros. Allí se descubrió que el Valle de Copiapó tenía excelentes condiciones climáticas, que permitía que la uva de mesa salga muy temprano al exterior, situación que provocó el aumento de la demanda del recurso hídrico. Debido a esto, en la década de los 80, se realizó un estudio hidrogeológico del acuífero, para conocer la situación en la que se encontraba. Los resultados de este estudio arrojaron que existía un balance hídrico y agua suficiente para la recarga de éste. Por este estudio, más la presión por la parte del sector agrícola, es que se otorgaron a los usuarios, significativos derechos de agua subterránea [4]. Así, hasta el día de hoy, muchos usuarios no han tomado conciencia suficiente de la situación actual, respecto al aprovechamiento del agua en Copiapó, viéndose afectados tanto el sector económico, social y ambiental. Esta es una preocupación generalizada y creciente con respecto a la disponibilidad de los recursos hídricos y la sustentabilidad de las actividades que dependen de éste, tanto de la comunidad de usuarios de agua de la cuenca del Río Copiapó, del Gobierno Regional e investigadores a nivel mundial que constantemente realizan estudios en la zona.

En el año 2004, se constituye la Comunidad de Aguas Subterráneas, quien se encarga de monitorear, fiscalizar y gestionar el recurso hídrico, de siete zonas de administración delimitadas entre Copiapó- Piedra Colgada y Piedra Colgada – Desembocadura [5]. A partir de ese año, la comunidad se fue desarrollando y adaptando a las demandas del sector, intentando sobrellevar las crisis hídricas, buscando incorporar la tecnología en sus procesos para la mejora en la toma de decisiones con respecto a este valioso y escaso recurso hídrico. Si bien la comunidad de agua, es quién se enfrenta directamente y a diario con esta situación, ésta no dispone de herramientas o modelos que los apoye en la administración y gestión del recurso hídrico, que les permita controlar la demanda de agua para no llegar a medidas de restricción o prohibición de los derechos de agua. Por ello, conocer el nivel del acuífero apoyaría a los agricultores para la gestión del agua en su extracción y mejora en la toma de decisión en la administración del recurso, permitiendo manejar su uso de forma más eficiente y así proyectar sus negocios en el futuro.

Según lo expuesto es que surge la necesidad de tener una herramienta que sea simple de manejar y sin costos elevados, principalmente para las organizaciones como la CASUB, quienes se encargan de administrar el recurso hídrico del sector [6].

El aporte de este trabajo es entregar el conocimiento que les permita a los tomadores de decisiones, generar una alerta temprana sobre el consumo del agua y la generación de conciencia en la comunidad. Además, con la implementación de este modelo, se podría advertir a otros sectores del Valle que aún no se encuentran totalmente descendidos sobre la situación del acuífero, previniendo que no pase a ser zona de restricción. Por lo tanto, el objetivo principal de este trabajo es predecir los niveles del acuífero del sector número 5, denominado sector Bodega.

2 Trabajos Relacionados

Dentro de los estudios encontrados, aplicados al área de hidrología e hidrogeología, las Redes Neuronales Artificiales (RNA) han sido de gran importancia, ya que se han encontrados algunos trabajos, que muestran la predicción mediante Redes Neuronales tanto en aguas superficiales como subterránea. Por ejemplo, se realiza la predicción de caudales medios mensuales de la cuenca del Río Bogotá, desarrollando e implementando el modelo neurodifuso, ANFIS (Adaptive Neuro-Fuzzy Interference System) que posteriormente se compara con los resultados obtenidos con redes neuronales. Esto con el fin de obtener información base para la optimización en el manejo del recurso hídrico para el bienestar social. Se utilizan estos modelos debido a la complejidad del fenómeno ya que los procesos hidroclimáticos no son lineales [7].

Otro es el caso de predicción de caudales en la cuenca alta del Río Paute, mediante RNA, con datos de precipitación y caudal como variable de entrada que son proporcionados por las entidades que monitorean la cuenca del río. Los resultados obtenidos fueron satisfactorios para un tiempo de avance de un día y las predicciones de caudales en tiempo real [8].

Además, se encontró la aplicación de Redes Neuronales Artificiales y el modelo neurodifuso ANFIS, para predecir caudales medios diarios en la cuenca del Amazonas. Con esta investigación se buscaba realizar estudios para pronósticos de inundaciones, ya que los niveles alcanzados en el año 2015 por el Río Amazonas llegaron a crecidas históricas, provocando eventos catastróficos para las poblaciones ribereñas del río. Los resultados obtenidos mostraron que las Redes Neuronales pueden ser buenos modelos para predecir situaciones hidrológicas, en comparación a otros métodos tradicionales del tipo lineal. En este estudio se obtuvo un coeficiente de correlación superior al 97% [9].

Para el caso de aguas subterráneas, en países como Italia se utilizó RNA para predecir los niveles de aguas subterráneas en una zona costera, de acuífero no confinado en la Laguna de Venecia. Las variables que se utilizaron fueron la precipitación y la evapotranspiración. Los resultados obtenidos, indican que es posible predecir los niveles del acuífero para varios meses, principalmente en sectores donde el acuífero es poco profundo. El estudio sugiere que las Redes Neuronales, pueden utilizarse como una alternativa viable en modelos físicos que simulen el comportamiento del acuífero, donde además se pueden reconstruir los datos de observaciones pasadas, durante largos periodos de tiempo [10].

Otro caso parecido ocurre en Corea del Sur, que debido a la necesidad de previsión del nivel de las aguas subterráneas en la sostenibilidad de su uso, es que utilizan las RNA para pronosticar el nivel de las aguas en la zona del río, donde usaron los datos entregados por dos pozos que fueron monitoreados [11].

En la India, se realizó la predicción del nivel de agua subterránea, semanalmente y en múltiples pozos, mediante RNA. Para su predicción se utilizó la aplicación de Redes Neuronales Artificiales y el modelo de Backpropagation. Las variables utilizadas correspondieron a precipitaciones semanales, evaporación, nivel del agua en el drenaje superficial, y el nivel de agua subterránea de 18 puntos. Los resultados obtenidos en este estudio arrojaron que el rendimiento fue mejor para los niveles de agua en plazos más cortos, llegando hasta 2 semanas de predicción [12].

Mientras que en Irán, se realizó la predicción de nivel de agua subterránea en la llanura de Bastam, a través de las RNA y ANFIS. Se recolectaron datos de hace 9 años, que incluyen los parámetros hidrológicos e hidrogeológicos como la recarga a través de lluvias y riego, y también las tasas de bombeos de los pozos [13].

3 Metodología

En la Figura 1, se observa el diagrama de la metodología que explica el proceso general de la investigación.

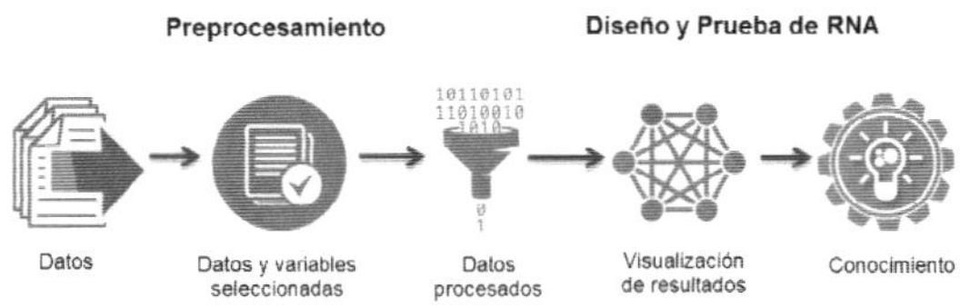

Fig. 1. Esquema general de la investigación.

En esta metodología se abarcan dos procesos principales, el preprocesamiento y la implementación de la Red Neuronal Artificial. A su vez, el preprocesamiento cuenta con las siguientes etapas: la obtención de los datos, ya sea desde expedientes, telemetría, estudios y alguna otra fuente de información; la selección de los datos y las variables, donde se seleccionan los datos relevantes para el estudio; la obtención de los datos preprocesados, que comienza con una limpieza de los datos extraídos en la etapa anterior, identificando los datos anómalos o fuera de rango. Además se implementan diversas estrategias para manejar los datos faltantes o en blanco, para luego normalizarlos y someterlos al modelo de Red Neuronal que se ha implementado.

3.1 Preprocesamiento de datos

Para poder realizar el preprocesamiento de los datos, primero se comenzó con la obtención de ellos, a través de reuniones y entrevistas con el Administrador de la Comunidad de Aguas Subterránea (CASUB), con un investigador activo en la zona de estudio y el Director de la Dirección General de Aguas (DGA).

De los 30 pozos existentes en el sector Bodega, se seleccionaron 20 pozos que cuentan con sistema de monitoreo, cuya vigencia comienza en el año 2013. Se obtienen los datos a través de los sistemas de monitoreo (SCADA), de dos empresas que prestan el servicio a la CASUB, a saber, Wiseconn (datos de 13 pozos) y Osmatic (datos de 7 pozos).

Otro medio de recolección de datos, fue a través de los expedientes del Conservador de Bienes Raíces, cuando el usuario con derecho de agua inscribe el pozo. En este, expone los datos obtenidos de niveles estáticos, dinámicos y caudal. Además de los estudios realizados años anteriores en la zona, por la DGA, los que disponen de las mediciones de los pozos en los años correspondientes.

En esta fase del proceso se realiza la primera limpieza de los datos. Para esto, se utilizaron los siguientes criterios de limpieza de datos:

- Todos los pozos deben tener a lo menos los datos de nivel estático, nivel dinámico y caudal.
- Todos los pozos deben tener sus datos de origen (datos que se toman en las pruebas de bombeo al momento de solicitar los derechos de agua ante la Dirección General de Aguas. Para el caso de este estudio los datos son extraídos desde los expedientes).
- Todos los pozos deben tener un historial de datos (datos extraídos de los expedientes y estudios).

Cuando un pozo no cumple con ninguno de estos criterios, se procede a eliminar el pozo en su totalidad, por la inexistencia de datos. Luego del primer filtro realizado con la limpieza de datos, y siguiendo el formato de la planilla en Excel que utiliza Wiseconn, se completan los años anteriores al 2013 con los datos recogidos desde los expedientes y estudios. En el caso que no existiesen datos en alguno de estos, se procede a eliminar el pozo en cuestión.

Una vez obtenido el total de los pozos que se estudiarán, se procede a eliminar los datos anómalos, como datos de nivel negativos y ceros. Además, se eliminan los meses o años completos que no se conoce la información en las tres variables (nivel estático, dinámico y caudal). Finalmente se realiza la imputación de los datos en los pozos, cuando se desconoce un dato de una de las tres variables (nivel estático, dinámico o caudal). La imputación de los datos faltantes, se realiza mediante la aplicación del modelo Random Forest. Para esto, se utiliza el software estadístico R-Studio.

Ya teniendo la planilla Excel con datos completos para cada uno de los pozos, se procede a normalizar entre 0 y 1 para luego usarlos como entrada y salida según corresponda. Para esto se utiliza la ecuación de normalización (1).

$$Z = \frac{x - x_{mínimo}}{x_{máximo} - x_{mínimo}} \quad \textbf{(1)}$$

Donde,

Z: es el valor normalizado entre 0 y 1.
x: es el valor que se normalizará.
$x_{mínimo}$: es el valor mínimo dentro del conjunto de datos.
$x_{máximo}$: es el valor mínimo dentro del conjunto de datos.

3.2 Diseño y Prueba de la Red Neuronal Artificial

En esta etapa se implementa la Red Neuronal, aplicando el algoritmo Backpropagation. Este modelo de RNA, es utilizado por la ventaja que tiene al modelar datos no lineales, como sucede en los casos de hidrología que aquí se expone, y por su capacidad de modelar cuando la relación entre los datos de entrada y salida es no-lineal, como entre las variables utilizadas en el estudio.

En comparación a otros modelos predictivos, las Redes Neuronales tienen la virtud de adaptarse a valores bastantes indefinidos e incluso ausentes, pero son difíciles en el momento de inspeccionar, pero sin embargo, es una buena herramienta de visualización y le da la posibilidad al usuario de reconstruir el razonamiento [14].

Para comenzar con la aplicación de la Red Neuronal, se designa el porcentaje para entrenamiento correspondiente al 80% y el 20% para prueba, en el modelado de cada uno de los pozos.

La validación de los resultados de la RNA, es través de indicadores de desempeño, que permiten indicar el grado de generalización del modelo utilizado. Los índices utilizados son: el Índice de Adecuación (IA), cuya fórmula se muestra en la ecuación (2), Error Cuadrático Medio (RMS), se muestra en la ecuación (3), y el Error Residual Estándar (RSD), cuya fórmula se muestra en la ecuación (4).

$$IA = 1 - \frac{\sum_{i=1}^{n} (o_i - p_i)^2}{\sum_{i=1}^{n} (|o_i'| - |p_i'|)^2} \quad \textbf{(2)}$$

$$RMS = \sqrt{\frac{\sum_{i=1}^{n}(o_i - p_i)^2}{\sum_{i=1}^{n} o_i^2}} \quad \textbf{(3)}$$

$$RSD = \sqrt{\frac{\sum_{i=1}^{n}(o_i - p_i)^2}{n}} \quad \textbf{(4)}$$

donde,

- o_i y p_i, corresponden a los valores observados y predichos, en el tiempo i.
- $p_i' = p_i - o_m$ y $o_i' = o_i - o_m$, siendo o_m el valor medio de las observaciones.
- n corresponde al número total de datos.

El Índice de Adecuación (IA), indica el grado de ajuste que tienen los valores estimados con los valores reales de una variable. Si el IA tiene un valor cercano a 1 quiere decir que es una buena estimación. Para que el RMS y el RSD tengan una buena calidad de ajuste, debe ser cercano a 0 [15].

4 Resultados

Los resultados se muestran según la estructura de la metodología aplicada en el estudio, comenzando con los resultados del preprocesamiento y finalmente los resultados obtenidos de la implementación de la Red Neuronal.

4.1 Resultados del Preprocesamiento

Al recabar la información desde las empresas que mantienen los sistemas de monitoreo, se encontró con que la empresa Wiseconn administra 13 pozos en el sector, mientras que la empresa Osmatic administra 7 pozos. De estos pozos todos tienen telemetría, no obstante algunos de estos están secos.

La forma en que la empresa Wiseconn entrega los datos de los pozos es a través de su plataforma, cuyas mediciones pueden ser descargadas semanal o mensualmente, entregando datos minuto a minuto. Las variables de las cuales entrega información son: Caudal Instantáneo, Bomba (cuyos valores son ON u OFF, correspondiente a si la bomba del pozo se encuentra encendida o apagada respectivamente) y Nivel (el cual será estático si el estado de la bomba es OFF, y nivel dinámico si el estado de la bomba es ON). Por lo tanto, los valores que se encuentran en el nivel dependen del encendido o apagado de la bomba.

Para la empresa Osmatic, los datos recopilados son: caudal (Q), nivel estático (NE) y nivel dinámico (ND). Se tomó un valor semanal para mantener un nivel de datos estándar con respecto a los datos entregados por la empresa Wiseconn.

Al realizar la limpieza de los datos mediante el criterio expuesto en el capítulo anterior, se obtuvo como resultado el primer filtro de pozos que serán modelados. De los 20 pozos disponibles con telemetría, 7 de ellos están secos, los cuales no cuentan con la cantidad de información necesaria desde la telemetría, entre los años 2013 – 2016, quedando 13 pozos por evaluar.

Al revisar y extraer los datos desde los estudios y expedientes, para los 13 pozos, resultó que sólo 5 de ellos cumplieron con la condición de obtener el histórico de datos, desde el origen hasta el último año de medición a través de la telemetría. Esto llevó a completar y consolidar las planillas en Excel que conforman la información histórica para cada uno de los pozos. Se eliminaron 8 pozos en esta segunda etapa del preprocesamiento, ya que no contenían datos históricos.

Por lo tanto, del total de 20 pozos que tienen telemetría, serán modelados 5 pozos. Cuatro de los pozos se encuentran disponibles (con agua y activo para la extracción) correspondientes al Pozo N°2, Pozo N°3, Pozo N°4 y Pozo N°5, mientras que el Pozo N°1 actualmente no se encuentra en uso para la extracción de agua. Aunque el pozo N°1 está en desuso se decidió modelarlo para efectos de comparar la calidad de la predicción. Cabe mencionar que la enumeración de los pozos corresponden según su ubicación geográfica desde Copiapó (Pozo N°1) a Santa Gemita (Pozo N°5).

Como resultado a la imputación de los datos faltantes mediante el algoritmo Random Forest, se logró hacer el relleno de los datos para los Pozo N°1, Pozo N°2 y Pozo N°5. Luego se realizó la normalización de los datos, transformándolos entre 0 y 1, para cada una de las variables (nivel estático, dinámico y caudal) de cada uno de los pozos.

Después del preprocesamiento de los datos, la cantidad de datos que se utiliza para el modelo de Red Neuronal, en cada pozo es: el Pozo N°1 tiene 283 datos; el Pozo N°2 tiene 268 datos; el Pozo N°3 tiene 231 datos; el Pozo N°4 tiene 217 datos y el Pozo N°5 tiene 233 datos para cada variable.

4.2 Resultados de Diseño y Prueba de la Red Neuronal Artificial

El modelo de Red Neuronal, fue implementado mediante Matlab y para llevarlo a cabo se consideró el 80% de los datos de cada pozo en entrenamiento y el 20% para prueba. Se creó un modelo neuronal independiente para la estimación de cada pozo.

Esta red es entrenada con el algoritmo Backpropagation y utiliza la función logarítmica sigmoidal en cada una de las neuronas de la capa oculta y salida. En los 5 pozos, se utilizó una estructura de 2 entradas, 1 capa oculta y 1 salida.

En la Tabla 2 se presentan los resultados de la predicción de niveles estáticos de los 5 pozos estudiados del sector Bodega, con las neuronas incluidas en cada capa oculta para los respectivos pozos y las medidas de evaluación para cada uno de los casos.

Tabla 2. Desempeño obtenido del nivel estático para cada pozo

Nombre del Pozo	Cantidad de neuronas en la capa oculta	IA	RMS	RSD	Instancias de entrenamiento	Instancias de Prueba
Pozo N°1	9	0,9727	0,0569	0,0330	226	57
Pozo N°2	12	0,9638	0,0133	0,0124	214	54
Pozo N°3	12	0,9946	0,1436	0,0869	185	46
Pozo N°4	7	0,9997	0,0335	0,0334	174	43
Pozo N°5	15	0,8342	0,0715	0,0611	186	47

Los resultados obtenidos muestran un buen desempeño en la predicción de los niveles del acuífero. Las figuras 2, 3, 4, 5 y 6, muestran los resultados en forma gráfica.

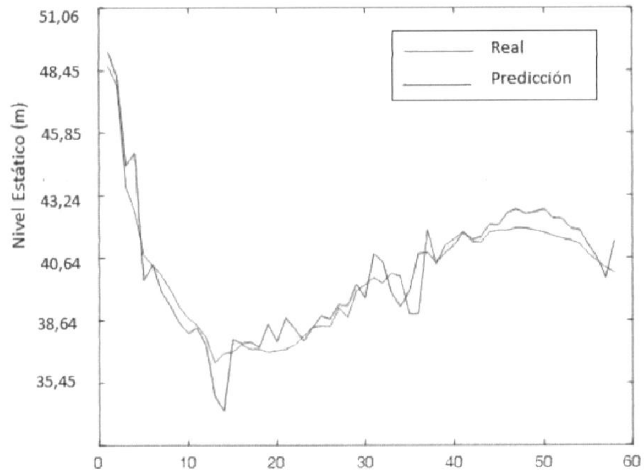

Fig. 2. Predicción de nivel estático para el Pozo N°1.

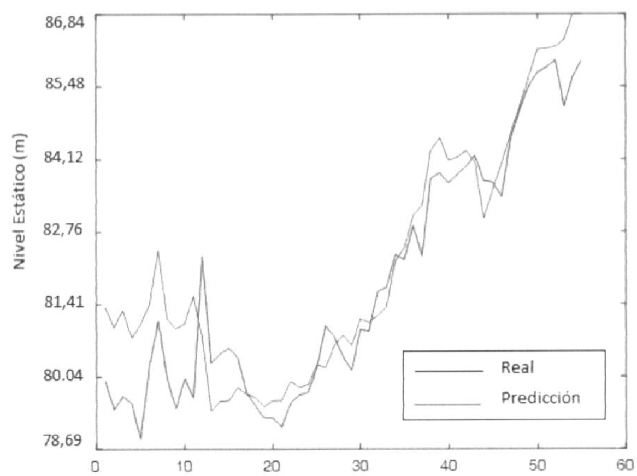

Fig. 3. Predicción de nivel estático para el Pozo N°2.

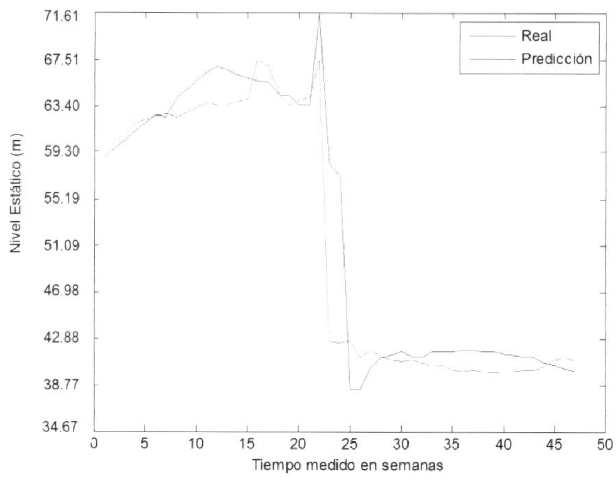

Fig. 4. Predicción de nivel estático para el Pozo N°3.

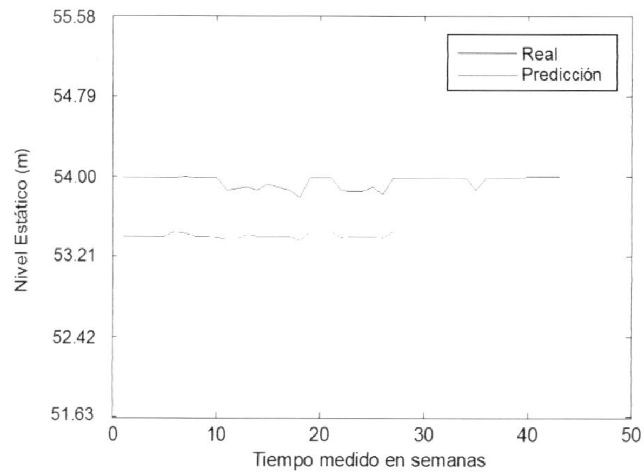

Fig. 5. Predicción de nivel estático para el Pozo N°4.

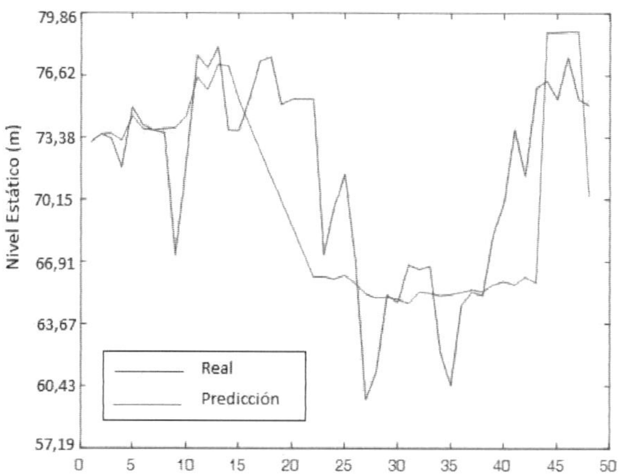

Fig. 6. Predicción de nivel estático para el Pozo N°5.

6 Limitaciones

Una de las limitaciones más importantes encontradas en el estudio, fue la poca periodicidad de las mediciones en los pozos, en muchos casos hubieron semanas y otros meses sin obtener datos, esto debido a que por ejemplo el instrumento de medición había sido robado y se tuvo que cambiar tiempo después, o bien se vieron dañados como consecuencia del aluvión del año 2015. Esto provocó la discontinuidad en los datos históricos de los pozos, pues en vez de tener los datos semanales durante todo el año, en ciertos años, no exista información de todo un mes. Por esta razón es que se encuentran pozos con menos cantidad de datos, entre los 5 pozos modelados.

Otra de las limitaciones, es que al tener dos sistemas distintos (Wiseconn y Osmatic), el proceso de extracción de los datos resulta ser mucho más difícil y toma una cantidad de tiempo mayor al estimado, debido a que hay que adaptar y establecer una forma estándar para su recolección. La diferencia entre ambos sistemas, es que en uno se puede descargar una planilla en Excel con la información y en el otro sólo es posible visualizarlo a través de la pantalla, y para extraer un dato (de nivel o caudal, por ejemplo), se debe realizar manualmente pasando con el cursor sobre la curva de nivel, para luego traspasarlos a la plantilla de trabajo que se ha establecido.

7 Conclusiones

El presente estudio demuestra que es posible hacer una predicción de los niveles del acuífero, utilizando como variables de entrada el nivel dinámico y el caudal para 5 pozos del sector Bodega, que corresponde al sector número 5. Esto demuestra la eficiencia y aplicabilidad de las Redes Neuronales Artificiales en usos hidrogeológicos.

Con los resultados obtenidos de la predicción, se puede visualizar el comportamiento del acuífero posterior a las últimas mediciones. Para tales casos, se puede concluir que en el Pozo N°1, tiende a una disminución del nivel estático en el acuífero, llegando a unos 43 metros aproximadamente, de profundidad en 60 semanas, donde su última medición fue de 40 metros. Para el Pozo N°2 se visualiza un aumento del nivel estático en el acuífero, que en aproximadamente 50 semanas, logra alcanzar una profundidad aproximada de 85,5 metros y su última medición fue de 86,63 metros. En el Pozo N°3 es posible observar una tendencia a disminuir levemente su nivel estático, de 40 metros que fue su última medición a 42,8 metros aproximadamente en 50 semanas. Para el Pozo N°4 se mantiene estable en los 54 metros de profundidad durante 45 semanas. Finalmente para el Pozo N°5 tiene una tendencia de mantenerse estable en los 73 metros aproximadamente de profundidad durante 50 semanas.

Una de las grandes ventajas, que se puede concluir de las Redes Neuronales Artificiales, es que son modelos mucho más sencillos de implementar y se obtienen, en este caso, bajos errores en la predicción. Además, se puede representar prácticamente la misma estructura de red, que se utilizó en un pozo para todos los demás.

Además, se puede identificar el cumplimiento a una de las necesidades más importantes de la Comunidad de Aguas Subterránea, como organismo regulador y quienes toman las decisiones para el sustento del recurso hídrico en el sector Bodega, que si bien el pronóstico resulta ser acotado a tiempos que ya transcurrieron, se demuestra que es posible seguir utilizando el modelo y alimentándolo con datos actuales y así obtener resultados a largo plazo. Para ello se deben considerar mediciones de los niveles estáticos, dinámicos y caudal periódicamente, ya que si además se quiere expandir el modelo a lo largo de toda la cuenca, es fundamental disponer de información completa.

Una propuesta como trabajo futuro, es realizar una búsqueda más detallada sobre la cantidad de hectáreas que riegan con el agua de estos pozos y así obtener una relación de productividad en el sector, según los niveles disponibles de agua en el acuífero.

Referencias

1. Geohidrología Consultores LTDA. "Catastro de usos y usuarios del agua de Copiapó, Sector La Puerta – Angostura". Biblioteca de la Dirección General de Aguas. Santiago, Chile. 2015.
2. J.R., Portalis. "Aprovechamiento de Recursos Hidráulicos en el valle de Copiapó", pp. 179-181. Corporación de Fomento de la Producción. Copiapó, Chile. 1963.
3. Alamos y Peralta Ingenieros Consultores LTDA. "Análisis y Evaluación de los recursos hidrogeológicos Valle del Río Copiapó - III Región". Biblioteca de la Dirección General de Aguas. Copiapó, Chile. 1987.
4. Dirección General de Aguas. "Actualización de modelación integrada y subterránea del acuífero de la cuenca del Río Copiapó". Biblioteca de la Dirección General de Aguas. Copiapó, Chile. 2013.
5. R. Troncoso, M. Espinoza, Y. Pérez, R. Castro, M. Lorca, N. Vega, P. Feuker, C. Arévalo, E. Mercado, C. Creixell, M. Ortiz, R. Wall. "Evaluación hidrogeológica de la cuenca del río Copiapó, con énfasis en la cuantificación, dinámica y calidad química de los recursos hídricos superficiales y subterráneos." Biblioteca de SERNAGEOMIN. Santiago, Chile. 2012.
6. N. González, C. Araya. "Las TIC's en apoyo de la Administración Integrada del Recurso Hídrico". VII Congreso Internacional de Computación e Informática del Norte de Chile, INFONOR. Copiapó, Chile. 2016.
7. E. Vargas, N. Neira, V. Quintero. "Aplicación del modelo neurodifuso ANFIS vs Redes Neuronales, al problema predictivo de caudales medios mensuales del río Bogotá en Villapinzón". Revista Tecnura, pp. 18-29. 2012.
8. L. Campozano."Análisis de la Robustez de un Modelo de Redes Neuronales para la Predicción de Caudales en la cuenca alta del Río Paute". Universidad Politécnica Salesiana. Ecuador. 2011.
9. W. Béjar, K. Valeriano, J. C. Ilachoque, J. Sulla. "Predicción de caudales medios diarios en la cuenca del Amazonas aplicando redes neuronales artificiales y el modelo neurodifuso ANFIS". Research in Computing Science 113, pp. 23-35. Arequipa, Perú. 2016.
10. R. Taormina, K. Chau, R. Sethi. "Artificial neural network simulation of hourly groundwater levels in a coastal aquifer system of the Venice lagoon". Engineering Applications of Artificial Intelligence, pp. 1670-1676. Turín, Italia. 2012.

11. S. Lee, H. Yoon, B. Park, K. Lee. "Application of artificial neural network model for groundwater level forecasting in a river island with artificial influencing factors". In EGU General Assembly Conference Abstracts. Vol. 19, pp. 11782. Corea. 2017.
12. S. Mohanty, M. Jha, S. Raul, K. Sudheer. "Using artificial neural network approach for simultaneous forecasting of weekly groundwater levels at multiple sites". Water Resources Management. India. 2015.
13. S. Emamgholizadeh, K. Moslmi, G. Karami. "Prediction the Groundwater Level of Bastam Plain (Iran) by Artificial Neural Network (ANN) and Adaptative Neuro-Fuzzy Interference System (ANFIS)". Springer. Shahrud, Irán. 2014.
14. V. Valcárcel. "Datamining y el descubrimiento del conocimiento". Revista de la Facultad de Ingeniería Industrial, pp. 83-86. 2004.
15. C. Zambrano, D. Rojas, K. Carvajal. "Análisis de rendimiento académico estudiantil usando data warehouse y redes neuronales". Ingeniare. Revista chilena de ingeniería, vol. 19 Nº 3, pp. 369-381. Copiapó, Chile. 2011.
16. Mercado Público. "Licitaciones". Fecha de consulta: 14 de Septiembre de 2017. URL: http://www.mercadopublico.cl/Procurement/Modules/RFB/DetailsAcquisition.aspx?qs=C+QUMK+EwH00iBtEm3cY2ETmbvyT69pHkzc1FoEKOZvJpP2XqBlLXjHoO1I1n6qH
17. S. Mohanty, K. Madan, M. Jha; K. Ashwani, D.K. Panda. "Comparative evaluation of numerical model and artificial neural network for simulating groundwater flow in Kathajodi–Surua Inter-basin of Odisha, India". Journal of Hydrology Elsevier, pp. 38-51. India. 2013.

Technological Training in the University Curriculum: A Proposal for the Curricular Evaluation of the System Engineering Career through the CIPP Model

Ivan Iraola-Real[1], Milton Gonzales-Macavilca[2]

[1] Universidad de Ciencias y Humanidades,
Unit of Investigation of the Faculty of Humanities Education and Social Sciences, Lima, Perú
iiraola@uch.edu.de
orcid.org/0000-0001-6479-8961
[2] Universidad de Ciencias y Humanidades,
Centre for Interdisciplinary Science and Society Studies, Lima, Perú
mgonzalesm@uch.edu.com
orcid.org/0000-0001-6959-0596

Abstract. In Peru it is necessary to have curricular evaluation proposals to guarantee the quality of the university in the engineering careers. For this reason the objective of this study is to evaluate the curricular proposal in terms of technological training in the System Engineering career according to the CIPP Model (Context, inputs, processes and products). For this the sample was 43 students, 10 of the ninth (23%) and 33 of the tenth cycle (76.6%). To evaluate the curriculum a scale of 19 items was elaborated that showed adequate levels of validity (*KMO =.52*) and reliability (α *=.94*). Finally it was concluded that students assign low qualifications to the curriculum for not responding to the international and national context; and also qualified under the inputs (curricular resources and specialized teachers); but they assigned a good qualification to the processes (teaching and evaluation methodologies) and to the products (exit profile).

Keywords: Curriculum evaluation, Model CIPP, technological education.

1 Introducción

El currículo o plan de estudios debe estar alineado a la misión y visión de una institución educativa para lograr los objetivos previstos; por ello es esencial evaluar el currículo y garantizar los aprendizajes y las competencias esperadas [1]. Se debe tomar en cuenta que el currículo se planea para orientar las acciones pedagógicas planteando los objetivos, los contenidos a enseñar, las metodologías de enseñanza, los materiales educativos o recursos didácticos, y también los criterios de evaluación [2]. Así, el currículo permite el logro de aprendizajes significativos, perdurables y comprensivos, para la adecuada adaptación al mundo académico y la incorporación de nuevos profesionales al campo laboral [3].

Esta necesidad de incorporar a los profesionales al campo laboral se vive en el contexto universitario peruano, por ello se está implementando de forma gradual la Educación Basada en Competencias (EBC) mediante la aplicación de diversas estrategias llevadas a cabo por el Sistema Nacional de Evaluación y Acreditación Educativa (SINEACE). Esto con el propósito de lograr una educación universitaria de calidad para educar profesionales competentes, sobre todo en las carreras relacionadas al desarrollo económico como Administración, Contabilidad e Ingeniería de Sistemas [4] (ver Fig. 1). Asimismo, en conformidad a lo planteado en la Ley Universitaria N° 30220 se espera que cada universidad logre la calidad educativa innovando sus propuestas curriculares, lo cual debe complementarse con una adecuada implementación de recursos humanos (docentes calificados) y recursos educativos como laboratorios, bibliotecas, bases de datos especializadas, etc, para garantizar la inserción laboral de sus egresados [5]. Y, en conformidad con el SINEACE, las universidades deben acreditar sus carreras profesionales no solo evaluando e innovando el currículo, sino también mediante la aplicación de proyectos tecnológicos y de inversión, e incorporando docentes investigadores comprometidos con la producción y publicación de trabajos investigativos [6].

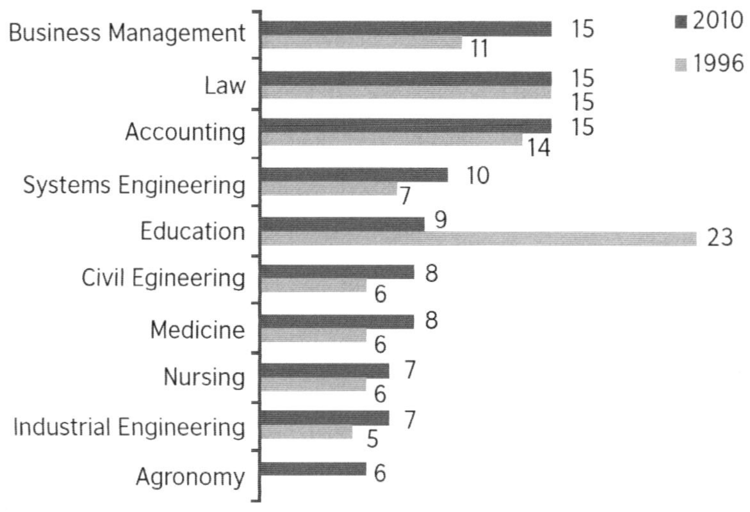

Fig. 1. Censos Nacionales Universitarios, 1996 y 2010. Se puede observar que en 14 años de diferencia las carreras de Ingeniería de Sistemas, Ingeniería Civil y la de Ingeniería Industrial lograron crecer en cuanto a la demanda estudiantil. Fuente: British Council [4].

Pero la innovación educativa requiere de la evaluación del currículo (de la malla curricular o plan de estudios) como práctica coherente de principios educativos serios [7-8] para así mejorar la educación en las carreras universitarias. Además, una ventaja de la evaluación curricular es que puede hacerse de forma parcial o total [9] y con ella los educadores son capaces de enfocarse en diferentes momentos del desarrollo curricular como por ejemplo desde el diagnóstico inicial para implementar la carrera, en la elaboración del estudio y su puesta en acción, los resultados alcanzados [10], y también si el desarrollo en investigación favorece alianzas con el sector industrial para garantizar el crecimiento económico [11]. Y, específicamente, al planificar las carreras peruanas de ingeniería se deben considerar las experiencias de Inglaterra, Norteamérica o Europa en educación tecnológica [12], para responder al contexto internacional desde las propuestas curriculares [4].

Ahora bien, para evaluar las propuestas curriculares de las carreras de ingenierías se puede aplicar el Modelo CIPP (Context, Input, Process and Product) de Stufflebeam y Shinkfield [13], el cual, además de que ha resultado ser eficiente en diversas organizaciones, ha obtenido óptimos resultados en el campo educativo porque permite identificar si el currículo es coherente con el contexto, si posee los recursos adecuados, si sus procesos o metodologías de enseñanza son acordes al perfil del educando que se espera formar y si los productos alcanzados fueron acordes a los objetivos propuestos [14].

Este modelo de evaluación fue propuesto por Daniel Stufflebeam entre los años 1968 a 1971 y busca identificar información relevante a través de cuestionamientos que permiten contemplar y evaluar la situación actual (*¿qué se está haciendo eficientemente?*), las acciones que deben tomarse a futuro (*¿qué es lo que se deberá hacer y cómo?*) y el análisis retrospectivo de dichas acciones (*¿se dio cobertura a todas las necesidades? ¿Se diseñó y ejecutó de acuerdo a lo requerido? ¿Los logros fueron exitosos?*). Y esto, definitivamente, también puede utilizarse para el desarrollo y la mejora del currículo [15], para lo cual se debe brindar información sobre los objetivos, la planificación, la realización y el impacto de un programa educativo, que sirva de guía para la toma de decisiones y la solución de dificultades educativas [13-14] [16].

Entonces, considerando que la evaluación curricular permite valorar los logros de un programa educativo [17] y garantiza, a su vez, el cumplimiento de los objetivos [1], y dado que el Modelo CIPP es uno de los más usados debido a su eficiencia en el campo educativo [14] [18] la presente investigación tiene como finalidad evaluar la propuesta curricular de formación tecnológica de la carrera de Ingeniería de Sistemas de una universidad privada de Lima – Perú según el Modelo CIPP; específicamente, se pretende evaluar si el currículo responde al contexto (nacional e internacional), si posee los insumos humanos y materiales idóneos, si sus procesos metodológicos de enseñanza y evaluación son los adecuados y finalmente si los logros son los esperados [5-6].

2 Metodología

El presente estudio es cuantitativo en el cual se analizarán de forma estadística [19] y descriptiva [20] la evaluación del currículo de la carrera de Ingeniería de Sistemas.

2.1 Participantes

Los participantes se seleccionaron bajo un muestreo por conveniencia [21], fueron un total de 43 estudiantes de la carrera de Ingeniería de Sistemas, 10 del noveno ciclo (23.3%) y 33 del décimo ciclo (76.6%) (100% varones).

2.2 Instrumentos

Escala de Evaluación Curricular en Educación Tecnológica para Ingenierías. El instrumento fue elaborado para la presente investigación con la finalidad de evaluar la orientación tecnológica de la propuesta curricular de acuerdo a los criterios del Modelo CIPP. La escala consta de 19 ítems, los 7 primeros evalúan el criterio "contexto", por ejemplo el ítem 2 ("La malla curricular de las carreras de ingenierías responde tecnológicamente a lo exigido internacionalmente"). Del ítem 8 al 13 se evalúa el criterio "insumos", por ejemplo el ítem 12 ("El perfil de los docentes de las carreras de ingenierías certifica sus estudios especializados en lo informático"). Luego, del ítem 14 al 16 se evalúa el criterio "procesos", como por ejemplo el ítem 14 ("Pienso que la metodología de enseñanza en los cursos relacionados a lo informático o tecnológico es idónea para nuestra formación profesional"). Y, finalmente, del ítem 17 al 19 se realiza el análisis del criterio "producto", por ejemplo el ítem 19 ("Siento que ya a punto de culminar mi carrera ya puedo (en lo tecnológico) hacer laboralmente lo que hace un ingeniero"). Se consideró oportuno que cada criterio tenga, por lo menos, tres ítems, que es la cantidad mínima adecuada para el análisis del método de consistencia interna del Alfa de Cronbach [22], para así lograr el coeficiente de confiabilidad adecuado con valores de .70 o .60 a más [23].

Como parte del aporte del presente estudio se elaboró un instrumento para desarrollar la evaluación curricular en cuanto a la enseñanza tecnológica en ingeniería; y a modo de resultados preliminares se presenta el análisis de validez con la prueba de ajuste muestral de Kaiser Meyer y Olkin (KMO) en el que se obtuvo el valor de .52, lo que demuestra la validez de la escala. Luego, el análisis de confiabilidad con el Coeficiente Alfa de Cronbach reflejó que para la sub escala de contexto el coeficiente fue de .89, para la sub escala de insumos fue de .96, para la de procesos fue de .72, para la de producto fue de .90; y, finalmente, la escala general obtuvo un coeficiente de confiabilidad de .94. Estos valores indican que la escala de evaluación curricular en educación tecnológica es óptima para futuras evaluaciones (ver Tabla 1).

Tabla 1. Validez y confiabilidad de la Escala de Evaluación Curricular para Ingenierías

Valores óptimos	Validez		Confiabilidad	
	KMO	**Test Bartlett**	**Cronbach**	**Item-total**
	≥ .50	***p* < .05**	**≥ .60 o .70**	**≥ .30**
Escala de Evaluación Curricular para Ingenierías	.52	.001	.94	.31-.93
Subescala Contexto			.89	.61-.84
Subescala Insumos			.96	.71-.95
Subescala Procesos			.72	.46-.65
Subescala Producto			.90	.75-.85

Nota: Se aprecia que KMO es bueno [24], y la significatividad también ($p = .001$). Además según los estudios de Aiken [23] el coeficiente Alfa de Cronbach de la escala indica que es confiable al superar el valor de .70, y el ítem total debe ser mayor o igual a .30.

2.3 Procedimientos

En primer lugar se solicití el permiso de los responsables de la universidad. Luego se aplicaron las escalas respetando el procedimiento ético de investigación, que consistió en presentar a los participantes los protocolos de consentimiento informado, donde se les especificó que su participación era voluntaria y anónima [25]. Después se elaboró la base de datos con el software Statistical Package for the Social Sciences (SPSS) [24]. En el análisis de resultados, primero se verificó la validez y confiabilidad de la **Escala de Evaluación Curricular en Educación Tecnológica para Ingenierías** (ver Tabla 1), luego se analizaron las diferencias de medias con la prueba *t* de Student, después los estadísticos descriptivos y las correlaciones entre las dimensiones del Modelo CIPP de Stufflebeam y Shinkfield.

3 Resultados

3.1 Diferencia de medias

En la Tabla 2 se aprecia la diferencia de medias empleando el análisis de la prueba *t* de Student para comparar muestras independientes según el ciclo de estudios. Se observa que las medias en evaluación curricular según contexto, según los insumos y en evaluación curricular según los procesos los estudiantes del 9no ciclo otorgan una mejor calificación a su currículo en cuanto a formación tecnológica, evidenciando valores de significancia adecuados (*p≤.001*). Esta diferencia también se pudo observar en el promedio ponderado, siendo mayor en los estudiantes del décimo ciclo.

Tabla 2. Diferencia de medias con la prueba *t* de Student según el ciclo de estudios

Evaluación Curricular en Educación Tecnológica	Ciclo	Media	DE	*t*	*p*
Contexto	9no	5,06	,63	5,99	,000
	10mo	3,46	,77	6,62	,000
Insumos	9no	4,80	,61	6,64	,000
	10mo	2,45	1,06	8,78	,000
Proceso	9no	6,13	,28	6,37	,000
	10mo	4,71	,69	9,58	,000
Producto	9no	6,20	,91	1,90	,064
	10mo	5,55	,96	1,97	,066
Promedio Ponderado	9no	11,80	,79	-3,70	,001
	10mo	13,09	1,01	-4,23	,000

3.2 Estadísticos descriptivos

Para el análisis de los resultados de los estadísticos descriptivos (ver Tabla 3) se va a hacer uso de las categorías de estimación previstas para la puntuación obtenida de la escala. Estas categorías fueron: 1 (deficiente logro), 2 (muy bajo logro), 3 (bajo logro), 4 (regular logro), 5 (buen logro), 6 (muy buen logro) y 7 (excelente logro).

De acuerdo a estas categorías se observó que para la dimensión del Modelo CIPP denominada Evaluación Curricular en Educación Tecnológica: Contexto, la media fue de 3,83, lo que significa que el currículo ha sido estimado con un *"bajo logro"* en educación tecnológica para responder al contexto nacional e internacional. Luego, para la dimensión insumos (recursos humanos y materiales) la media fue de 3,00, lo que significa que el currículo en cuanto a educación tecnológica ha sido estimado con un *"bajo logro"* (la media más baja). Después, la dimensión procesos obtuvo una media de 5,04, lo que significa que para los estudiantes de los últimos ciclos la educación tecnológica ha alcanzado un *"buen logro"* respecto a las metodologías de enseñanza y de evaluación. Y finalmente para la dimensión productos la media fue de 5,70 (la más alta), lo que refleja un *"buen logro"* respecto al producto expresado en el perfil de egreso.

Tabla 3. Estadísticos descriptivos según las dimensiones del Modelo CIPP de evaluación curricular en educación tecnológica

Evaluación Curricular en Educación Tecnológica	N	Rango	Mínimo	Máximo	Media	DE
Contexto	43	1-7	2	6	3,83	1,00
Insumos	43	1-7	1	5	3,00	1,40
Proceso	43	1-7	3	6	5,04	,86
Producto	43	1-7	3	7	5,70	,98
Promedio Ponderado	43	1-20	11	15	12,79	1,10
N válido (por lista)	43					

El análisis previo evidenció que la calificación más baja fue en las dimensiones contexto e insumos, las cuales serán analizadas con mayor detalle a continuación.

La dimensión contexto del Modelo CIPP posee dos sub dimensiones, una de ellas es contexto internacional y la otra el contexto nacional. En la Tabla 4 se observa que la sub dimensión contexto internacional obtuvo una media de 2,31, lo que significa *"muy bajo logro"* de educación tecnológica en el contexto internacional (siendo la media más baja). Luego, para la sub dimensión contexto nacional la media fue de 4,97, lo que refleja un *"regular logro"* respecto a su capacidad de respuesta al contexto nacional (las normativas universitarias peruanas, a las exigencias del Colegio de Ingenieros del Perú y del contexto laboral peruano).

Tabla 4. Estadísticos descriptivos de la dimensión contexto del Modelo CIPP

Evaluación Curricular en Educación Tecnológica	N	Rango	Mínimo	Máximo	Media	DE
Contexto Internacional	43	1-7	1	4	2,31	1,25
Contexto Nacional	43	1-7	3	7	4,97	,93

Luego la dimensión insumos del Modelo CIPP posee dos sub dimensiones, una de ellas refiere a los recursos curriculares (materiales didácticos, libros, laboratorios, plataformas virtuales, bases de datos, etc.) y la otra a los recursos humanos (docentes actualizados y especializados en aspectos tecnológicos). En la Tabla 5 se observa que la sub dimensión recursos curriculares obtuvo una media de 3,30, lo que implica un *"bajo logro"* de avance en la implementación de los insumos curriculares para garantizar la educación tecnológica. Luego, para la sub dimensión denominada recursos humanos la media fue de 2,69, que evidencia un *"muy bajo logro"* en cuanto a los docentes especializados y actualizados para garantizar la educación tecnológica.

Tabla 5. Estadísticos descriptivos de la dimensión insumos del Modelo CIPP

Evaluación Curricular en Educación Tecnológica	N	Rango	Mínimo	Máximo	Media	DE
Insumos (Recursos Curriculares)	43	1-7	1	5	3,30	1,50
Insumos (Recursos Humanos)	43	1-7	1	5	2,69	1,34

Luego del análisis de los estadísticos descriptivos de cada dimensión del Modelo CIPP se decidió analizar cómo esto se relaciona con el ciclo de estudios y con el promedio ponderado de los estudiantes de la carrera de Ingeniería de Sistemas.

3.3 Correlaciones

El análisis de correlaciones se realizó asumiendo los criterios de Cohen para establecer si estas eran leves (*r = .10 a 23*), moderadas (*r= .24 a 36*) o fuertes (*r=.37 a más*) [26]. Y según estos criterios se observa en la Tabla 6 que el promedio ponderado de los estudiantes se relaciona de forma negativa, moderada y significativa (r=-,36*; p<.05) con los insumos del currículo. Esto significa que ante las deficiencias de los insumos del currículo los estudiantes poseen un mayor promedio ponderado (y viceversa). De acuerdo con las dimensiones del Modelo CIPP con el ciclo de estudios se observa que el contexto (r=-,68*; p<.001), los insumos (r=-,72*; p<.001) y los procesos (r=-,70*; p<.001) se relacionan de forma negativa, fuerte y significativa con el ciclo de estudios. Esto quiere decir que a mayor ciclo de estudios es menor la calificación del currículo respecto al contexto nacional e internacional, a sus insumos (recursos curriculares y humanos) y procesos (las metodologías de enseñanza y de evaluación).

Tabla 6. Coeficientes de correlación

	Dimensiones del CIPP	Promedio Ponderado	Ciclo de Estudios
1	Evaluación Curricular Contexto	-,19	-,68***
2	Evaluación Curricular Insumos	-,36*	-,72***
3	Evaluación Curricular Procesos	-,21	-,70***
4	Evaluación Curricular Producto	-,12	-,29

4 Discusión

Asumiendo que la evaluación curricular permite la reflexión y la transformación educativa [3], la presente investigación se orientó bajo el objetivo de evaluar la propuesta curricular de la formación tecnológica de la carrera de Ingeniería de Sistemas de una universidad privada de Lima – Perú según el modelo CIPP; y respecto a este propósito se lograron identificar los siguientes resultados.

Si bien los estudiantes del noveno ciclo brindaron una mejor calificación, en la evaluación general el plan de estudios fue calificado con un muy bajo nivel de logro en formación tecnológica respecto a las exigencias del contexto internacional [4][12], asimismo plan de estudios fue calificado con un nivel regular de logro en cuanto a las respuestas al contexto nacional.

Luego, desde la percepción de los estudiantes en cuanto a su formación tecnológica el currículo universitario presenta un *"bajo logro"* de avance en la implementación de insumos denominados recursos curriculares, que refieren a los materiales didácticos, libros, laboratorios, plataformas virtuales, bases de datos, etc. [5]. En cuanto a la incorporación de docentes especializados y actualizados [6] en aspectos informáticos también revela un *"bajo logro"*. Respecto a los insumos es necesario mejorar cualitativamente la implementación de recursos curriculares tecnológicos y de docentes calificados para mejorar también la educación según lo exigido por la Ley Universitaria [5] y con los estándares del SINEACE [4-6].

Por último, respecto a los procesos curriculares (metodologías de enseñanza y de evaluación) los estudiantes calificaron que el plan de estudios ha logrado un *"buen logro"*. Asimismo, la dimensión productos obtuvo la calificación más alta de todos los elementos del Modelo CIPP [13-15]; es decir, que según la percepción de los estudiantes el currículo posee un *"buen logro"* en cuanto al perfil de egreso. Esta calificación, que si bien no implica un *"excelente logro"*, demuestra que para los estudiantes la metodología de enseñanza [3], la evaluación y su perfil de egreso [1-2] [14] sí cumplen con los objetivos planteados en las propuestas curriculares [14] [16].

Referencias

1. D. Ried, "A model for curricular quality assessment and improviment," *American Journal of Pharmaceutical Education*, vol. 75, no. 10, pp. 1–10, 2011.
2. M. Rodríguez, Una didáctica crítica para el currículo sociocrítico en un mundo parcialmente globalizado. Seminario sobre Educación de Personas Adultas, Cullera - Valencia, España, (Julio de 2005).
3. J. Ruiz, "Evaluación del diseño de una asignatura por competencias, dentro del EEES, en la carrera de Pedagogía: Estudio de un caso real," *Revista de Educación*, vol. 35, no. (1), pp. 435 – 460, 2008a.
4. British Council, "The Reform of the Peruvian University System: Internationalisation, progress, challenges and opportunities" [Online], Oct 2016. Available: https://www.britishcouncil.pe/sites/default/files/the_reform_of_the_peruvian_university_system_interactive_version_23_02_2017.pdf
5. Congreso de la República (2014). Nueva Ley Universitaria. Ley N° 30220. Lima. Perú.
6. Sistema Nacional de Evaluación, Acreditación y Certificación de la Calidad Educativa (SINEACE), Modelo de Acreditación para Programas de Estudios de Educación Superior Universitaria 2016. Lima. Perú.
7. D. Kern; P. Thomas; M. Hughes, *Curriculum Development for Medical Education: A Six-Step Approach. 2nd ed.* Baltimore, MD: Johns Hopkins University Press, 2009.
8. G. Morrison; S. Ross; J. Kemp; H. Kalman, *Designing Effective Instruction. 6th ed.* Hoboken, NJ : John Wiley & Sons Inc, 2010.
9. A. Díaz, "Evaluación curricular y evaluación de programas con fines de acreditación: Cercanías y desencuentros". Conferencia del Congreso Nacional de Investigación Educativa, Sonora, México, 2005.
10. M. Brovelli, Evaluación Curricular. *Fundamentos en Humanidades*, vol. 2, no. 4, pp. 101 – 122, 2001.
11. P. Mueller, Exploring the knoledge filter: How entrepreneurship and university-industri relationships drive economic growth, Research Policy, Year: 2006, Volume: 35, Issue: 10, Pages: 1499 - 1508.
12. D. Guerrero; M. Palma; I. De los Ríos, Higher education in Industrial Engineering in Peru: Towardas a new model based on skills. Universidad de Piura. 2012. Recuperado de: https://pirhua.udep.edu.pe/bitstream/handle/11042/1551/Higher_education_in_industrial_engineering_in_Peru%3a_towards_a_new_model_based_on_skills.pdf?sequence=1&isAllowed=y

13. L. Stufflebeam; J. Shinkfield, *Evaluación sistemática*. España: Paidos. 1993.
14. L. Stufflebeam; J. Shinkfield, *Evaluation theory, models, and applications*. San Francisco: Jossey-Bass. 2007.
15. J. Damián; E. Montes, "Eficácia do programa educativo de técnico superior universitário em administração. Um autodiagnóstico através do modelo CIPP," *Revista Iberoamericana de Evaluación Educativa,* vol. 4, no. 1, *pp. 1*68–200, 2011.
16. L. Stufflebeam; J. Shinkfield, *Evaluación sistemática. Guía teórica y práctica*. España: Centro de Publicaciones del Ministerio de Educación y Ciencia-Paidos. 1995.
17. J. Ruiz, Cómo hacer una evaluación de centros educativos. Madrid: Narcea, 2008b.
18. W. Warju, "Educational Program Evaluation using CIPP Model,". *Innovation of Vocational Technology Education*, vol. 39, no. 1, pp. 36-42, 2016.
19. M. Appelbaum; H. Cooper; R. Kline; E. Mayo-Wilson; A. Nezu; S. Rao, S. Journal Article Reporting Standards for Quantitative Research in Psychology: The APA Publications and Communications Board Task Force Report. *American Psychological Association*, vol. 73, no. 1, pp. 3 – 25, 2018. Recuperado de https://psycnet.apa.org/fulltext/2018-00750-002.pdf
20. D. Ary; L. Cheser, C. Sorensen; D. Walker, *Introduction to research in education*. Boston: Cengage, 2019.
21. K. Saumure; L. Given, Convenience Sample. In The SAGE Encyclopedia of Qualitative Research Methods. Thousand Oaks, CA: Sage, 2008.
22. D. Streiner, "Figuring out factors: the use and misuse of factor analysis,". *Can Journal Psychiatry*, vol. 39, pp. 135-40, 1994.
23. R. Aiken, *Psychological testing and assessment* (11th Ed.).Boston: Allyn & Bacon, 2002.
24. A. Field, *Discovering statistics using SPSS* (3era Ed.). Lóndres: Sage Publications, 2009.
25. A. Noreña; N. Alcaraz-Moreno; J. Rojas; M. Rebolledo-Malpica, Aplicabilidad de los criterios de rigor y éticos en la investigación cualitativa. *Aquichan*, vol. 12, no. 3, pp. 263 – 274, 2012.
26. J. Cohen. "A power primer," *Psychol. Bull.*, vol. 112, pp. 155–159, 1992.

Experiences of educational robotics in rural schools: A pilot study in the Region of Atacama - Chile

Nahur M. Meléndez Araya[1], Carlos Vernal Navarrete[1]

[1] Universidad de Atacama, Avd. Copayapu #485, Copiapó, Chile
nahur.melendez@uda.cl, carlos.vernal@alumnos.uda.com.

Abstract. The Educational Robotics (ER), is not simply to assemble robots, but has multiple applications for creating environments in which students can put their ideas to work, using their imagination and creativity. This paper reports the result from ER experiences carried out with students of rural educational establishments of the Region de Atacama (Chile), during the 2018 school year. The activities developed were designed as a role playing, where the students are located as an expert team that develops a robotic assistant to solve challenges and problems of the region. As a result of the experimentation with ER it can be affirmed that the participants get used to using the robot quickly, making highly participative interactions between peers in order to learn and solving problems which are related to them.

Keywords: Rural Education, Primary Education, Educational Informatics, Educational Robotics, ICT in Education.

1 Introducción

A finales del siglo XX, la robótica comenzó a formar parte integral de nuestra sociedad y a expandirse a diversas áreas, entre ellas la educación [1] [2]. Hoy en día es bien sabida la importancia que tienen las Tecnologías de la Información y Comunicación (TIC) en la educación, dejando de ser tema de discusión su rol como instrumento de apoyo al proceso de enseñanza aprendizaje [3], siendo determinantes para el éxito en una nueva era basada en la economía del conocimiento [4] [5]. Aun cuando introducir e implementar la robótica en las escuelas proporciona mejoras en la creatividad e imaginación de los niños, aprenden a dar soluciones innovadoras y les permite trabajar en equipo, son pocas las escuelas que la tienen implementada formalmente en su curriculum, siendo mayoritariamente desarrollada en actividades de carácter extraescolar [1]. Sin embargo, tal como se plantea en [6], no se puede suponer que el uso de la tecnología por sí sola mejorará de forma automática los aprendizajes.

El trabajo presentado por Díaz y colegas [7], indica que las políticas educativas del Ministerio de Educación de Chile (MIDEDUC), con respecto a la educación rural, han sido centradas solamente en la optimización de los recursos fiscales y la gestión escolar, dejando de lado objetivos primordiales que permitan revertir los índices de pobreza, mejorar las condiciones de vida, el desarrollo rural sostenible y la conservación de la cultura local. Según cifras de MINEDUC presentadas en [8], en Chile existen 3.524 establecimientos rurales (correspondiendo al 30% del total país), donde: (i) el 51,8 % de ellos corresponde a las denominadas escuelas multigrado, con entre 1 y 10 estudiantes de varios cursos en una misma sala, (ii) el 21,2 % tiene entre 11 y 20 estudiantes, (iii) el 18,5 % entre 21 y 50 alumnos, y (iv) solo el 8,5 % de ellas posee más de 50 estudiantes.

La Región de Atacama, es una de las dieciséis regiones en que se divide Chile, siendo la cuarta menos poblada y la cuarta más extensa del país, con tan solo 3,8 habitantes por km^2 [9]. La Región alberga al Desierto de Atacama, el más árido del mundo y posee ricos distritos mineros de hierro, plata y cobre. Posee atractivos naturales como playas, formaciones rocosas, paisajes desérticos, y después de las breves lluvias de invierno ocurre un fenómeno único en el mundo conocido como el "Desierto Florido" (Julio a Noviembre) [10]. Sus asentamientos son verdaderos oasis y vergeles en medio del desierto. En el ámbito rural, la presencia de microclimas crea zonas privilegiadas para el cultivo de frutales y verduras, destacándose la producción de aceitunas y uva de mesa [11].

El presente estudio reporta la información recabada de experiencias pilotos de Robótica Educativa (RE) realizadas con estudiantes de establecimientos educacionales rurales de la Región de Atacama, dependientes de los municipios de las comunas de Copiapó y Tierra Amarilla, durante el año escolar 2018.

Este artículo está organizado en 4 secciones. La sección 2 aborda la temática de la RE. La sección 3, reporta la experiencia desarrollada, se define el contexto del entorno, la estrategia metodológica, instrumentos de evaluación, los desafíos robóticos realizados y principales resultados alcanzados con ello. Finalmente, en la sección 4 se presentan las principales conclusiones obtenidas.

2 Robótica Educativa

La RE tiene sus orígenes en el construccionismo de Papert, quien aplicó el constructivismo de Piaget a las TIC [12]. Ruiz Velasco [13], la define como "una disciplina que permite concebir, diseñar y desarrollar robots educativos para que los estudiantes se inicien desde muy jóvenes en el estudio de las ciencias y la tecnología". La RE no es simplemente montar robots, sino que los estudiantes tienen que seguir indicaciones para poder juntos, decidir cuál es la mejor manera para construir ese robot y programarlo con el objetivo de resolver el problema que se les ha presentado [1].

En este contexto, lo importante no es conseguir expertos en robótica, ni se busca desarrollar en los estudiantes competencias en automatización industrial y control automático de procesos [1] [14]. Sino que se busca hacer de la robótica una excusa para comprender, hacer y aprehender la realidad [14]. El robot educativo elegido para esta propuesta es el Mindstorms EV3 fabricado por la empresa LEGO, cuya elección se fundamenta en: (i) un sistema sencillo para el usuario, pero que, a la vez, permite la construcción de diseños más sofisticados para ser adaptable a distintas edades y etapas educativas [15] y (ii) proporciona todos los elementos necesarios para abordar problemas relacionados con el pensamiento computacional, así como el desarrollo de conceptos no necesariamente ligados al área tecnológica, siendo una herramienta que permite abordar temas complejos de manera relativamente sencilla [16].

3 Experiencia Piloto Desarrollada

Nuestro trabajo desarrolla experiencias similares a las empleadas en [17], sin embargo se aborda en un contexto y público objetivo distinto. Se utilizan desafíos temáticos de su entorno para involucrar a los participantes en actividades de investigación, resolución de problemas, ciencia y tecnología; buscando que logren desarrollar habilidades y competencias del siglo XXI, como el trabajo en equipo, la resolución de problemas y la comunicación. Además se busca que los estudiantes integren valores de: inclusión, descubrimiento, competición, y respeto.

3.1 Contexto del entorno y caracterización del alumnado

Resultado directo del proyecto de emprendimiento estudiantil ATA 1604, ejecutado entre noviembre de 2017 y diciembre de 2018, realizado con estudiantes de la carrera de Ingeniería Civil en Computación en Informática de la Universidad de Atacama, fueron las experimentaciones pilotos de RE desarrolladas con niños de 6 a 8 años, en los establecimientos rurales de la Provincia de Copiapó en la Región de Atacama:

- *Escuela Paul Harris,* ubicada a 24 Km. de la capital regional (Copiapó), en el poblado de Nantoco, perteneciente a la comuna de Tierra Amarilla. Es un establecimiento educacional de dependencia municipal, con una matrícula de 61 alumnos desde el primer nivel de transición a cuarto año de enseñanza general básica. Tiene 3 cursos combinados y 3 docentes. Atiende una extensión territorial de aproximadamente 100 Km, desde el sector de "Nantoco" hasta la localidad de "Los Loros".
- *Escuela Básica Totoral,* se ubica en la localidad del mismo nombre, a 100 Km. al sur de Copiapó. Es un establecimiento educacional rural multigrado dependiente del municipio de Copiapó. Posee una matrícula actual de 7 alumnos, con una planta unidocente que atiende las necesidades educativas de sus estudiantes provenientes de la localidad, sus alrededores y de las aldeas de pescadores aledañas.

3.2 Estrategia metodológica

Basado en experiencias previas, la estrategia metodológica utilizada en las experimentaciones pilotos desarrolladas, es similar a la empleada en [18] y [19], la cual presenta las siguientes características:

- *Conformación de equipos:* El docente a cargo del curso, agrupa estudiantes con habilidades complementarias y que preferentemente no hubiesen interactuado previamente. Esta etapa se considera fundamental, ya que emula la realidad que tendrían que enfrentar al momento de iniciar un nuevo trabajo.

- *Desarrollo de Actividades:* Relacionadas con el desafío robótico a resolver, así como al trabajo en equipo, debiendo definir los estudiantes los roles que cada uno tomara, además de la correspondiente planificación de tareas necesarias.
- *Evaluación:* En la última etapa, los estudiantes deben ser capaces de evaluar el trabajo individual y grupal realizado, así como identificar oportunidades de mejora.

3.3 Instrumentos de evaluación

Para la evaluación de los resultados, se utilizaron los siguientes instrumentos de evaluación:

- *Entrevista:* Permite identificar deficiencias de los estudiantes en las temáticas abordadas, buscando oportunidades de mejora, así como medir su percepción en relación a su aprendizaje individual y el de sus compañeros de equipo.
- *Rúbrica:* Esta herramienta fue diseñada a partir de [17] y permite identificar las habilidades que evidenciaron los estudiantes como resultado de la experimentación *(ver Fig.2, Anexo A).*
- *Encuestas de Salida:* Busca medir la percepción que tienen los estudiantes al culminar la experiencia desarrollada. Este elemento es considerado subjetivo dado que responde a lo que supone el estudiante que aprendió durante el proceso, tanto en lo referente al uso del robot como al resolver los desafíos robóticos.

3.4 Desafíos robóticos realizados

Por un lado, los proyectos de aprendizaje presentan un gran potencial para formar estudiantes con capacidad para la resolución de problemas [20], esto implica que los estudiantes se ayuden mutuamente a aprender, compartan ideas y recursos, y planifiquen cooperativamente qué y cómo "hacer" [19]. Por otro lado, el juego de roles, permite que los participantes asuman una identidad diferente a la suya, representando diferentes roles (personajes) en una situación hipotética o real [18].

Las actividades pilotos desarrolladas en las escuelas rurales fueron diseñadas como un juego de rol, donde se ubica a los estudiantes como un equipo experto que desarrolla un asistente robótico multiusos, el cual debe ser probado resolviendo desafíos y problemáticas del entorno cercano (mini proyectos). Los desafíos se realizan sobre un tablero que representa las locaciones, debiendo ser resueltos por los estudiantes en el menor tiempo posible, utilizando una estrategia que les permita aprovechar los recursos disponibles. A continuación se presentan de forma simplificada dos de las actividades desarrolladas:

- *Rescate animal en Parque Nacional "Pan de azúcar":* Ubicado en el sector costero de la Región, el Parque Nacional Pan de Azúcar, tiene la particularidad de poseer ambientes marinos y terrestres, por lo que su fauna es diversa y abundante. Entre los animales terrestres, se encuentra el guanaco, el mayor camélido silvestre de América, el cual habita en los sectores continentales del parque con mayor vegetación [21]. El presente desafío consiste en capturar con el robot en el menor tiempo posible un "Guanaco" (figura en miniatura), evitando dañarlo o que fallezca, el cual rehúye de la presencia humana por haber sido herido por cazadores furtivos.

- *Limpieza de Playas de la Región de Atacama:* Uno de los destinos más apetecidos de la Región de Atacama, son sus playas reconocidas a nivel internacional por su belleza y un Océano Pacífico totalmente calmado y de escaso oleaje. Estos pequeños paraísos en pleno Desierto de Atacama, que parecieran ser caribeños, son ideales para disfrutar del sol, descansar y observar la fauna silvestre característica de esta parte de Chile durante todo el año [10]. En este desafío el asistente robótico debe restaurar en la menor cantidad de ciclos, las blancas arenas y aguas azul turquesa de estas hermosas playas, las cuales han sido ensuciadas y contaminadas por personas inescrupulosas.

3.5 Resultados

Como resultado de las experiencias pilotos desarrolladas con niños de 6 a 8 años de edad de los establecimientos rurales "Escuela Paul Harris" de Nantoco (Fig 1.a) y "Escuela Básica Totoral" de El Totoral (Fig 1.b), se puede afirmar que tras la reticencia y temor inicial de dañar el robot, los estudiantes se habituaron a su uso, evidenciando habilidades técnicas y de trabajo en equipo para la resolución de problemas. Así como valores de inclusión, descubrimiento, competición, y respeto.

(a) Escuela Paul Harris (b) Escuela Básica Totoral

Fig. 1. Desarrollo de Actividades de RE en establecimientos rurales de la Región de Atacama.

En este aspecto los docentes y el alumnado han evaluado positivamente la estrategia desarrollada, valorando la necesidad de contar con este tipo de tecnologías, las habilidades iniciales de robótica y programación, así como con las competencias y valores transversales asociados; tal como lo expresan algunos de los participantes:

- Docente 1: *"El desarrollo de este tipo de iniciativas es altamente positiva... muchos de nuestros estudiantes provienen de entornos vulnerables y nunca han interactuado con este tipo de tecnologías... su entorno presenta grandes desventajas respecto a estudiantes de zonas urbanas, por ejemplo, nuestra localidad (El Totoral) aún no posee cobertura telefónica ni de internet y nuestro suministro eléctrico es mediante paneles solares... Pienso que el uso de estas tecnologías en la enseñanza presenta grandes ventajas sobre todo para estas nuevas generaciones..."*

- Alumno 1: *"Al comienzo tuve algunos inconvenientes al utilizar el robot... pero después con la práctica, se me ha hecho realmente fácil y entretenido... he podido interactuar con mis compañeros para poder realizar las tareas asignadas por el profesor... pienso que este tipo de tecnologías podría ser usada en las clases".*
- Alumno 2: *"Con mis amigos debimos, discutir de manera grupal, antes de comenzar a operar el robot... creo que con el tiempo, y con más práctica, me sería fácil llegar a ser un experto en el uso del robot... Usar robots me ayudaría a entender mejor las clases".*
- Alumno 3: *"ha sido fácil y entretenido... nunca había utilizado un robot, y al principio me daba miedo poder 'hecharlo a perder' (romper)... pero después con la práctica y la ayuda de mis compañero pude realizar los desafíos... me gustaría volver a hacerlo y que podamos usarlos (el robot) en las clases".*

4 Conclusiones

Los establecimientos educacionales rurales, constituyen un reto profesional para los docentes que trabajan en ellos, pues sumado a la diversidad de estilos de aprendizaje, presente en toda aula, se deben considerar la diversidad geográfica, así como las inquietudes de los otros miembros de la comunidad.

Como resultado de la experimentación piloto, se puede afirmar que los participantes se habitúan rápidamente a utilizar el robot, realizando interacciones altamente participativas entre pares y plenamente orientadas al aprendizaje y a la resolución de problemas. Logrando motivar a los alumnos para que construyeran y programarán su propio robot, aplicando los conocimientos adquiridos durante el taller.

Al desarrollar este tipo de actividades, es necesario que las personas involucradas puedan interactuar entre ellas y con el robot cómodamente. Sin embargo, muchas veces estas interacciones persona-robot se ve dificultada por diversas razones ya sean sociales, ambientales o académicas. Esto cobra mayor realce al considerar el carácter vulnerable de los establecimientos rurales participantes.

Finalmente, al adoptar valores de inclusión, descubrimiento, competición, y respeto, parece ser que los jóvenes aprenden que la competencia amistosa y beneficio mutuo no son objetivos distintos, y que el respecto a los demás es la base del trabajo en equipo.

Los trabajos futuros se enmarcan en la incorporación de un mayor número casos de estudios que permitan el ajuste y refinamiento de las experiencias de RE. Así como la medición de la percepción y aceptación tecnológica de este tipo de TIC educativa.

Agradecimientos

Al Ministerio de Educación del Gobierno de Chile, que mediante el Concurso de Proyectos de Desarrollo Institucional, en conjunto al Departamento de Ingeniería Informática y Ciencias de la Computación de la Universidad de Atacama, financiaron el proyecto de emprendimiento estudiantil ATA 1604, el cual permitió el desarrollo de las experiencias presentadas en este artículo.

A los estudiantes y docentes de los establecimientos rurales, Escuela Paul Harris de Nantoco y Escuela Básica Totoral de El Totoral, por su disponibilidad y generosidad para servir de "conejillos de indias" sobre el material estudiado en este artículo.

Al Dr. John W. Castro Llanos, del Departamento de Ingeniería Informática y Ciencias de la Computación de la Universidad de Atacama, por la disponibilidad y todo el soporte profesional y generosidad para compartir su amplio conocimiento y experiencia en la elaboración de este artículo.

Referencias

1 Morales, P., "La robótica educativa: una oportunidad para la cooperación en las aulas", Innovación docente y uso de las TIC en educación pp. 124-131 (2017).

2 García, M., Castillo, L. y Escobar A., "Plataforma robótica educativa ROBI", Revista Colombiana de Tecnologías de Avanzada, 19(1), (2012).

3 Meléndez Araya, N.M., Cortes Cabrera, M.A., "Application to use of learning objects in higher education", 36th International Conference of the Chilean Computer Science Society (SCCC), Arica-Chile (2017).

4 Rao, M. (Ed.). "Knowledge management tools and techniques", Practitioners and Experts Evaluate KM Solutions, London: Routledge, (2012).

5 Stirbu, O. A. "Theoretical approach regarding the competitiveness of SMEs". International Journal of Advanced Research, 3 (6): 1057-1063, (2015).

6 Orozco, C., Morales, E., Campos, R., "Creación de Objetos de Aprendizage basados en la teoría de los Modelos Mentales de Johnson-Laird", Série-Estudos-Periódico do Programa de Pós-Graduação em Educação da UCDB, MS, v. 21, n. 42, maio/ago. 2016, pp. 21-40.

7 Díaz, R., Osses, S. y Muñoz, S., "Factores e interacciones del proceso de enseñanza-aprendizaje en contextos rurales de la Araucanía, Chile", revista Estudios pedagógicos vol.42 no.3, Valdivia, Chile (2016).

8 "Los Desafíos para la Nueva Educación Rural", Agencia de Calidad de la Educación, Chile (2018), recuperado el 29/04/2019 desde https://www.agenciaeducacion.cl/noticias/los-desafios-la-nueva-educacion-rural/

9 INE, "Demográficas y Vitales", Instituto Nacional de Estadísticas, Gobierno de Chile. Recuperado el 15/05/2019 desde https://www.ine.cl/estadisticas/demograficas-y-vitales

10 SERNATUR, "Región de Atacama", Servicio Nacional de Turismo, Gobierno de Chile. Recuperado el 15/05/2019 desde https://www.chileestuyo.cl/regiones/region-de-atacama/

11 "Información de Turismo", Intendencia Región de Atacama, Ministerio del Interior y Seguridad Publica, Gobierno de Chile. Recuperado el 29/04/2018 desde http://www.intendenciaatacama.gov.cl/info_turismo/

12 Acuña, A., y Castro, M., "Propuesta comunitaria con Robótica Educativa: Valoración y Resultados de Aprendizaje", Revista Teoría de la Educación: Educación y Cultura en la Sociedad de la Información, 13(2), (2012).

13 Ruiz-Velasco, E., "Educatrónica: Innovación en el aprendizaje de las ciencias y la tecnología", Madrid: Díaz de Santos, (2007).

14 Barrera-Lombana. N, "Uso de la robótica educativa como estrategia didáctica en el aula" Praxis & Saber, Vol. 6. Núm. 11, pp. 215-234, Enero - Junio (2015).

15 LEGO Group, "Guía de Uso LEGO MINDSTORMS Education EV3", (2016).

16 Suárez-Zapata. A, García-Costa. D, Martínez-Delgado. P y Martos-Torres. J, "Contribución de la robótica educativa en la adquisición de conocimientos de matemáticas en la Educación Primaria" Revista de Formación del Profesorado e Investigación Educativa, Universidad de Oviedo, pp. 43-54, Enero - Diciembre (2018).
17 FLL, "First Lego League Rubrics", (2018) recuperado el 29/03/2018 desde http://www.firstlegoleague.org/sites/default/files/into-orbit/first-lego-league-rubrics.pdf
18 Meléndez Araya, N.M., "Incorporation of initial research skills in undergraduate engineering", 36th International Conference of the Chilean Computer Science Society (SCCC), Arica-Chile (2017).
19 Meléndez Araya, N.M., Hidalgo Avila, R.S., "Collaborative learning through integration of environments real and virtual-immersive", 37th International Conference of the Chilean Computer Science Society (SCCC), Santiago-Chile (2018).
20 Navarro, I., Pertegal, M.L., Gil, D., González, C., Jimeno, A., "El aprendizaje basado en proyectos como estrategia didáctica y pedagógica para estimular el desarrollo de competencias profesionales". IX Jornades de Xarxes d'Investigació en Docència Universitària. Universitat d'Alicante. (2011).
21 CONAF, "Parque Nacional Pan de Azúcar", Corporación Nacional Forestal, Ministerio de Agricultura, Gobierno de Chile. Recuperado el 29/04/2018 desde http://www.conaf.cl/parques/parque-nacional-pan-de-azucar/

Anexo A: Instrumento de evaluación rubrica utilizado

Este anexo, presenta el instrumentos de evaluación rubrica descrito en la sección 3.3 (Fig.2).

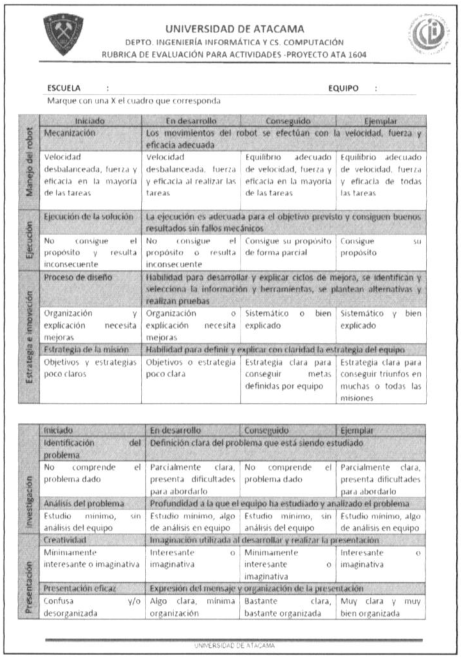

UNIVERSIDAD DE ATACAMA
DEPTO. INGENIERÍA INFORMÁTICA Y CS. COMPUTACIÓN
RUBRICA DE EVALUACIÓN PARA ACTIVIDADES -PROYECTO ATA 1604

ESCUELA : EQUIPO :

Marque con una X el cuadro que corresponda

	Iniciado	En desarrollo	Conseguido	Ejemplar
Manejo del robot	Mecanización	Los movimientos del robot se efectúan con la velocidad, fuerza y eficacia adecuada		
	Velocidad desbalanceada, fuerza y eficacia en la mayoría de las tareas	Velocidad desbalanceada, fuerza y eficacia al realizar las tareas	Equilibrio adecuado de velocidad, fuerza y eficacia en la mayoría de las tareas	Equilibrio adecuado de velocidad, fuerza y eficacia de todas las tareas
Ejecución	Ejecución de la solución	La ejecución es adecuada para el objetivo previsto y consiguen buenos resultados sin fallos mecánicos		
	No consigue el propósito y resulta inconsecuente	No consigue el propósito o resulta inconsecuente	Consigue su propósito de forma parcial	Consigue su propósito
Estrategia e innovación	Proceso de diseño	Habilidad para desarrollar y explicar ciclos de mejora, se identifican y selecciona la información y herramientas, se plantean alternativas y realizan pruebas		
	Organización y explicación necesita mejoras	Organización o explicación necesita mejoras	Sistemático o bien explicado	Sistemático y bien explicado
	Estrategia de la misión	Habilidad para definir y explicar con claridad la estrategia del equipo		
	Objetivos y estrategias poco claros	Objetivos o estrategia poco clara	Estrategia clara para conseguir metas definidas por equipo	Estrategia clara para conseguir triunfos en muchas o todas las misiones

	Iniciado	En desarrollo	Conseguido	Ejemplar
Investigación	Identificación del problema	Definición clara del problema que está siendo estudiado		
	No comprende el problema dado	Parcialmente clara, presenta dificultades para abordarlo	No comprende el problema dado	Parcialmente clara, presenta dificultades para abordarlo
	Análisis del problema	Profundidad a la que el equipo ha estudiado y analizado el problema		
	Estudio mínimo, sin análisis del equipo	Estudio mínimo, algo de análisis en equipo	Estudio mínimo, sin análisis del equipo	Estudio mínimo, algo de análisis en equipo
Presentación	Creatividad	Imaginación utilizada al desarrollar y realizar la presentación		
	Mínimamente interesante o imaginativa	Interesante o imaginativa	Mínimamente interesante o imaginativa	Interesante o imaginativa
	Presentación eficaz	Expresión del mensaje y organización de la presentación		
	Confusa y/o desorganizada	Algo clara, mínima organización	Bastante clara, bastante organizada	Muy clara y muy bien organizada

UNIVERSIDAD DE ATACAMA

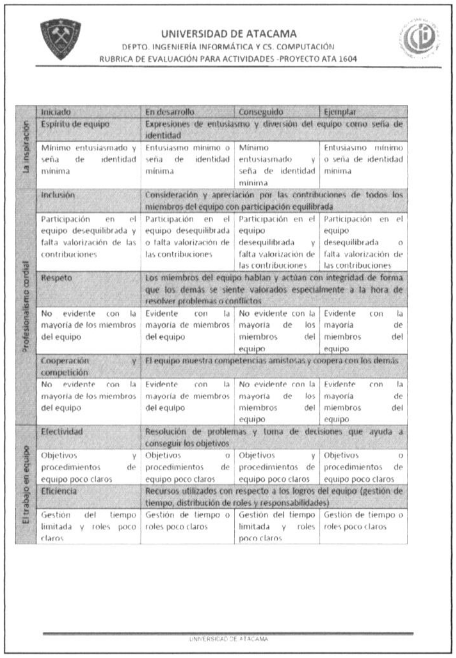

UNIVERSIDAD DE ATACAMA
DEPTO. INGENIERÍA INFORMÁTICA Y CS. COMPUTACIÓN
RUBRICA DE EVALUACIÓN PARA ACTIVIDADES -PROYECTO ATA 1604

	Iniciado	En desarrollo	Conseguido	Ejemplar
La inspiración	Espíritu de equipo	Expresiones de entusiasmo y diversión del equipo como seña de identidad		
	Mínimo entusiasmado y seña de identidad mínima	Entusiasmo mínimo o seña de identidad mínima	Mínimo entusiasmado y seña de identidad mínima	Entusiasmo mínimo o seña de identidad mínima
Profesionalismo cordial	Inclusión	Consideración y apreciación por las contribuciones de todos los miembros del equipo con participación equilibrada		
	Participación en el equipo desequilibrada y falta valorización de las contribuciones	Participación en el equipo desequilibrada o falta valorización de las contribuciones	Participación en el equipo desequilibrada y falta valorización de las contribuciones	Participación en el equipo desequilibrada o falta valorización de las contribuciones
	Respeto	Los miembros del equipo hablan y actúan con integridad de forma que los demás se siente valorados especialmente a la hora de resolver problemas o conflictos		
	No evidente con la mayoría de los miembros del equipo	Evidente con la mayoría de miembros del equipo	No evidente con la mayoría de los miembros del equipo	Evidente con la mayoría de miembros del equipo
	Cooperación y competición	El equipo muestra competencias amistosas y coopera con los demás		
	No evidente con la mayoría de los miembros del equipo	Evidente con la mayoría de miembros del equipo	No evidente con la mayoría de los miembros del equipo	Evidente con la mayoría de miembros del equipo
El trabajo en equipo	Efectividad	Resolución de problemas y toma de decisiones que ayuda a conseguir los objetivos		
	Objetivos y procedimientos de equipo poco claros	Objetivos o procedimientos de equipo poco claros	Objetivos y procedimientos de equipo poco claros	Objetivos o procedimientos de equipo poco claros
	Eficiencia	Recursos utilizados con respecto a los logros del equipo (gestión de tiempo, distribución de roles y responsabilidades)		
	Gestión del tiempo limitada y roles poco claros	Gestión de tiempo o roles poco claros	Gestión del tiempo limitada y roles poco claros	Gestión de tiempo o roles poco claros

UNIVERSIDAD DE ATACAMA

Fig. 2. Rubrica de Evaluación de Actividades.

The “external” Product Owner in Scrum outsourced projects: business knowledge, product vision, and decision-making

Gerardo Matturro[1], Víctor Píriz[2]

Universidad ORT Uruguay
Montevideo, Uruguay
[1]matturro@uni.ort.edu.uy, [2]victorpiriz2010@gmail.com

Abstract. According to canonical literature of Scrum, the Product Owner (PO) must be a person that belongs to the organization that contracts the development of a system and receives its benefits, and must have deep knowledge of the client's business, elaborate the vision of the product to develop, and be the only one responsible for making decisions about the product backlog. However, in outsourced projects, the PO is usually someone "external" designated by the company that develops the solution and not by the client. This article reports the results of a qualitative study aimed at determining how an “external” PO plays its role as "product owner". The results indicate that, in practice, they do not usually define the vision of the product, they are not empowered to make decisions about the product backlog and that, ultimately, they perform more as a traditional requirements engineer than as a real Product Owner.

Keywords: Scrum, Product Owner, Outsourced projects

1 Introducción

En la metodología ágil Scrum, el de Product Owner (PO) es uno de los tres roles definidos, con características y responsabilidades bien establecidas.

La elección del PO de un equipo Scrum es un aspecto relevante en la conformación del equipo de proyecto y, según sostienen diversos autores, un buen PO debe ser una persona con conocimiento profundo del dominio y del negocio, un visionario que puede sintetizar una visión del producto y llevar al equipo a lograr esa visión, y que esté facultado (empoderado) para la toma de decisiones [1], [2], [3], [4].

Para Rubin [1], exactamente quién debería ser el propietario del producto depende del tipo de esfuerzo de desarrollo y de la organización específica, y distingue tres situaciones: desarrollo interno, desarrollo comercial, y desarrollo tercerizado o subcontratado.

En particular, un proyecto de desarrollo tercerizado o subcontratado es aquel en el que una empresa – cliente – contrata a otra empresa – proveedora – para que lleve q acabo total o parcialmente las actividades de desarrollo de software.

Para este tipo particular de proyecto, por ejemplo, la empresa A contratando con la empresa B para construir una solución, la opinión de Rubin [1] es que el PO debe ser un representante de la empresa A. La empresa B puede asignar una persona interna para que se mantenga en estrecha relación con el PO, pero el PO debe ser de la compañía que está pagando por la solución y recibiendo los beneficios.

Igual opinión presentan Larman y Voode [5] para quienes en el caso de un desarrollo subcontratado el punto clave es que el PO debe ser de la compañía que recibe el sistema, y debe estar involucrado y tener mucha experiencia en el trabajo práctico, cerca de los usuarios.

Sin embargo, un estudio anterior sobre el rol del PO y su elección reveló que en los casos de proyectos subcontratados, la evidencia indica que no se suele seguir esta recomendación sino que suele ser designado por la empresa subcontratada y, a menudo, sin la participación del cliente [6].

Para este trabajo, definimos el concepto de "PO externo" como el del PO de un equipo Scrum que no pertenece a la empresa cliente que paga por la solución y recibirá sus beneficios sino a la empresa proveedora que desarrolla esa solución.

Esta situación plantea, entonces, la siguiente interrogante: ¿de qué manera un PO externo adquiere los necesarios conocimientos del negocio que le permita, además, definir la visión del producto, y en qué medida está facultado (empoderado) para la toma de decisiones en relación con el contenido del *product backlog* y su ordenamiento (priorización)?

El propósito de este artículo es reportar el proceso seguido y los resultados obtenidos de un estudio exploratorio orientado a conocer en qué medida un PO "externo" en un proyecto subcontratado puede cumplir con su rol, de acuerdo con las características y responsabilidades mencionadas arriba, establecidas en la literatura canónica sobre Scrum.

El resto de este artículo está organizado de la siguiente manera. En la sección 2 se presenta una revisión de los conceptos de conocimiento del negocio, visión del producto y toma de decisiones sobre el *product backlog*, esenciales en el desempeño del rol de PO. La sección 3 explica el diseño metodológico del estudio donde se exponen las preguntas de investigación y los procedimientos de recolección, preparación, y análisis de datos. En la sección 4 se presentan los principales resultados obtenidos, mientras que en la sección 5 se discuten estos resultados. La sección 6 aborda las amenazas a la validez de este estudio y en la sección 7 se presentan las conclusiones y se esbozan los trabajos futuros.

2 Antecedentes

En la sección anterior se indicó que un buen PO en un equipo de Scrum debe ser alguien que, entre otros aspectos, tenga conocimiento del dominio de aplicación y del negocio, pueda definir claramente la visión del producto, y tenga la capacidad y el poder para tomar decisiones relativas al producto en desarrollo.

En esta sección analizamos estos aspectos para establecer las bases conceptuales de su estudio en los casos de PO externos en proyectos subcontratados.

2.1 Conocimiento del negocio

De acuerdo con Heerkens [7], el concepto básico de "conocimiento del negocio" implica entender cosas tales como el propósito estratégico de la organización, los impulsores e influencias clave del mercado, las características y aplicaciones principales del producto, y las prioridades y necesidades de los clientes.

Por su parte, Burlton y colegas [8] consideran que lo que se entiende por "conocimiento del negocio" abarca todas las características de diseño del negocio necesarias para crear, operar, administrar y cambiar sus cadenas de valor, así como para evaluar su desempeño, y comprende también todas las reglas del negocio, independientemente de su empleo en sistemas automatizados o flujos de trabajo manuales. Agregan, además, que el conocimiento del negocio no es lo mismo que el conocimiento técnico de desarrollo o de ingeniería de software.

En este aspecto, Resnick, Bjork y de la Masa [2] mencionan que la función principal del PO es traducir necesidades comerciales y de negocio en requisitos técnicos, y que tener una comprensión profunda del negocio es crucial para el éxito del proyecto.

2.2 Visión del producto

Según Gerardi, lo que se denomina "visión del producto" debe ser una imagen del producto final, para que se pueda comparar lo que se tiene implementado hasta el momento con esa visión y marcar el progreso, o incluso decidir si el producto está listo para ser entregado al cliente. La visión está destinada a alinear a todos los que trabajan en el producto [9]. Para este autor, la visión del producto debe incluir información de los potenciales clientes, la necesidad insatisfecha de estos clientes, los aspectos relevantes del producto que han de satisfacer esas necesidades, el mercado existente en cuanto a los productos competidores, e información del modelo de negocio y de cómo el producto puede ser rentable.

En este sentido, Pham y Pham [10] sostienen que el PO debe tener una visión clara y un conocimiento profundo del producto, mientras que Pichler [3] considera que el PO debe ser un visionario que pueda visualizar el producto final y comunicar esa visión al equipo.

2.3 Empoderamiento para la toma de decisiones

La toma de decisiones es el proceso de evaluar y elegir una determinada opción de entre un conjunto de posibilidades, con el propósito de resolver una situación específica o tomar un curso de acción determinado.

En opinión de Schwaber y Sutherland [11], para que un PO tenga éxito en el desempeño de su rol, toda la organización debe respetar sus decisiones. Las decisiones del PO son visibles en el contenido y en el ordenamiento de los elementos del *product backlog*, y nadie puede obligar al equipo de desarrollo a trabajar en un conjunto diferente de requisitos. El PO, en consecuencia, debe tener el poder de tomar decisiones.

Por su parte, para McGreal y Jochman [12], el PO debe estar habilitado para tomar cualquier decisión vinculada con el producto en relación con el alcance, el calendario y el presupuesto.

Para Resnick, Bjork y de la Masa [2], el PO es quien define el conjunto de características del producto en construcción, y debe estar facultado para determinar cómo se cumple con esas características en el producto.

Pichler [3], por su parte, sostiene que un PO empoderado no solo es esencial para liderar el esfuerzo por dar vida al producto, sino que debe tener la autoridad adecuada para la toma de decisiones incluyendo poder decidir qué funcionalidad se entrega como parte del lanzamiento (*release*).

3 Diseño metodológico

El diseño metodológico consistió en la definición de las preguntas de investigación, la selección de los informantes claves, la elaboración del instrumento de recolección de datos, su aplicación en entrevistas personales semi-estructuradas a los informantes claves, la lectura crítica y codificación de las respuestas obtenidas, y el análisis y la interpretación de los datos obtenidos.

3.1 Preguntas de investigación

Uno de los aspectos clave en un PO es tener "conocimiento del negocio" y, para el caso de un PO externo (ajeno a la organización cliente), este conocimiento debe ser adquirido de alguna manera para poder cumplir con su rol. Con esto, la primera pregunta de investigación planteada fue:

- RQ1: ¿De qué manera un PO externo adquiere el "conocimiento del negocio" del cliente, necesario para el desempeño de su rol?

Elaborar la "visión del producto" a desarrollar y mantener al equipo alineado a esa visión es otra de las responsabilidades asignadas a un PO. Elaborar esta visión requiere tener conocimiento del negocio, que implica, entre otros, tener conocimiento de los clientes, de sus necesidades insatisfechas, y de los productos competidores. Estos elementos no necesariamente forman parte de los conocimientos de un PO externo; también debe adquirirlos para poder cumplir con su rol. Entonces, la segunda pregunta de investigación planteada fue:

- RQ2: ¿Cuál es el grado de participación e involucramiento del PO externo en la elaboración de la "visión del producto" a desarrollar?

Finalmente, a los efectos de conducir el proyecto a concretar la visión del producto, el PO debe administrar el *product backlog* y poder decidir su contenido y las prioridades de sus elementos. Así, la tercera pregunta de investigación es:

- RQ3: ¿Cuán empoderado está un PO externo para la toma de decisiones en relación con el contenido y priorización del *product backlog*?

3.2 Selección de los informantes claves

Según sostienen Hernández Sampieri y colegas [13] el muestreo cualitativo (como es el caso de este estudio) es propositivo, y las primeras acciones para elegir la muestra ocurren desde el planteamiento mismo del problema de investigación y cuando se selecciona el contexto, en el cual se esperan encontrar los casos que interesan. Para estos autores, en los estudios cualitativos el tamaño de la muestra no es importante desde una perspectiva probabilística pues lo que se busca en la indagación cualitativa es profundidad. Lo que interesa son casos o unidades (participantes, organizaciones, eventos, hechos, etc.) que ayuden a entender el fenómeno de estudio y a responder a las preguntas de investigación.

De este modo, para contactar informantes claves que pudieran dar su visión sobre los aspectos del rol de PO que son el foco de este trabajo, se contactaron nueve empresas de desarrollo de software basadas en Montevideo que utilizan Scrum como metodología para gestionar sus proyectos de desarrollo.

De estas empresas, cuatro accedieron a participar en el estudio, facilitando el contacto con miembros de la organización que estén desempeñando o hayan desempeñado el rol de PO en algún proyecto software tercerizado.

3.3 Recolección de datos

La recolección de datos fue realizada mediante entrevistas semi-estructuradas a los informantes claves, siguiendo las pautas establecidas en un cuestionario.

Los detalles de ese cuestionario pueden solicitarse al primer autor. El proceso de recolección de los datos fue el siguiente:

- Coordinar entrevistas a los informantes claves de las empresas participantes, poniendo especial cuidado en que cumplan con el criterio de estar desempeñando, o haber desempeñado, el rol de PO "externo".
- En cada entrevista se utilizó el cuestionario a modo de guion para ir preguntando sobre los aspectos a relevar, y se solicitó aclaración o ampliación en caso necesario.
- Cada entrevista fue grabada, con autorización del entrevistado, de modo de tener una referencia posterior para extraer las respuestas a las preguntas formuladas.

Las preguntas formuladas durante las entrevistas estuvieron directamente vinculadas a la obtención de información para dar respuesta a las preguntas de investigación planteadas.

3.4 Análisis y codificación de las respuestas

Luego de cada entrevista, se procedió a la transcripción de lo declarado por el entrevistado, al tiempo que se verificó si las respuestas brindadas aseguraban que se haya obtenido la información necesaria para responder las preguntas de investigación planteadas.

En caso de detectarse alguna inconsistencia entre preguntas o ausencia de respuesta adecuada, se procedió a entrevistar nuevamente al informante clave correspondiente para completar la información necesaria.

El procedimiento para extraer y clasificar las respuestas se hizo en base al proceso de codificación de preguntas abiertas que se propone en [13]. La codificación de preguntas abiertas es una técnica para realizar el análisis de respuestas en entrevistas con preguntas abiertas. Las preguntas abiertas fueron codificadas luego de conocer todas las respuestas de los encuestados. Los códigos son etiquetas para identificar categorías, es decir, describen un segmento de texto donde, en este caso, los textos corresponden a las transcripciones de lo declarado en las entrevistas.

4 Resultados obtenidos

En total se entrevistaron siete informantes claves de las empresas participantes que han desempeñado o estaban desempeñando el rol de "PO externo" en el momento del relevamiento. Las entrevistas tuvieron una duración promedio de 60 minutos y, cuando hubo necesidad de volver a entrevistar, estas segundas partes promediaron los 20 minutos.

A partir de las declaraciones obtenidas en las entrevistas a estos informantes claves, en las siguientes sub-secciones se presenta un compendio de las respuestas a las preguntas de investigación planteadas para este estudio.

4.1 Sobre el "conocimiento del negocio"

La pregunta de investigación RQ1 refiere a la manera en que el PO externo adquiere conocimiento sobre el negocio del cliente, aspecto fundamental, según la literatura Scrum, para el desempeño de su rol.

En las entrevistas se preguntó a los entrevistados acerca de las principales acciones que llevaron a cabo para adquirir el conocimiento del negocio y, por otra parte, acerca de cuáles técnicas de elicitación de requisitos utilizan con mayor frecuencia, tomadas de una lista de técnicas identificadas en [14].

Para las diversas técnicas presentadas se propuso a los entrevistados que indicaran la frecuencia de utilización mediante una escala de Likert con cinco opciones: Nunca, Muy pocas veces, Algunas veces, Muchas veces, y Siempre.

La Tabla 1 muestra el resumen de las respuestas con respecto a la forma de adquirir conocimiento del negocio y a las técnicas de elicitación para las cuales respondieron que las utilizan "Siempre" o "Muchas veces".

Tabla 1. Modos de adquirir conocimiento del negocio y técnicas preferidas de elicitación

Entrevistado	Modo de adquirir conocimiento del negocio	Técnicas preferidas
Sebastián	Reuniones con el cliente	Historias de usuario, Observación, Análisis de documentos
Marcelo	Reuniones con el cliente, Proyectos anteriores con el cliente	Historias de usuario, Entrevistas, Análisis de documentos, Prototipación
Bruno	Reuniones con el cliente	Historias de usuario, Entrevistas
Gonzalo	Reuniones con el cliente, Proyectos anteriores con el cliente	Análisis de documentos, Entrevistas
Julieta	Reuniones con el cliente	Historias de usuario, Casos de uso, Observación, Workshops, Prototipación
Agustina	Reuniones con el cliente	Casos de uso, Entrevistas
Fabián	Reuniones con el cliente	Historias de usuario, Entrevistas

En todos los casos, los POs entrevistados manifestaron que la forma de adquirir conocimiento del negocio consistió fundamentalmente en mantener reuniones periódicas con el cliente.

En dos de los casos, además de esas reuniones, los respectivos POs adquirieron conocimientos del negocio al haber trabajado en proyectos anteriores con los mismos clientes.

Respecto a las técnicas usualmente utilizadas para conocer acerca del negocio, la Tabla 2 muestra la frecuencia de uso de las técnicas nombradas por los entrevistados.

Tabla 2. Técnicas de elicitación preferidas

Técnica de elicitación	Frecuencia
Historias de usuario	5
Entrevistas	4
Análisis de documentos	3
Observación	2
Talleres (workshops)	2
Prototipación	2
Casos de uso	1

Algunas respuestas significativas de los entrevistados respecto a este punto son las siguientes:

- Gonzalo: "*En realidad el negocio de fondo ya lo conocía por trabajar como desarrollador por mucho tiempo para la misma cuenta... el conocimiento surgió de análisis y de idas y vueltas con el cliente...*".
- Agustina: "*Un poco con la experiencia como desarrollador, hablando y relevando requerimientos con el cliente...*".
- Fabián: "*...hicimos reuniones y entrevistas con representantes de las áreas que iban a usar el producto...*".

4.2 Sobre la "visión del producto"

La pregunta de investigación RQ2 refiere a la participación e involucramiento del PO externo en la elaboración de la "visión del producto" a desarrollar.

Para esto, se preguntó a los entrevistados quién elaboró la visión del producto y qué grado de participación tuvieron en esa elaboración. La Tabla 3 resume las respuestas obtenidas.

Tabla 3. Elaboración de la "visión del producto"

Entrevistado	Cliente	PO externo
Sebastián	X	
Marcelo	X	
Bruno	X	
Gonzalo	X	
Julieta	X	X
Agustina	X	
Fabián	X	X

En todos los casos, la participación del cliente fue decisiva en la elaboración de la visión del producto y en cinco de los siete casos, esa visión fue directamente elaborada por el propio cliente y transmitida al equipo.

En los dos casos en que hubo participación del PO y su equipo de proyecto, los entrevistados mencionaron que fue en un trabajo conjunto con un representante del cliente.

Algunas respuestas significativas de los entrevistados respecto a este punto son las siguiente:

- Sebastián: "*Los directores e inversores se juntaron y, en base a su relevamiento, conocimiento sobre la industria y la realidad de los usuarios a los que querían llegar, definieron una visión de producto.*".
- Bruno: "*El que estableció la visión fue el CEO de la organización...*".
- Fabián: "*Fue un trabajo en conjunto con mi contraparte en el cliente...*".

4.3 Sobre la "toma de decisiones"

La pregunta de investigación RQ3 hace referencia al empoderamiento del PO externo para la toma de decisiones que afecten el proyecto, particularmente en lo relativo al contenido y al ordenamiento (priorización) de los elementos del *product backlog*. La Tabla 4 resume las respuestas obtenidas de los entrevistados.

Tabla 4. Cambios al *product* backlog y toma de decisiones

Entrevistado	Propone cambios al *product backlog*		Toma la decisión sobre prioridades y cambios	
	Cliente	PO externo	Cliente	PO externo
Sebastián	X	--	X	--
Marcelo	X	--	X	--
Bruno	X	X	X	--
Gonzalo	X	--	X	--
Julieta	X	X	X	--
Agustina	X	--	X	--
Fabián	X	X	X	--

De la Tabla 4 surge entonces que, si bien el PO externo en algunos casos propone cambios al contenido y priorización de los elementos del *producto backlog*, la mayoría de las veces es el cliente quien define y prioriza esos cambios, y es siempre el que toma la decisión final al respecto

Algunas respuestas de ejemplo son las siguientes:

- Marcelo: "*La decisión final, a pesar de ser influenciada por nuestro análisis de costos y estimados, siempre la toma el cliente.*"
- Julieta: "*Aparece un problema, sin importar el origen (cliente o nosotros), nosotros analizamos el problema y la factibilidad, les hacemos sugerencias y ellos toman una decisión. Al final los que toman la decisión son ellos.*"
- Fabián: "*Podían surgir de las dos partes, ellos estaban muy abiertos a recibir cambios y mejoras… había cosas que se decidían en la marcha, pero siempre se validaba todo con ellos.*"

5 Discusión

Aunque se trata de un estudio exploratorio para un grupo reducido de casos, los resultados obtenidos establecen ciertos puntos para una discusión más en detalle acerca de cómo un PO externo desempeña su rol en un proyecto subcontratado.

Los tres conceptos alrededor de los cuales gira este trabajo, y analizados en la sección 2, son el conocimiento del negocio que debe tener el PO, la visión del producto a desarrollar que el PO debe elaborar y transmitir al equipo, y el contenido y priorización de los elementos del *product backlog*. Estos tres conceptos están íntimamente relacionados pues los elementos del *product backlog*, en cuanto a características y funcionalidades, materializan la "visión del producto" a construir que busca satisfacer las necesidades de los clientes y toma en cuenta el mercado, los competidores y la estrategia empresarial, elementos éstos que forman parte del "conocimiento del negocio".

De los resultados de las entrevistas surge que, para el caso de PO externos en proyectos subcontratados, tanto el contenido del *product backlog* es, en ultima instancia, definido por el cliente con escasa participación del PO, y que las decisiones respecto a los cambios y priorización son tomadas en forma exclusiva por el cliente (Tabla 4).

Esto contradice las recomendaciones de la literatura canónica de Scrum en cuanto a que el PO de un proyecto debe tener el poder de tomar decisiones y que estas decisiones se hacen visibles en el contenido y en el ordenamiento del *product backlog*.

Algo similar ocurre con la elaboración de la visión del producto, en la que, con excepción de dos casos (de los siete entrevistados) en los que el PO participó, fue el cliente quien elaboró en forma exclusiva esa visión y la transmitió al PO y su equipo (Tabla 3).

Esta situación puede deberse al escaso o nulo conocimiento del negocio que un PO externo tiene, a pesar de que, en todos los casos, los entrevistados mencionaron haber tomado acciones, principalmente reuniones con los respectivos clientes, para adquirir ese conocimiento del negocio. Es que, "conocimiento del negocio" tal como fue comentado en la sección 2, abarca un conjunto amplio de aspectos (reglas y modelo del negocio, clientes finales, mercado, competidores) que parece difícil puedan adquirirse dentro del tiempo disponible para la ejecución del proyecto.

De hecho, la manera declarada de adquirir "conocimiento del negocio" es principalmente mediante la técnica de historias de usuario (Tabla 1), que son descripciones de funcionalidades que serán valiosas para un usuario o comprador de un sistema software y constituyen una representación escrita de los requisitos.

En consecuencia, la evidencia parece mostrar que un PO externo, más que adquirir "conocimiento del negocio", lo que adquiere es "conocimiento del producto" a desarrollar y, en este sentido, se desempeña más como un ingeniero de requisitos tradicional que como un verdadero PO.

6 Amenazas a la validez

Según Merriam y Tisdell [15], los estándares para el rigor en la investigación cualitativa difieren necesariamente de los de la investigación cuantitativa.

Así, Hernández Sampieri y colegas [13] mencionan una serie de criterios para establecer cierto "paralelo" con la confiabilidad, validez (interna y externa) y objetividad cuantitativa, que han sido aceptados por la mayoría de los investigadores (aunque reconocen que son rechazados por otros). Estos criterios sustitutivos se denominan dependencia, credibilidad, y transferencia.

El criterio de dependencia se define como el grado en que diferentes investigadores que recolecten datos similares en el campo y efectúen los mismos análisis generen resultados equivalentes. Hernández Sampieri y colegas, citando a Franklin y Ballau, mencionan dos clases de dependencia: a) interna (grado en el cual distintos investigadores, al menos dos, generan categorías similares con los mismos datos) y b) externa (grado en que diferentes investigadores generan categorías similares en el mismo ambiente y período, pero cada uno recaba sus propios datos).

Para cumplir con el criterio de dependencia interna, el análisis de los datos recolectados se hizo en forma independiente por cada autor de modo de identificar y discutir las diferencias que pudieran surgir y arribar a resultados unificados.

El criterio de dependencia externa no se pudo verificar pues no hay otros investigadores (más allá de los dos autores de este estudio) que hayan recolectado datos de los mismos entrevistados y en circunstancias similares (mismo ambiente y período).

El criterio de credibilidad refiere a si el investigador ha captado el significado completo y profundo de las experiencias de los participantes, particularmente de aquellas vinculadas con el planteamiento del problema. En este sentido, el haber grabado las entrevistas y disponer de los audios ha permitido volver a escuchar lo declarado por cada entrevistado, de modo de asegurar no haber omitido nada importante. Además, se procuró evitar los sesgos del investigador en cuanto a ignorar o minimizar datos que no apoyen sus creencias y conclusiones.

Finalmente, en cuanto al criterio de transferencia (o aplicabilidad de los resultados), esto no se refiere a generalizar los resultados a una población más amplia, ya que no es una finalidad de un estudio cualitativo. El objetivo es que parte de esos resultados, o su esencia, puedan aplicarse en otros contextos. En relación con este criterio, si bien los siete informantes claves entrevistados desempeñaron el rol de PO externos, la transferencia puede establecerse, al menos parcialmente, incorporando a los estudios más información sobre los contextos en los que los POs se desempeñaron.

7 Conclusiones y trabajos futuros

La literatura canónica sostiene que el PO en un proyecto Scrum debe ser una persona que pertenezca al área de negocio que contrata el desarrollo y recibe los beneficios, y debe poseer conocimiento profundo del negocio, elabore la visión del producto a desarrollar, y esté facultado para la toma de decisiones sobre el *product backlog*.

En este estudio se abordaron estos aspectos para el caso de proyectos subcontratados en los que el rol de PO es asignado a una persona que no pertenece a la empresa cliente sino a la empresa contratada para desarrollar la solución; a este tipo de PO se lo definió como "PO externo".

Se realizaron entrevistas semi-estructuradas a siete PO externos, y los resultados obtenidos indican que es el cliente y no el propio PO el que elabora la visión del producto y toma las decisiones sobre el *product backlog*. Los PO externos parecen estar limitados al relevamiento de requisitos mediante historias de usuario en entrevistas y reuniones con los respectivos clientes, desempeñando un rol más parecido al del ingeniero de requisitos "tradicional" que al de un PO tal cual lo define la literatura de Scrum.

Como trabajos futuros se plantea indagar en el relacionamiento funcional entre un PO externo y el cliente, y en las dificultades para el desempeño de su rol.

Referencias

[1] K. Rubin, *Essential Scrum. A practical guide to the most popular agile process*. Upper Saddle River, NJ: Pearson, 2013.

[2] S. Resnick, A. Bjork, y M. de la Maza, *Professional Scrum with Team Foundation Server 2010*. Indianapolis, IN: Wiley Publishing, 2011.

[3] R. Pichler, *Agile product management with Scrum. Creating products that customers love*. Boston, MA: Pearson Education, 2010.

[4] M. C. Layton y D. Morrow, *Scrum for Dummies*, 2.ª ed. Hoboken, NJ: John Wiley & Sons, 2018.

[5] C. Larman y B. Vodde, *Large-Scale Scrum. More with LeSS*. Boston, MA: Addison-Wesley, 2017.

[6] G. Matturro, M. Solari, y F. Cordovés, An exploratory study of the role of Product Owner in industrial practice, presentado en XIII Jornadas Iberoamericanas de Ingeniería de Software e Ingeniería del Conocimiento (JIISIC 2018), Copiapó, Chile, 2018.

[7] G. Heerkens, The future in 10 words or less: business-savvy project managers and business-savvy companies, presentado en PMI Global Congress 2010, Washington, DC, 2010.

[8] R. Burlton, R. Ross, y J. Zachman, The business agility manifesto. Building for change. [En línea]. Disponible en: https://busagilitymanifesto.org/. [Accedido: 01-oct-2018].

[9] B. Gerardi, *Agile Product Ownership. A Guide to Leading Agile Teams and Creating Great Products*, 2.ª ed. CreateSpace Independent Publishing, 2014.

[10] A. Pham y P-V. Pham, *Scrum in Action. Agile Software Project Management and Development*. Boston, MA: Course Technology, 2012.

[11] K. Schwaber y J. Sutherland, *The Scrum guide*. Scrum Inc., 2017.

[12] D. McGreal y R. Jocham, *The Professional Product Owner. Leveraging Scrum as a competitive advantage*. Boston, MA: Addison-Wesley, 2018.

[13] R. Hernández Sampieri, C. Fernández, y P. Baptista, *Metodología de la investigación*, 6.ª ed. México: McGraw Hill, 2014.

[14] P. Marciniak y A. Jarzębowicz, An Industrial Survey on Business Analysis Problems and Solutions, en *Software Engineering: Challenges and Solutions*, L. Madeyski, Ed. Berlin: Springer, 2017.

[15] S. B. Merriam y E. J. Tisdell, *Qualitative research: a guide to design and implementation*, 4.ª ed. Hoboken: NJ: John Wiley & Sons, 2016.

Correspondence analysis between programming teaching approaches

Elizabeth Vidal[1], Ricardo Gacitúa[2], Mauricio Diéguez[2], Cristina Cachero[3]

[1] Universidad Nacional de San Agustín de Arequipa, Arequipa, Perú
evidald@unsa.edu.pe
[2] Dept. Cs. de la Computación e Informática, Universidad de La Frontera, Temuco, Chile
{ricardo.gacitua, mauricio.dieguez}@ufrontera.cl
[3] Dept. Lenguajes y Sistemas Informáticos, Universidad de Alicante, Alicante, España
ccahareo@dlsi.ua.es

Resumen. The increasing complexity of computer systems forces us to rethink the way in which the initial teaching of programming is addressed. Empirical evidence shows that a large number of computer students are taught programming with a product-oriented approach rather than a process-oriented approach, since initial training in software development focuses more on language syntax aspects of programming than in the conceptualization and modeling of solutions. One way to deal with this problem is to include, from the early stages of programming education, aspects related to the modeling of solutions. In short, it is about the student acquiring strategies to problem-solve as a central element of their academic formation. This research paper presents an analysis of correspondence between the ACM curricula, in terms of initial education in programming, and two teaching approaches: 1) Focused on the process – R&G Methodology – and 2) Focused on the product - traditional way of teaching based on the instruction of a programming language. This analysis highlights the need for more systemic approaches that cover all the competencies and skills that a programming student must achieve. In this sense, simple procedures, such as the use of the R&G methodology, can be significantly more efficient and effective than traditional approaches based exclusively on coding when it comes to getting the student to understand a problem and generate appropriate solutions.

Keywords: Programming, methodology, teaching, computational thinking, abstraction, design.

1 Introducción

El auge de nuevas tecnologías de software, tales como cloud computing, analítica y visualización, integración de dispositivos, equipos móviles, aprendizaje de máquinas y procesamiento de lenguaje natural, entre otros, tiene el potencial de mejorar significativamente las capacidades del software que se crea y usa. Sin embargo, el hacer efectivo estos avances, mantenerlos y hacer que evolucionen es un desafío importante, debido al aumento de la complejidad de los sistemas. Este aumento en la complejidad y la necesidad de cumplir niveles de calidad cada vez más exigentes [4], obliga a las organizaciones a buscar nuevas estrategias y enfoques para afrontar los desafíos y, por ende, a cuestionar las prácticas existentes. Uno de esos cuestionamientos está relacionado con el uso de metodologías, modelos y la indisciplina de los desarrolladores [5]. Parnas [12] establece que a los estudiantes de computación no se les está enseñando a trabajar de forma disciplinada y advierte sobre los peligros de esta situación. Este cuestionamiento de la forma en que actualmente se aborda la enseñanza de la programación es compartido por otros autores. Pears *et al.* [13], provee evidencia empírica que demuestra cómo a un importante número de estudiantes de computación se les enseña a programar con un proceso orientado al producto más que al proceso.

En general, se puede afirmar que la forma común de abordar la enseñanza de programación es centrarse en la descripción de las características de algún lenguaje de programación para, a continuación, adoptar algún enfoque inductivo. Dicho tipo de enfoque consiste en exponer al alumno a múltiples ejemplos y esperar que sea el alumno el que, por sí mismo, infiera los principios subyacentes y extrapole el modo de construir programas a nuevos retos que se le plantean como ejercicios prácticos. Este modo de enseñanza busca la escritura pronta de código, pero no considera de manera explícita el proceso cognitivo necesario para lograrlo. Milne y Rowe [11] coinciden en esta visión y destacan que una de las razones que hacen difícil la programación es precisamente que los estudiantes carecen de un modelo claro que les permita comprender el flujo de tareas para crear un programa de computador. Aún más preocupante es que los nuevos modelos de enseñanza-aprendizaje, que han ido adquiriendo popularidad en los últimos años, abogan por un proceso instruccional aún menos guiado. Frente a esta tendencia, Kirschner *et al.* [9] indica que, aun cuando los enfoques instruccionales no-guiados o mínimamente guiados resultan intuitivamente atractivos, ignoran tanto las estructuras que constituyen la arquitectura cognitiva humana como la evidencia de los estudios empíricos de los últimos 50 años, la cual indica que la instrucción mínimamente guiada es menos eficaz y menos eficiente que los enfoques instructivos guiados. Está claro que ambos enfoques instruccionales, no-guiados o guiados, tienen ventajas y desventajas. Sin embargo, en el caso de la programación, se considera que las guías sistemáticas podrían proveer mejores resultados de aprendizajes que los enfoques no-guiados o mínimamente guiados. En efecto, el aprendizaje de la programación requiere de representaciones mentales y esquemas cuya construcción exitosa, de acuerdo a la evidencia empírica existente, están sujetos a la cantidad de información que es provista. Dicha cantidad de información es mayor en los enfoques guiados que en los enfoques no guiados.

Según Kirschner et al. [9] el aprendizaje se caracteriza por los siguientes aspectos:

- el aprendizaje requiere de la construcción de representaciones mentales y esquemas que dependen de la cantidad de información que es provista,
- el foco en el aprendizaje debería estar centrado en el cuerpo de conocimiento y el proceso para construir dichas representaciones mentales, y
- la forma que una persona trabaja dentro de la disciplina no es equivalente a la manera en la que aprende en el área.

En este trabajo de investigación se plantea que, con el sólo hecho de proveer un conjunto de comandos de un lenguaje de programación y una descripción básica de ellos, no es posible pretender que un estudiante sea capaz de crear modelos mentales y posteriormente, escribir soluciones lógicas escritas en dicho lenguaje. En términos simples, en el actual diseño instruccional utilizado para enseñar a programar, se pretende enseñar a escribir antes de enseñar a leer.

Cambiar el foco desde el producto (resultado) al proceso requiere, en primer lugar, enseñar a pensar en cómo caracterizar un problema antes de hacer realidad una solución en alguna tecnología específica de hardware o software.

Esta visión es compartida por enfoques tales como el Pensamiento Computacional [17], en el cual se enfatiza que, antes de generar una solución computacional, el estudiante debe responder preguntas tales como:

- ¿Cómo se sabe cuándo el problema es resuelto?,
- ¿Qué información es relevante para resolver el problema?,
- ¿Cómo debe cambiar la información para que el problema se resuelva?, y
- ¿Qué computación(es) se deben desarrollar sobre la información provista para alcanzar la solución?

Este trabajo de investigación presenta un análisis de correspondencia entre la curricula ACM en términos de formación inicial en programación y dos enfoques de enseñanza: a) Centrado en el proceso - Metodología R&G - y b) Centrado en el producto - forma tradicional de enseñanza de programación basada en la instrucción de un lenguaje de programación.

La estructura del artículo es como sigue: La Sección 2, presenta una descripción de los fundamentos relevantes para este estudio, entre los cuales se encuentra la descripción del curriculum ACM, los resultados de aprendizaje logrados con la metodología R&G y el material de referencia utilizado en la enseñanza tradicional de programación. La Sección 3, presenta el análisis comparativo de los resultados de aprendizaje entre los dos enfoques de enseñanza de programación. La Sección 4, describe los resultados obtenidos. La Sección 5, presenta una breve discusión respecto de los resultados. Finalmente, la Sección 6, resume las principales conclusiones y trabajos futuros.

2 Contexto

2.1 Recomendaciones ACM - Formación Inicial de Programación

El documento de mayor referencia, y que generalmente se considera para definir los contenidos de un curso introductorio de programación, es la Computing Curricula para carreras de Ciencias de la Computación [18]. Muchas universidades aún siguen basando el desarrollo curricular de sus primeros cursos en programación en la versión del 2001 (CS2001) [1]. Este enfoque toma como base el área de conocimiento denominada "Fundamentos de Programación" (FP), la cual se centraba exclusivamente en habilidades de programación por lo que, desde este punto de vista, el enfoque tradicional de enseñanza de la programación es suficiente para cubrir sus principales objetivos.

Sin embargo, estos cursos están ignorando la última actualización de la Computing Curricula del 2013 (CS2013) [15, 18]. En ella se han realizado cambios que, según la propia ACM, "*permiten aumentar su relevancia para las prácticas modernas*". Estos cambios afectan a la enseñanza del primer curso de programación. La CS2013 incorpora una nueva área de conocimiento denominada “Software Development Fundamentals” (Fundamentos de Desarrollo de Software, FDS), la cual generaliza la introducción a la programación centrándose mayormente en el proceso de desarrollo de software identificando conceptos y habilidades que deberían ser adquiridas en el primer año de un programa de ciencias de la computación. Como resultado de este propósito amplio, el área FDS incluye conceptos y habilidades que podrían aparecer en otras áreas de conocimiento relacionadas al software (e.g. constructores de programación de lenguajes, análisis de algoritmo simple y complejo, y metodologías de desarrollo para ingeniería de software). Es importante notar que esta área de conocimiento es diferente del área de conocimiento definida en CS2001, puesto que esta área de conocimiento está más enfocada en las habilidades de programación requeridas en un curso introductorio de ciencias de la computación. La nueva versión se focaliza en el proceso de desarrollo de software, identificando aquellos conceptos y habilidades que deben ser adquiridas en el primer año de un programa de ciencias de la computación.

A través del área de FDS se reafirma la importancia de la programación pero, además, se considera la inclusión de prácticas del proceso de desarrollo de software. Se resalta que el incluir dichas prácticas ayudará a los estudiantes a obtener una apreciación temprana de algunos desafíos que implica el desarrollo de proyectos reales de software.

La Tabla 1 presenta la manera en que se organizan en la CS2013 los resultados de aprendizaje para la formación inicial en programación. El área FDS define cuatro unidades de estudio: Conceptos Fundamentales de Programación, Algoritmos y Diseño, Estructuras Fundamentales de Programación y Métodos de Desarrollo. Cada una de ellas presenta los resultados de aprendizaje esperados asociados a un nivel de maestría: *Familiaridad (1), Uso (2) y Evaluación (3)*. La familiaridad busca que el estudiante entienda qué es un concepto o qué significa; se refiere a una conciencia básica de un concepto. El uso busca que el estudiante pueda aplicar un concepto de una manera concreta. En la evaluación el estudiante puede considerar un concepto desde múltiples puntos de vista y/o justificar la selección de un enfoque particular para resolver un problema.

Tabla 1. ACM CS2013 - Fundamentos de Desarrollo de Software

Unidad	Familiaridad	Uso	Evaluación
Conceptos fundamentales de programación	[F1.1] Identificar y describir usos de tipos de datos primitivos.	[U1.1] Escribir programas que utilicen tipos de datos primitivos.	[E1.1] Analizar y explicar el comportamiento de programas simples relacionados a la programación fundamental.
	[F1.2] Describir el concepto de recursión y dar ejemplos de su uso.	[U1.2] Modificar y expandir programas cortos que usan estructuras de control condicionales e iterativas y funciones.	[E1.2] Elegir construcciones condicionales e iterativas apropiadas para una tarea de programación determinada.
		[U1.3] Escribir programas que usen la E/S de archivos para proveer persistencia.	[E1.3] Identificar el caso base y el caso general de un problema recursivo.
		[U1.4] Diseñar, implementar, probar y depurar un programa con construcciones fundamentales.	

Algoritmo y Diseño	[F2.1] Discutir la importancia de los algoritmos en el proceso de resolución de problemas.	[U2.1] Crear algoritmos para resolver problemas simples.	[E2.1] Determinar si una solución recursiva o iterativa es la más apropiada para un problema.
	[F2.2] Discutir cómo un problema puede resolverse mediante múltiples algoritmos, cada uno con diferentes propiedades.	[U2.2] Usar un lenguaje de programación para implementar, probar y depurar algoritmos para resolver problemas simples.	[E2.2] Identificar las fortalezas y debilidades relativas entre múltiples diseños o implementaciones para un problema.
		[U2.3] Implementar, probar y depurar funciones y procedimientos recursivos simples.	
		[U2.4] Implementar un algoritmo de divide/conquista para resolver un problema.	
		[U2.5] Aplicar técnicas de descomposición para romper un programa en partes más pequeñas.	
		[U2.6] Identificar los componentes de datos y los comportamientos de múltiples tipos de datos abstractos.	
		[U2.7] Implementar tipos de datos abstractos coherente, con un acoplamiento suelto entre componentes y comportamientos.	
Estructuras de Datos Fundamentales	[F3.1] Discutir el uso apropiado de las estructuras de datos incorporadas.	[U3.1] Escribir programas que usen matrices, registros/estructuras, cadenas, listas vinculadas, pilas, colas, y mapeos.	[E3.1] Comparar implementaciones alternativas de estructuras de datos con respecto al rendimiento.
	[F3.2] Describir las aplicaciones comunes para cada una de las siguientes estructuras de datos: pila, cola, cola de prioridad, conjunto, mapeo.		[E3.2] Comparar y contrastar los costos y beneficios de las implementaciones de estructuras de datos dinámicas y estáticas.
	[F3.3] Describir cómo las referencias permiten que se acceda a los objetos de múltiples maneras.		[E3.3] Elegir la estructura de datos apropiada para modelar un problema dado.
Métodos de Desarrollo	[F4.1] Describir cómo se puede utilizar un contrato para especificar el comportamiento de un componente del programa.	[U4.1] Identificar los errores de codificación comunes y desarrollar estrategias para evitarlos.	[E4.1] Rastrear la ejecución de una variedad de segmentos de código y escribir resúmenes de sus cálculos.
	[F4.2] Explicar por qué la creación de componentes correctos del programa es importante en la producción de software de alta calidad.	[U4.2] Realizar revisión del código en un componente del programa utilizando una Lista de verificación.	[E4.2] Analizar en qué medida el código de otro programador cumple con la documentación y el estilo de programación.
		[U4.3] Escribir programas que utilicen la E/S de archivos para proporcionar persistencia en varias ejecuciones.	[E4.3] Identificar el caso base y el caso general de un problema recursivamente definido.

		[U4.4] Contribuir a una revisión de código de equipo pequeño centrada en la corrección de componentes.	
		[U4.5] Refactorizar un programa identificando oportunidades para aplicar la abstracción procesal.	
		[U4.6] Aplicar una variedad de estrategias para probar y depurar programas simples.	
		[U4.7] Construir, ejecutar y depurar programas utilizando un IDE moderno y herramientas asociadas como las herramientas de prueba de unidades.	
		[U4.8] Construye y depura programas utilizando las bibliotecas estándar disponibles con un lenguaje de programación elegido.	
		[U4.9] Aplica documentación coherente y estándares de estilo de programa que contribuyan a la legibilidad y Mantenimiento del software.	

2.2 Cursos de referencia en la enseñanza tradicional de programación y su literatura base

Generalmente, los cursos de programación utilizan o recomiendan libros guías que apoyan las clases y actividades presenciales. Los estudiantes, por tanto, tienen material de estudio que pueden seguir para fortalecer su aprendizaje.

Tomando como referencia algunos libros recomendados para el primer curso de programación de algunas de las principales universidades del mundo, tales como Stanford [14], Massachusetts Institute of Technology (MIT) [6] y National University of Singapore (NUS) [2], todas ellas universidades de referencia mundial, se puede observar que la mayoría de los textos de programación introductorios tienen una organización del material basada en la sintaxis. Si bien cada texto enfatiza algunos tipo de ejemplos (computación de imágenes y sonidos, problemas matemáticos y estadísticos, etc.), en general todos abordan el aprendizaje a través del desarrollo de ejemplos a seguir. La Tabla 2 presenta el resumen de los tópicos comunes encontrados en los textos de referencia analizados y los alinea con las unidades de conocimiento definidas por la ACM dentro del área FDS.

2.3 Metodología Rápida & Global (R&G)

El método R&G (Rápida y Global) [5], es una propuesta metodológica que guía el análisis y solución de problemas de forma sistemática y global, y puede ser utilizada para enseñar a programar. Este enfoque metodológico ha sido desarrollado con el objetivo de apoyar el análisis de un problema y el diseño de soluciones. Se busca el desarrollo de habilidades cognitivas en el estudiante, más que el dominio de la sintaxis de un lenguaje de programación. De este modo, se promueve el desarrollo del pensamiento lógico-computacional. Una característica importante de R&G es su simplicidad: se asume que en un primer curso de programación no es posible abordar todos los aspectos involucrados en la creación de buenas soluciones de software. Por tal razón, R&G se centra en evidenciar la existencia de distintos niveles de abstracción en la resolución de problemas propiciando el uso de refinamiento sucesivos, facilitar la descomposición de procesos, focalizándose en el modelado de soluciones y la identificación y uso de patrones, entre otros. Todo ello permite proveer a los alumnos de los fundamentos acerca de principios, conceptos de Programación y el diseño de soluciones.

Tabla 2. Alineación de los contenidos de la literatura base de Stanford, MIT y NUS con las unidades de conocimiento del área FDS del CS2013

		Conceptos Fundamentales de programación			Algortimos y Diseño			Estructuras de datos Fundamentales			Métodos de desarrollo		
	Temas	(1)	(2)	(3)	(1)	(2)	(3)	(1)	(2)	(3)	(1)	(2)	(3)
Stanford	Introducción a la programación	•	•		•	•							
	Ejemplo básico de Programación	•	•		•	•							
	Expresiones	•	•										
	Estructuras de control	•	•										
	Métodos	•	•		•								
	Objetos y Clases				•	•							
	Objetos y Memoria				•	•							
	Cadenas y Caracteres							•	•				
	Gráficos orientado a objetos	•											
	Programación de eventos				•								
	Arrays y ArrayLists							•	•				
	Búsqueda y ordenamiento							•	•				
	Recursión, Concurrecia, Patrones	•	•										
MIT	Introducción a Phyton				•	•							
	Programas Numéricos	•	•										
	Funciones y Abstracción	•	•		•								
	Estructuras y Funciones de mayor orden							•	•				
	Testing y Debugging				•	•							
	Excepciones	•	•										
	Clases y Objetos				•	•							
	Clases y tipos de datos abstractos				•	•							
	Complejidad Algorítmica												
	Algoritmos y estructuras de datos							•	•				
	Programación Dinámica												
	Random y Visualización de datos												
	Programas estocásticos y Probabilidades												
	Simulación de Montecarlo												
	Intervalos de confianza												
	Datos experimentales												
	Hipótesis												
	Estadística Bayesiana												
	Introducción a Machine Learning												
	Clustering												
	Métodos de Clasificación												
NUS	Introducción a la computación y Programación				•	•							
	Algoritmos y Diseño				•	•							
	JAVA Básico	•	•										
	Estructuras de control	•	•										
	Métodos pre construidos	•	•										
	Programación orientada a objetos				•	•							
	Ingeniería de Software										•	•	
	Clases miembro				•	•							
	Arrays y ArrayLists							•	•				
	Relaciones entre clases				•	•							
	Polimorfismo				•	•							
	Manejo de excepciones	•	•										
	Archivos	•	•										
	Programación GUI				•	•							

(1) Familiaridad (2) Uso (3) Evaluación

R&G define 4 fases:

- **Define**. En primer lugar se provee una definición y una descripción el problema. Para esto se utiliza una plantilla predefinida que recoge la descripción. En esta etapa se abstrae el problema hacia una primera idea de solución, identificando los principales componentes del problema, así como sus entradas y salidas.
- **Resuelve**. Se procede a refinar un modelo inicial hasta llegar a describir el problema a un nivel de detalle de secuencia de acciones. Para ello, se utiliza una notación básica que incluye las principales estructuras de control (secuencia, iteración y decisión) sobre una plantilla de diseño predefinida. En esta etapa, a través de refinamientos sucesivos, se descompone el problema general en sub-problemas y en sub-soluciones.
- **Convierte**. Una vez obtenido el modelo que resuelve el problema, éste es convertido en su equivalente en pseudo-código.
- **Codifica**. Finalmente, el modelo final se escribe en algún lenguaje de programación, tal como Java o Python.

Habilidades Cognitivas y Genéricas: Al igual que otras propuestas relacionadas con la enseñanza de la programación, R&G apunta a desarrollar un conjunto de habilidades para la resolución de problemas. La Tabla 3 presenta el conjunto de competencias y habilidades cognitivas clasificadas de acuerdo a las fases de la metodología. Se hace una distinción entre aquellas competencias digitales [7] y de pensamiento computacional [16], tal como se propone en [8]. Evidencia de los logros de competencia en las asignaturas iniciales de programación se reporta en [3].

Tabla 3. Competencias que desarrolla R&G clasificadas según las fases de la metodología

Fase	Pensamiento Computacional	Competencias Digitales
Define	Forjar ideas Análisis Generalización Análisis de datos Identificar datos relevantes Abstracción	Trabajo en equipo Aprender a aprender Enfoque disciplinado Enfoque sistémico Pensamiento complejo
Resuelve	Organización lógica Diseño Modelamiento Reconocimiento de patrones Descomposición Modularización Localizar y corregir errores Aplicar ciclos y condiciones	
Convierte	Algoritmos Utilizar notación algorítmica	
Codifica	Automatizar soluciones Aplicar sintaxis de un lenguaje de programación	

La Figura 1, muestra un ejemplo práctico de la manera en que los alumnos del curso de programación trabajan en equipo, sobre las plantillas de la metodología. Con ello se fortalecen competencias genéricas y el pensamiento computacional.

Fig. 1. Aplicación de R&G en un curso inicial de programación.

3 Propuesta: Análisis de Correspondencia

Cómo se explicó en la sección anterior, se identifican dos principales tipos de aproximaciones a la enseñanza de programación. Por un lado, se tiene una gran cantidad de propuestas que se centran en el producto, cuya estrategia es la enseñanza con mínimas guías y principalmente centrada en la Sintaxis de un lenguaje de programación, y que se ven reflejadas por ejemplo, en los programas de estudios y los libros de apoyo de prestigiosas universidades. Por otro lado, existen propuestas, como es el caso del método R&G, que se enfocan en el proceso, y que por tanto se focalizan en el desarrollo de habilidades cognitivas para la resolución de problemas, a través de un enfoque guiado y disciplinado, independiente del lenguaje de programación. Ambas posturas manifiestan un apoyo al desarrollo de habilidades de programación.

En esta sección se presenta un análisis comparativo entre estos dos tipos de aproximaciones para lo cual se utiliza como marco comparativo la lista de resultados de aprendizaje propuesto por el CS2013 de la ACM. Este marco contribuye a la objetividad de la comparación, dado su reconocimiento internacional como estándar para la formación en áreas relativas a la tecnología, y en especial a lo que se refiere a un primer curso de programación.

En la Tabla 4 se presentan ambos enfoques y su cobertura de los resultados de aprendizajes planteados por el CS2013. Se ha etiquetado cada resultado de aprendizaje de acuerdo a lo presentado en la Tabla 1. La Tabla comparativa se obtuvo a través de la opinión experta de tres docentes del área de programación de distintas universidades, quienes, en primera instancia e individualmente, evaluaron los enfoques a la luz de los resultados de aprendizaje propuestos por ACM. En una segunda etapa del estudio, se realizaron reuniones para consensuar las diferencias en los análisis y definir una respuesta común. En aquellas áreas en que hubo consenso se estableció una valoración inmediata de cumplimiento para el factor evaluado. En aquellas evaluaciones en que no hubo acuerdo, se hicieron rondas de argumentación que permitieron validar o acordar los argumentos necesarios para considerar una evaluación final. Una vez que los argumentos estuvieron planteados fueron enumerados y ponderados de acuerdo al nivel de importancia. Los evaluadores entonces procedieron a ponderar cada argumento y con ello se estableció que con una valoración sobre el 75% de aprobación se consideraba que el factor cumplía con el requisito de aprobación. Todo ello, se realizó una ronda de 3 sesiones de discusión.

Tabla 4. Resumen evaluación Libros y R&G respecto de ACM

	Familiaridad			Uso			Evaluación		
	Resultado	Libros	R&G	Resultado	Libros	R&G	Resultado	Libros	R&G
ALGORITMOS Y DISEÑO	[F1.1]	•	•	[U1.1]	•	•	[E1.1]	•	•
	[F1.2]	•	•	[U1.2]	•	•	[E1.2]	•	•
				[U1.3]	•	•			
				[U1.4]	•	•			
				[U1.5]	•	•			
				[U1.6]	•	•			
				[U1.7]	•	•			
CONCEPTOS FUNDAMENTALES DE PROGRAMACIÓN	[F2.1]	•	•	[U2.1]	•	•	[E2.1]	•	•
	[F2.2]	•	•	[U2.2]	•	•	[E2.2]	•	•
				[U2.3]	•	•	[E2.3]	•	•
				[U2.4]	•	•			
ESTRUCTURAS DE DATOS FUNDAMENTALES	[F3.1]	•	•	[U3.1]	•	•	[E3.1]	•	•
	[F3.2]	•	•				[E3.2]		•
	[F3.3]	•	•				[E3.3]	•	•
METODOLOGIAS DE DESARROLLO	[F4.1]		•	[U4.1]		•	[E4.1]		•
	[F4.2]	•	•	[U4.2]		•	[E4.2]		•
				[U4.3]	•	•	[E4.3]	•	•
				[U4.4]		•			
				[U4.5]		•			
				[U4.6]		•			
				[U4.7]	•	•			
				[U4.8]		•			
				[U4.9]		•			

4 Resultados

La Tabla 4 ilustra que el enfoque relacionado al producto (e.g. cursos de universidades de referencia) cubre sólo parte de los resultados de aprendizaje propuestos por el CS2013, alcanzando un 73% de cobertura. Por ejemplo, en la Universidad de Standford, de los trece temas cubiertos once corresponden a FDS y dos a otras áreas. Cinco de ellos son de la unidad de Conceptos Fundamentales de Programación, cinco de Algoritmos y Diseño, tres de Estructuras de Datos Fundamentales y dos de la unidad de Métodos de Desarrollo.

Destaca la ausencia de cobertura de la unidad de Metodologías de Desarrollo y sus resultados de aprendizaje. Dentro del porcentaje de resultados no cubiertos por este enfoque, la mayoría corresponden a los niveles de *Uso* y *Evaluación*, los cuales se relacionan con un mayor nivel de complejidad cognitiva según la taxonomía de Bloom [10]. En el caso del MIT, se tiene veintiún temas de los cuales once corresponden al área de FDS y diez a otras áreas de conocimiento. Dentro de FDS, materia de nuestro estudio, dos son de la unidad de Conceptos Fundamentales de Programación, cuatro de Algoritmos y Diseño, dos de Estructuras de Datos Fundamentales y dos de Métodos de Desarrollo. Nuevamente, destaca la ausencia de cobertura de la unidad Metodologías de Desarrollo. Por último, en el caso de la Universidad Nacional de Singapore se tienen catorce temas, de los cuales cuatro corresponden a la unidad de Conceptos Fundamentales de Programación, seis a la unidad de Algoritmos y Diseño, dos a la unidad de Estructuras de Datos Fundamentales y tres a la unidad de Métodos de Desarrollo.

5 Discusión

La Tabla 4 muestra que el énfasis, en general, en los cursos de enseñanza de programación se centran principalmente en las tres primeras áreas definidas por ACM y se ha considerado escasamente el área de Métodos de Desarrollo. Por su parte, en términos de la Metodología R&G, la Tabla 4 muestra que la metodología cubre completamente los resultados de aprendizaje propuestos por ACM, incluso aquellos que están a un mayor nivel cognitivo, acorde a la taxonomía de Bloom.

Del análisis propuesto se desprende que un enfoque centrado en el proceso - y, por tanto, basado en una resolución guiada y disciplinada de problemas - cubre mayores niveles cognitivos en comparación con un enfoque centrado en el producto. El mero hecho de centrarse en crear modelos conceptuales ya presenta un avance respecto de los enfoques basado exclusivamente en programar. Este tipo de métodos centrados en el proceso se alinea mejor con los objetivos recogidos en el CS2013, el que ha reconocido la necesidad de incorporar una enseñanza dirigida hacia el análisis y diseño, más que a la codificación.

La metodología R&G, la cual lleva varios años siendo aplicada y evaluada en la Universidad La Frontera ([5] y [3]), presenta evidencias del logro de mayores competencias que el enfoque centrado en el producto. Si bien las muestras utilizadas en la evaluación han sido pequeñas, los resultados de los estudios son prometedores.

6 Conclusiones

El presente artículo presenta un análisis de correspondencia entre la curricula ACM, en términos de formación inicial en programación, y dos enfoques de enseñanza: 1) Centrado en el proceso - Metodología R&G - y 2) Centrado en el producto - forma tradicional de enseñanza de programación basada en la instrucción de un lenguaje de programación -. Del análisis se concluye que una metodología centrada en el proceso, como es R&G, aumenta la cobertura del curso de objetivos del área de conocimiento FDS del CS2013. Los autores de este artículo defienden que, dada la actual restricción temporal de los grados académicos, se requieren enfoques más sistémicos si se pretende cubrir todas las competencias y habilidades que se supone que debe tener un estudiante que acaba el grado de Ciencias de la Computación, e incluso para aquellos estudiantes que no planean seguir una formación en Ciencias de la Computación, sino que cursan asignaturas de programación como complementos a sus estudios. El hecho de ser capaz de a) pensar y caracterizar un problema, b) permitir identificar qué información es relevante para la solución del problema y c) determinar qué computación se debe realizar para alcanzar la solución del problema, comienza a ser fundamental para el desarrollo profesional de los estudiantes de multitud de disciplinas. También el desarrollo y aplicación del pensamiento creativo y la inteligencia socioemocional son áreas importantes que deben abordarse desde los primeros cursos.

En estos momentos se está trabajando ya en la evaluación de la metodología R&G en otras Universidades. Una de las consideraciones relevantes a tomar en cuenta es demostrar la independencia de los resultados de aplicar la metodología R&G con respecto al Lenguaje de Programación utilizado finalmente para generar/codificar la solución. Así mismo, también se hace necesario un estudio longitudinal que permita realizar el seguimiento del desempeño de los estudiantes que fueron formados con R&G. Por último, se pretende desarrollar una plataforma web que permita apoyar el diseño de soluciones con R&G de una forma visual.

Agradecimientos

Este trabajo agradece a la Universidad Nacional de San Agustín de Arequipa - Perú, por su apoyo, bajo el "Contrato de Subvención No 06-2018 - UNSA - Ponencia en Eventos", el cual hizo posible la colaboración con la Universidad La Frontera - Chile, a través del Proyecto de Investigación Formativa IF18-0011.

References

1. Curricula, C.: Computer Science, Final Report, The Joint Task Force on Computing Curricula. IEEE Comput. Soc. Assoc. Comput. Mach. IEEE Comput. Soc. (2001).
2. Dean, J., Dean, R.: Introduction to programming with Java: a problem solving approach. McGraw-Hill, Inc. (2007).
3. Diéguez, M. et al.: Evaluating the impact of training software engineers using the R&G methodology. In: JIISIC 2018 - Jornadas Iberoamericanas de Ingeniería de Software e Ingeniería del Conocimiento. pp. 185–196 (2018).
4. Felderer, M. et al.: Product-Focused Software Process Improvement: 18th International Conference, PROFES 2017, Innsbruck, Austria, November 29–December 1, 2017, Proceedings. (2017). https://doi.org/10.1007/978-3-319-69926-4.
5. Gacitúa, R. et al.: Forming software architects in early stages: From craft to engineering. In: 2017 36th International Conference of the Chilean Computer Science Society (SCCC). pp. 1–8 (2017). https://doi.org/10.1109/SCCC.2017.8405130.
6. Guttag, J. V: Introduction to computation and programming using Python. Mit Press (2013).
7. Ilomäki, L. et al.: What is digital competence? Linked portal. (2011).
8. Juškevičienė, A., Dagienė, V.: Computational Thinking Relationship with Digital Competence. Informatics Educ. 17, 2, 265–284 (2018). https://doi.org/10.15388/infedu.2018.14.
9. Kirschner, P. et al.: Why Minimal Guidance During Instruction Does Not Work: An Analysis of the Failure of Constructivist, Discovery, Problem-Based, Experiential, and Inquiry-Based Teaching. Educ. Psychol. 41, (2006). https://doi.org/10.1207/s15326985ep4102_1.
10. Krathwohl, D.R.: A revision of Bloom's taxonomy: An overview. Theory Pract. 41, 4, 212–218 (2002).
11. Milne, I., Rowe, G.: Difficulties in learning and teaching programming—views of students and tutors. Educ. Inf. Technol. 7, 1, 55–66 (2002).
12. Parnas, D.L.: Risks of Undisciplined Development. Commun. ACM. 53, 10, 25–27 (2010). https://doi.org/10.1145/1831407.1831419.
13. Pears, A. et al.: A survey of literature on the teaching of introductory programming. In: ACM sigcse bulletin. pp. 204–223 (2007).
14. Roberts, E.: The Art & Science of Java. Pearson (2008).
15. Sahami, M. et al.: ACM/IEEE-CS computer science curriculum 2013: reviewing the ironman report. In: Proceeding of the 44th ACM technical symposium on Computer science education. pp. 13–14 (2013).
16. Weintrop, D. et al.: Defining Computational Thinking for Mathematics and Science Classrooms. J. Sci. Educ. Technol. 25, 1, 127–147 (2016).
17. Wing, J.M.: Computational Thinking. Commun. ACM. 49, 3, 33–35 (2006). https://doi.org/10.1145/1118178.1118215.
18. ACM Curricula Recommendations: Computer Science Curricula 2013.

Escuela Superior Politecnica de Chimborazo, ESPOCH
Panamericana Sur km 1 1/2
Riobamba - Ecuador
Postal Code: EC060155

ISBN 978-1-5108-8753-4

CURRAN ASSOCIATES INC.
proceedings.com

12th International Conference on Residual Stresses 2025 (ICRS-12)

Detroit, Michigan, USA
20-23 October 2025

ASM INTERNATIONAL